Rezepte aus Italiens Landgasthöfen und Weingütern

*Dieses Buch ist all den Köchinnen und Köchen,
Gastwirten, Winzern, Bauern und Gärtnern gewidmet,
die uns mit ihrem fachlichen Wissen und Rat ebenso
großzügig wie geduldig unterstützt haben.
Mit ihrer Begeisterung für die italienische Küche und
Lebensart haben sie wesentlich zum Gelingen
des Projektes beigetragen.*

Aus dem Englischen übersetzt von Susanne Vogel
Redaktion: Gertraud Bellon
Korrektur: Beate Schlachter
Umschlaggestaltung: Horst Bätz
Herstellung: Dieter Lidl
Satz: Studio Fink, Gräfelfing

http://www.christian-verlag.de

Die Originalausgabe mit dem Titel
The Four Seasons of Italian Cooking
wurde erstmals 1998 im Verlag Time-Life Inc.
veröffentlicht.

Designberatung: Nora Negron
Illustrationen: Rodica Prato

Druck und Bindung: Conti Tipocolor, Florenz
Printed in Italy

ISBN 3-88472-469-X

HINWEIS

Alle Informationen und Hinweise, die in diesem Buch enthalten sind, wurden vom Autor nach bestem Wissen erarbeitet und von ihm und dem Verlag mit größtmöglicher Sorgfalt überprüft. Unter Berücksichtigung des Produkthaftungsrechts müssen wir allerdings darauf hinweisen, dass inhaltliche Fehler oder Auslassungen nicht völlig auszuschließen sind. Für etwaige fehlerhafte Angaben können Autor, Verlag und Verlagsmitarbeiter keinerlei Verpflichtung und Haftung übernehmen.

Korrekturhinweise sind jederzeit willkommen und werden gerne berücksichtigt.

Rezepte aus Italiens Landgasthöfen und Weingütern

A. J. Battifarano und
Alan Richardson

CHRISTIAN VERLAG

OBEN: *Gianluca und Claudio Viberti an einem Sonntagmorgen vor dem Landgasthof Al Buon Padre (Seite 25).* RECHTS: *Kirschen auf dem Markt von Asti.* UNTEN: Osso buco con funghi porcini *(Seite 71).* UNTEN RECHTS: *Ohne Schafe gäbe es keinen Pecorino toscano (Seite 112).* GANZ RECHTS: Tajarin al coltello *(Seite 28).*

ADA BONI
TALISMANO
ROMA

EINFÜHRUNG

Meine Leidenschaft für die Küche Italiens entdeckte ich lange vor meiner ersten Reise in das Land selbst. Einmal dort, erschien mir plötzlich alles, was ich bis dahin gegessen hatte, langweilig und fad. Ich war begeistert von den lebhaften und unverfälschten Geschmackseindrücken und davon, wie sie zu vollendeter Harmonie verschmelzen. Und mich faszinierte die Fülle der kulinarischen Traditionen. Der Aufenthalt war zwar nur kurz, sollte aber meine Koch- und Essgewohnheiten nachhaltig prägen. Wieder zu Hause, setzte ich alles daran, jene anregenden Geschmackserlebnisse nachzuempfinden. Es folgten zahlreiche kulinarische Expeditionen zu den entlegensten Orten, um deren besondere Spezialitäten zu kosten. Mit jedem weiteren Besuch lernte ich das Land immer mehr kennen und schätzen. Gleichzeitig trat die italienische Küche ihren Siegeszug um die Welt an. Inzwischen ist sie international so beliebt wie kaum eine andere, richtig verstanden aber wird sie deshalb noch lange nicht.

Aus einer breiten Vielfalt von Zutaten und unterschiedlichsten Zubereitungsarten, die je nach Region oder Gegend und mitunter sogar von Ort zu Ort variieren, ging ein immenses Repertoire von Rezepten hervor. Wie anderswo auch haben die Geschichte, das Klima und die Geographie des Landes die kulinarischen Traditionen entscheidend beeinflusst. Während generell von der italienischen Küche die Rede ist, haben wir es eigentlich mit der *cucina napolitana*, *toscana* oder *bolognese* zu tun, um nur einige zu nennen. Die gastronomische Landkarte Italiens setzt sich aus vielen einzelnen Mosaiksteinen zusammen.

In allen 20 Regionen des Landes ist jedoch trotz der Fülle von Ingredienzen und Geschmacksrichtungen eine Gemeinsamkeit zu erkennen: Die Zutaten werden mit großer Sorgfalt ausgewählt und auf einfache, schnörkellose Weise verarbeitet, sodass sie ihren natürlichen, charakteristischen Geschmack bewahren. Genau das unterscheidet die italienische von den meisten anderen Küchen, geht aber leider beim Nachkochen italienischer Rezepte im Ausland oft verloren. Mittelmäßige Zutaten oder eine lieblose Zubereitung können nämlich nur einen enttäuschenden Abklatsch ergeben.

Die Italiener pflegen eine leidenschaftliche Beziehung zum Essen. Sie unterhalten sich nicht nur gern darüber, sondern nehmen sich auch viel Zeit, einzukaufen, die Vorbereitungen zu treffen und das Ganze schließlich zu genießen. Viele machen sich sogar die Mühe, manche Zutaten im eigenen Garten zu ziehen. Essen ist einfach ein Vergnügen, das die Lebensqualität steigert. Darin herrscht überwiegend Einigkeit, und dies zeigt sich auch in der ausgedehnten Mittagspause, der Siesta, die sich bis heute noch weitgehend erhalten hat.

Im Laufe der Jahre trug ich landauf, landab einen Schatz an Informationen und Ratschlägen zusammen. Versierte Köche und routinierte Hausfrauen ließen mich bereitwillig an ihren Erfahrungen und Kenntnissen teilhaben. Sie weihten mich in spezielle Zubereitungsarten ein, in die richtige Auswahl der Zutaten und die Geheimnisse von Familienrezepten.

Die Feinheiten einer bestimmten Küche zu kennen und sie wirklich zu beherrschen ist aber zweierlei. Durch häufiges Üben eignete ich mir die Techniken an, und ich schulte bewusst meine Sinne, um die Qualität der Produkte zu beurteilen. Ich besuchte Bauernhöfe und Weingüter, sah mir Gemüse- und Kräutergärten an und kostete Zubereitungen aus den Zutaten, die ihre Besitzer selbst gezogen hatten. Diese Erzeugnisse bilden die Grundlage der traditionellen Küche, die in der jeweiligen Gegend seit vielen Generationen gepflegt wird – im Zuge des technischen Fortschritts hier und da vielleicht geringfügig abgewandelt, aber doch stets in ihren Eigenheiten respektiert. Eine Küche, die das Beste aus dem macht, was die Natur in der jeweiligen Jahreszeit bietet, und gerade darin liegt ihr ganz besonderer Reiz.

Einige jener gastfreundlichen Menschen, die diese Küche verkörpern und mir ihre Rezepte verrieten, möchte ich meinen

Lesern in den nachfolgenden Kapiteln vorstellen. In herrlichen Bildern hat Alan Richardson sie und ihre kulinarischen Welten festgehalten. Seine Fotos gewähren Einblick in die Zubereitung unterschiedlichster Speisen, zeigen verlockend angerichtete Spezialitäten und vermitteln eine Ahnung vom üppigen Angebot der italienischen Märkte zu den verschiedenen Jahreszeiten. Wertvolle Informationen über die Gemüse- und Obstsorten der jeweiligen Saison finden sich darüber hinaus in diesem Buch ebenso wie eine Auflistung und Beschreibung der Zutaten, die in keiner italienischen Vorratskammer fehlen dürfen.

Begleiten Sie uns auf unserem genussvollen Streifzug durch das kulinarische Jahr in Italien. Im Herbst zog es uns nach Piemont, in dessen zahlreichen Weinbergen dann die Lese – *vendemmia* – beginnt. Gleichzeitig kommen die ersten Exemplare der begehrten weißen Trüffeln aus Alba auf den Markt, jener geheimnisvollen unterirdischen Pilze, deren Aroma wie auch das anderer hiesiger Delikatessen so herrlich mit den großen Piemonteser Weinen – Barolo, Barbaresco, Dolcetto, Barbera und Moscato d'Asti – harmonieren. Später reisten wir weiter nach Umbrien, ins „grüne Herz" Italiens. Die Region – am Stiefel übrigens die einzige ohne Zugang zum Meer – ist ein Paradies für Liebhaber von Wildpilzen, denen hier in vielen herzhaften Gerichten eine tragende Rolle zukommt.

Das selbst gebackene Brot, mit dem man uns in der Toskana überraschte, erfüllt in der kalten Jahreszeit die Küchen mit Wärme und einem wohligen Duft. Frisch gepresstes Olivenöl verleiht den deftigen Wintergerichten dieser Region ein unverwechselbares Aroma. Als Nächstes führte unsere Route ganz in den Norden des Landes, die Lombardei. Dicht an der Grenze zur Schweiz lernten wir die rustikalen Speisen der Valtellina – des Veltlins – kennen. Saftige Weiden und entsprechend schmackhafte Käsesorten und Milchprodukte sind eines der Kennzeichen dieses Tals. In großen Höhen gedeiht der Buchweizen, der in den Pasta- und Polentarezepten Verwendung findet.

Im Frühling lockte uns der berühmte Pecorino toscano in die Toskana, die auch sonst mit den schönsten Gaumenfreuden aufwartet. Nun ging es wieder hoch nach Piemont, diesmal aber weiter hinauf in die Gegend von Basso Monferrato. Dort besuchten wir zwei Bauernhöfe in Vignale Monferrato und kamen gerade recht, um den frisch gestochenen Spargel, die eben geernteten Artischocken und Möhren sowie die gerade gepflückten Erdbeeren zu genießen.

Ehrfurchtsvoll bestaunten wir im Sommer in der südlichen Region Kampanien die großen Wasserbüffel, die in den Provinzen Salerno und Caserta grasen. Ihre Milch wird hauptsächlich zu Mozzarella di bufala verarbeitet. Wie man diesen exquisiten Käse richtig serviert, lernten wir in der Küche einer Büffelfarm. Nicht minder beeindruckt waren wir von den Gärten, die sich in dem Küstenstädtchen Amalfi an den steilen Fels klammern. Ihre reichen Früchte bilden mit denen des Meeres die herrlichsten Requisiten für ein opulentes Sommerfest. Zuletzt statteten wir Apulien einen Besuch ab. Dort durften wir einer wahren Küchenfee zusehen, wie sie aus dem wundervollen Gemüse, für das die Region bekannt ist, die verlockendsten Sommergenüsse apulischer Tradition zauberte.

Wer in Italien schon als Feinschmecker unterwegs war, mag sich durch dieses Buch an manches köstliche Erlebnis erinnert fühlen. All denen aber, die noch nie in den Genuss der echten italienischen Küche gekommen sind, wird es hoffentlich mehr als nur eine Ahnung von jenen Geschmackserlebnissen vermitteln, die mich seit beinahe 30 Jahren begeistern.

Buon viaggio e buon appetito!
A. J. Battifarano

EINKAUFEN IN ITALIEN

Jede Saison ist reich an Zutaten, mit denen sich eine schmackhafte Küche gestalten lässt. Obst und Gemüse, das in der Region wächst, muss keine langen Transportwege zurücklegen und kommt daher erntefrisch auf den Markt, was man nicht nur sieht, sondern auch schmeckt. Frische Erzeugnisse aus den nahen Anbaugebieten liefern mehr Nährstoffe als importierte Ware und sind vergleichsweise preiswert. Da die italienische Küche auf frische Zutaten großen Wert legt, spielt der Rhythmus der Jahreszeiten eine wichtige Rolle.

In den meisten italienischen Haushalten wird täglich eingekauft, um wirklich frische Zutaten im Haus zu haben. Verderbliche Waren lagert man selten über längere Zeit. Die gewöhnlich relativ kleinen Kühlschränke sind in erster Linie zum Frischhalten von Milch, Käse, Joghurt und Eiern da. Fleisch und Fisch kauft man am Tag ihrer Verwendung, Obst und Gemüse höchstens noch für den nächsten Tag.

Kleine Fachgeschäfte bieten nicht nur vorzügliche Qualität, sondern bedienen auch kompetent und zuvorkommend. Fleisch kauft man in der *macelleria,* lokale Brotsorten bekommt man täglich frisch in der *panetteria*. Ein italienischer Obst- und Gemüseladen – *frutta e verdure* – weckt allein schon mit der oft kunstvollen Präsentation der Waren Kaufgelüste. Selbst zugreifen darf man allerdings nicht, dafür bekommt man beste Qualität herausgesucht.

Märkte haben in Italien eine lange Tradition. Kleinere bestehen aus etwa einem Dutzend Ständen, die Lebensmittel und Haushaltswaren feilbieten, während man auf größeren auch Kleidung, Tisch- und Bettwäsche, ja sogar Antiquitäten kaufen kann. Manchmal ziehen sich die Reihen der bunten Schirme und Markisen über mehrere Straßenzüge hinweg. Auf dem Markt trifft man Nachbarn und Bekannte und erfährt den neuesten Klatsch. Vor allem aber ist er eine Quelle der Inspiration: Hier entscheidet man, was auf den Tisch kommt, zubereitet aus den besten und frischesten Zutaten des aktuellen Angebots.

Obst- und Gemüsehändler wetteifern um Kunden, Kühltheken auf Rädern warten mit einer verlockenden Käseauswahl auf. Fleisch gibt es frisch oder schon fertig zubereitet, andere Stände verkaufen luftgetrocknete und geräucherte Spezialitäten. Ein Sortiment einlegter Delikatessen, wie Oliven, Kapern, Sardellen, Paprikaschoten und dergleichen, darf genauso wenig fehlen wie Kräuter, Nüsse und getrocknete Bohnen. In ländlichen Gebieten nutzen Imker und kleine Käsereien die Märkte, um auf ihre exquisiten, handwerklich hergestellten Produkte aufmerksam zu machen.

EINKAUFEN IM EIGENEN LAND

Qualität muss nicht teuer sein. Oft bekommt man hervorragende Zutaten zu denselben Preisen wie Erzeugnisse minderer Güte, zuweilen sogar noch günstiger. Man muss nur etwas Zeit investieren, aber der Einsatz lohnt sich.

Wirklich gute Qualität erkennt man erst mit einer gewissen Übung. Aktivieren Sie alle Ihre Sinne. Machen Sie Ihre Augen auf, und begutachten Sie die Farbe, Größe, Form und Struktur. Schnuppern Sie, ob das Aroma so süß, blumig, würzig oder pikant ist, wie es sein sollte. Ist das Produkt so knackig, weich oder fest, wie man erwarten darf? Setzen Sie, falls es gestattet ist, Ihr Fingerspitzengefühl ein. Kosten Sie, wann immer möglich, und stellen Sie Fragen. Gut ausgebildete und erfahrene Verkaufskräfte erteilen gern Auskünfte und Ratschläge.

Fachgeschäfte – Fleischereien, Fischhandlungen, Käseläden – sowie italienische Delikatessengeschäfte bieten oft hochwertigere Produkte und besseren Service als Supermärkte. Und man ist eher bereit, auf Wünsche einzugehen, etwa das Fleisch auf bestimmte Weise zu schneiden, einen speziellen Käse extra für einen Kunden zu bestellen oder den Fisch auszunehmen und zu filetieren.

Am schönsten ist es natürlich, wenn man schnell im eigenen Garten hinter dem Haus das Gemüse, Obst oder Kraut holen kann, das man gerade braucht. Erntefrische Erzeugnisse aus der näheren Umgebung bekommt man jedoch auch auf den Bauernmärkten, deren Zahl wieder größer wird. Da das Bewusstsein für gesunde und zugleich schmackhafte Nahrungsmittel wächst, werden zunehmend auch wieder alte Obst- und Gemüsesorten angebaut, die mit ihrem kräftigeren Geschmack ein wenig an die sogenannte gute alte Zeit erinnern. Manche Höfe haben inzwischen einen kleinen Laden für den Direktverkauf eingerichtet oder bieten ihre Erzeugnisse an einem Straßenstand feil.

Achten Sie darauf, woher die Waren kommen. Vor allem empfindlicheres Obst und Gemüse wie Tomaten, Aprikosen und Birnen werden, damit sie lange Transporte und die mitunter unsanfte Behandlung überstehen, unreif geerntet und entwickeln nach Ankunft am Zielort niemals ihr volles Aroma.

Auf den folgenden Seiten werden die wichtigsten Zutaten der italienischen Küche vorgestellt, darunter auch eine Auswahl von Käsen sowie Wurst- und Schinkenspezialitäten. Ergänzend ist jedem der vier Hauptkapitel eine Auflistung der Gemüse- und Obstsorten vorangestellt, die in der betreffenden Jahreszeit Saison haben.

DIE WICHTIGSTEN ZUTATEN

MILCHPRODUKTE UND EIER

Latticini e uova

Die fetten Weiden Norditaliens bieten die idealen Voraussetzungen für die Herstellung schmackhafter Kuhmilchprodukte wie Butter, Sahne und Käse. In Mittel- und Süditalien kommt dagegen Erzeugnissen aus Schaf- und Ziegenmilch die größere Bedeutung zu. Aus der Milch des Wasserbüffels entstehen in Kampanien vorzügliche Butter, delikater Ricotta und köstlicher Mozzarella.

Butter, *burro*, soll frisch und von bester Qualität sein, ob man nun Süß- oder Sauerrahmbutter verwendet. Für manche Speisen, etwa feine Saucen, empfiehlt es sich, Süßrahmbutter zu nehmen. Bewahren Sie Butter im Kühlschrank verpackt oder gut abgedeckt auf, damit sie nicht den Geschmack anderer Lebensmittel annimmt.

Eier, *uova,* stammen heute nur allzu oft aus Legebatterien, in denen die Tiere mit Cocktails der Pharmaindustrie zu Hochleistungen angetrieben werden. Geschmacklich deutlich überlegen sind Eier von Hühnern, die artgerecht gehalten werden. Ein Ei von guter, frischer Qualität erkennt man an dem dicken, sattgelben Dotter und dem zähflüssigen Eiweiß. Kaufen Sie bei einem Händler, der stets frische Ware garantiert, und bewahren Sie die Eier im Kühlschrank auf.

Mascarpone wird häufig als Käse bezeichnet, was aber rein technisch gesehen nicht richtig ist. Vielmehr wird er aus Sahne gewonnen, der viel Flüssigkeit entzogen wurde. Guter Mascarpone ist geschmeidig wie weiche Butter und schmeckt wie frischer süßer Rahm. Er ist längst nicht mehr nur in Feinkostläden zu haben, sondern findet sich inzwischen in der Kühltheke jedes besser sortierten Supermarkts.

Ricotta – der Name bedeutet wörtlich übersetzt „zweimal gekocht" – ist ein Nebenprodukt aus der Molke, die bei der Käseherstellung übrig bleibt, und insofern genau genommen kein Käse. Zu seinen Kennzeichen gehören ein lieblich-nussiger Geschmack und eine leichte, beinahe schon krümelige Konsistenz. Neben Ricotta aus der Molke von Kuhmilchkäse gibt es auch solchen aus Schafmilch. Ricotta sollte möglichst frisch verbraucht werden, hält sich aber, gut zugedeckt, im Kühlschrank ein bis zwei Tage.

KÄSE

Formaggio

Seit Jahrhunderten bringt Italien eine außerordentliche Käsevielfalt hervor. Zahlreiche dieser Köstlichkeiten wie Mozzarella, Gorgonzola oder Parmesan finden sich inzwischen auch hierzulande nicht nur in Feinkostgeschäften, sondern in vielen Supermärkten und manchmal sogar im kleinen „Laden um die Ecke". In Klarsichtfolie eingewickelt, ist Käse im Gemüsefach des Kühlschranks am besten aufgehoben. Vor dem Servieren sollte er aber rechtzeitig herausgenommen werden, damit er seinen vollen Geschmack entfalten kann.

Casera Valtellina ist ein Alpkäse aus dem Veltlin (italienisch Valtellina), dem oberen Tal der Adda in der Lombardei, wo traditionelle Käsereitechniken bis heute lebendig sind. Ohne diesen Käse wären klassische Zubereitungen der Region wie *sciatt* (Seite 94) oder *pizzoccheri* (Seite 95) kaum vorstellbar. Im ersten Fall wird er im Teigmantel ausgebacken, im zweiten verschmilzt er mit Buchweizennudeln, Wirsing und Kartoffeln zu einem herzhaften Genuss. Der Halbhartkäse aus teilentrahmter Kuhmilch mit seinem nussigen Geschmack kommt in runden, halbhohen Laiben auf den Markt.

Fontina d'Aosta ist eine berühmte Spezialität aus der Piemonteser Alpenregion des Aostatals. Aus Rohmilch von der Kuh gewonnen, mundet er als Tafelkäse und eignet sich auch bestens zum Kochen. So liefert er die Hauptzutat zur *fonduta* (Seite 71), einer Piemonteser Spezialität ähnlich dem Schweizer Käsefondue. Er wird in großen, runden Laiben mit dünner, brauner Rinde hergestellt. Der halbfeste, cremige strohgelbe Teig hat einen mild-nussigen Geschmack und das Aroma der Alpenkräuter. Keine der vielen Nachahmungen erreicht das Original. Man erkennt es an einem aufgestempelten Bergmotiv in der Mitte des Laibes und dem quer darüber verlaufenden Namenszug.

Gorgonzola, ein Edelpilzkäse aus Vollmilch von der Kuh mit blauen und grünen Schimmeladern, erfreut sich auch außerhalb Italiens großer Beliebtheit. Er darf in genau festgelegten Gebieten der Lombardei und Piemonts produziert werden. Man hat die Wahl zwischen jungem Gorgonzola dolce und gereiftem Gorgonzola piccante. Ersterer ist von cremeweißer Farbe und sahniger Konsistenz, sein milder Geschmack lässt eine pikante Note nur anklingen. Durch längere Lagerung nimmt der Teig einen helleren Ton an, wird fester und entwickelt die charakteristische Schärfe im Geschmack. Beide Sorten sind als Tafelkäse geschätzt, werden aber auch häufig für Pastasaucen oder in Polentagerichten verwendet.

Grana padano fällt wie der Parmigiano reggiano unter die Kategorie *grana* (das italienische Wort für „Korn"). Tatsächlich zeichnet sich der halbfette strohgelbe Hartkäse aus Kuhmilch, genau wie der Parmesan, durch eine körnige Struktur aus. Er wird in der Poebene in großen, trommelförmigen Laiben mit aufgestempeltem Namen hergestellt und muss mindestens sechs Monate reifen, wobei er einen mild-nussigen Geschmack entwickelt. Frisch gerieben, verfeinert er Pastagerichte, Risottos und Suppen, oder man hobelt ihn über Carpaccio.

Mozzarella siehe Seite 148

Parmigiano reggiano, bei uns kurz Parmesan genannt, gilt als König unter den italienischen Käsen. Aufgrund seiner körnigen Struktur, dank derer er sich vorzüglich reiben lässt, zählt er zur Kategorie *grana* – wie sein kleiner Bruder, der Grana padano. Sein geschütztes Ursprungsgebiet beschränkt sich auf Teile der Emilia-Romagna und einen kleinen Bereich der Lombardei. Er wird nur zwischen dem 1. Mai und Mitte November, wenn die Kühe auf den satten Weiden grasen, aus teilentrahmter Milch produziert, und muss mindestens 14 Monate gelagert werden. Im strohgelben Teig sind winzige Kristalle eingeschlossen, die ihm die typisch brüchige Textur verleihen. Einige Nuancen dunkler ist die Rinde des großen, runden Laibes, in den seitlich fortlaufend der Name Parmigiano reggiano eingeprägt ist. Oft kopiert, doch nie erreicht ist der würzige und zugleich milde Geschmack. Pur mundet Parmesan vorzüglich zu einem Glas Spumante oder einem älteren Rotwein, harmoniert aber auch schön mit frischen Früchten. Als Reibkäse verfeinert er Pasta, Risottos, Polenta, Suppen und Füllungen. Reiben Sie ihn stets erst kurz vor der Verwendung.

Pecorino toscano siehe Seite 112

Pecorino romano wird in der Umgebung von Rom und auf Sardinien produziert. Es handelt sich um einen gereiften Hartkäse aus Schafmilch, der innen wie außen cremeweiß und häufig durch einen schwarzen Überzug geschützt ist. Er hat einen pikanten, leicht scharfen und salzigen Geschmack. Vornehmlich kommt Pecorino romano als Reibkäse zur Verwendung, der Pastagerichten, Suppen und Füllungen eine aparte Würze verleiht. Er sollte grundsätzlich erst unmittelbar vor dem Gebrauch gerieben werden.

Robiola piemonte entsteht in Piemont aus Schaf-, Kuh- oder Ziegenmilch, die auch verschieden kombiniert und mit Sahne angereichert werden kann. Er ist ein milchweißer Frischkäse von lockerer Textur und butterigem Geschmack mit feiner Würze. Zwei der zahlreichen Varianten sind der sahnig-säuerliche Robiola Osella und der Robiola di Roccaverano mit rötlicher Oberfläche. Oft wird Robiola in Form kleiner Zylinder oder Würfel in Papierumhüllung angeboten. Als Frühstückskäse empfiehlt sich Robiola piemonte zu knusprigem Toast oder frischem Obst, mittags oder abends als Beigabe zu knackigem Salat. In Piemont wird er häufig zum Kochen verwendet.

Schweizer Emmentaler, dessen Heimat im gleichnamigen Tal in der Schweiz liegt, spielt in der Küche Piemonts eine kleine, aber nicht zu unterschätzende Rolle. Dass er sich trotz des reichen Angebots feiner Käsesorten in dieser Region einen festen Platz erobern konnte, verdankt er seinen besonderen Qualitäten. Charakteristisch sind die zahlreichen, meist großen Löcher in seinem buttergelben, geschmeidigen Teig, der einen ganz eigenen, mild-nussartigen bis kräftigen Geschmack besitzt. Als Tafelkäse geschätzt, eignet er sich auch gut als Zutat in Salaten und wird aufgrund hervorragender Schmelzeigenschaften gern in Füllungen, zum Überbacken oder zur geschmacklichen Abrundung von Suppen verwendet. Die aus pasteurisierter Milch produzierten Hartkäse ähnlichen Namens reichen an diese Rohmilchspezialität bei weitem nicht heran. Ein roter Stempel kennzeichnet die großen Laibe des Originals.

Stracchino, auch als Stracchino di Crescenza oder einfach Crescenza bezeichnet, kommt aus der Lombardei. Er ist durch und durch weiß und kann mitsamt der weichen Haut gegessen werden. Man findet die kleinen Stücke, manchmal in Papier eingeschlagen, inzwischen auch hierzulande in reichhaltigeren Käsetheken. Der aus Kuhmilch gewonnene, sehr junge Frischkäse entfaltet einen milchigen Geschmack mit deutlich säuerlichem Beiklang. Als Tafelkäse geschätzt und besonders köstlich zu frischen Früchten, findet er manchmal auch in der Küche Verwendung – in Ligurien etwa als Belag für *focaccia* (Seite 118). Er sollte innerhalb von ein bis zwei Tagen verbraucht werden.

Taleggio ist in erster Linie ein Tafelkäse, kommt aber manchmal auch in der Küche zum Einsatz. Er basiert auf Kuhmilch und stammt aus dem Norden der Lombardei. Unter der rötlichgelben Rinde des viereckigen Laibes von etwa 20 cm Kantenlänge verbirgt sich ein fettreicher, halbfester Teig, der mit zunehmender Reife eine weichere Konsistenz und einen butterigen Geschmack mit delikater fruchtiger Würze gewinnt. Er ist ein idealer Begleiter zu frischen Früchten oder einem nicht zu jungen Rotwein.

Wurst und Schinken
Salumi

Für ein italienisches Essen sollte man Produkten aus dem Land selbst den Vorzug geben, auch wenn Schwarzwälder Schinken, ungarische Salami und viele weitere Spezialitäten in einer gut sortierten Wursttheke beweisen, dass man sich nicht nur in der Stiefelrepublik auf die Erzeugung solcher Delikatessen versteht. Nachfolgend eine kleine Auswahl, die Sie in italienischen Feinkostgeschäften finden können.

Bresaola wird im Veltlin, dem lombardischen Alpental Valtellina, aus Rinderfilet hergestellt, das gepökelt und anschließend luftgetrocknet wird. Gewöhnlich genießt man *bresaola* in feinen Scheiben als Antipasto. Bündnerfleisch bildet einen gleichwertigen Ersatz.

Capocollo oder *capicollo* lautet der Name für gerolltes Schweinefleisch vom Nacken und/oder der Schulter, das gepökelt und mit schwarzem Pfeffer sowie anderen Gewürzen aromatisiert wurde. Nach dem Reifen wird die Spezialität aus Süditalien fein aufgeschnitten als Antipasto serviert, aber oft auch als Zutat beim Kochen verwendet.

Coppa ist ein ähnliches Erzeugnis wie *capocollo,* gewöhnlich aber etwas milder. Sie wird in Ober- und Mittelitalien aus Schweinefleisch vom Nacken und/oder der Schulter in zylindrischer Form hergestellt.

Prosciutto ist ein gepökelter und luftgetrockneter Schinken. In Italien, wo er in verschiedenen Regionen produziert wird, kennt man ihn eher als *prosciutto crudo*, rohen Schinken also. Besonders begehrt sind die Erzeugnisse aus Parma in der Emilia-Romagna, aus San Daniele in Friaul und aus Carpegna in den Marken. Trotz feiner Unterschiede zwischen ihnen sind sie gleichermaßen zart, wunderbar aromatisch und sehr delikat. Ihre besondere Güte verdanken sie der ausgefeilten Verarbeitungstechnik ebenso wie der reinen und milden Luft, in der sie reifen. Für ein italienisches Essen empfiehlt sich ein Originalschinken bester Qualität, selbst wenn er zum Kochen benötigt wird. Er sollte bald nach dem Kauf verzehrt oder verarbeitet werden. Gut eingewickelt, lässt er sich im Kühlschrank zwei Tage aufbewahren.

Pancetta besteht aus dem durchwachsenen Bauchspeck des Schweins. Dieser wird gesalzen, mit zerstoßenem schwarzem Pfeffer und Gewürzen aromatisiert, in der Regel gerollt und gebunden und schließlich luftgetrocknet. Das Ausbraten von fein gewürfelter *pancetta* steht am Anfang vieler italienischer Rezepte für Suppen, Eintöpfe, Saucen und Füllungen. Fein aufgeschnitten bildet *pancetta* oft einen Bestandteil der Aufschnittplatte, wie man sie zum Antipasto reicht.

Speck nach Tiroler Art ist geräuchert und luftgetrocknet. In den nördlichen Regionen Italiens, vor allem natürlich in Südtirol, spielte er schon immer eine wichtige Rolle, findet aber inzwischen auch in Mittelitalien Anklang. Speck verleiht Pastasaucen und Sauerkrautgerichten ein deftiges Aroma und schmeckt, fein aufgeschnitten, auch als Antipasto oder als Belag für *panini*, italienische Sandwiches.

Die italienische Vorratskammer
La dispensa

Mit den nachfolgend vorgestellten Zutaten hat man immer das Notwendigste parat, um selbst dann etwas Köstliches auf den Tisch zu bringen, wenn die Zeit zum Einkaufen einmal nicht gereicht hat oder unerwartet Besuch kommt. Sie sollten an einem kühlen, trockenen Platz ohne direkte Sonneneinstrahlung aufbewahrt werden. Auch wenn sich die meisten hier genannten Produkte ziemlich lange halten, empfiehlt es sich, die Vorräte in größeren Abständen durchzusehen und ältere Bestände aufzubrauchen, um sie durch frische zu ersetzen.

Getrocknete Bohnen und Linsen, *fagioli e lenticchie*, bringen ganzjährig Abwechslung in die italienische Küche. Damit die Gerichte mit ihnen gelingen, dürfen die getrockneten Hülsenfrüchte allerdings höchstens zwei Jahre alt sein. Sind sie älter, garen sie selbst nach längerem Einweichen nicht mehr gleichmäßig oder sie zerkochen. Achten Sie daher beim Einkauf auf das Verfallsdatum. Getrocknete Bohnen und Linsen sollten in einem fest verschlossenen Glas kühl und trocken gelagert werden, jedoch nicht länger als ein Jahr.

Getrocknete Kräuter, *erbe secche,* bieten oft eine akzeptable Alternative zu frischen Kräutern. Das gilt beispielsweise für Majoran, Salbei, Thymian, Lorbeerblätter, Estragon und natürlich Oregano, der in manchen Gegenden Süditaliens sogar dem frischen Kraut vorgezogen wird. Manche Kräuter sind getrocknet jedoch nur bedingt oder gar nicht zu empfehlen, etwa Petersilie, Basilikum, Rosmarin und Minze. Werden getrocknete anstelle von frischen Kräutern verwendet, reduziert man die Menge auf die Hälfte oder ein Drittel. Um die Aromastoffe freizusetzen, zerreibt man die Kräuter zwischen den Handflächen.

Getrocknete Pasta, *pasta secca*, wird industriell aus *semola di grano duro* hergestellt. Da dieser Hartweizengrieß viel Klebereiweiß enthält, ergibt er in Verbindung mit Wasser einen festen Teig, der beim Kochen seine Form und einen angenehmen Biss bewahrt. Getrocknete Pasta ist frischen Nudeln – *pasta fresca* – keineswegs unterlegen, vielmehr handelt es sich um zwei ganz eigene Produkte, die in der italienischen

Küche unterschiedlich eingesetzt werden: Getrocknete Pasta kombiniert man mit herzhaften Fleischsaucen oder mit Saucen, die Gemüse oder Meeresfrüchte enthalten, mit Olivenöl zubereitet und manchmal mit Knoblauch und Chilischoten pikant gewürzt sind. Frische Eiernudeln harmonieren dagegen vorzüglich mit feinen Sahnesaucen.

Getrocknete Steinpilze, *funghi porcini secchi*, verleihen Saucen, Suppen, Schmorgerichten und Risottos ein wundervolles Aroma. Der charakteristische leichte Waldgeruch dieses begehrten Pilzes wird durch das Trocknen angenehm intensiviert. Wenn frische Steinpilze *(Boletus edulis)* nicht erhältlich oder zu teuer sind, bieten sich in manchen Fällen getrocknete Steinpilze als adäquater Ersatz an. Sie werden in kleinen Beuteln verkauft und können in der Qualität schwanken. Halten Sie nach einer Packung mit großen Stücken und mehr Hüten als Stielen Ausschau. Dunklere Pilze besitzen oft mehr Geschmack, zu dunkel sollten sie jedoch nicht sein. Zahlreiche kleine Löcher in den Pilzen deuten auf einen Befall mit Maden hin. In einem fest verschlossenen Glas oder einer Kunststoffdose halten sich die *porcini secchi* an einem kühlen, trockenen Ort – notfalls auch im Kühlschrank – jahrelang. Mitunter wird ihr Aroma dabei noch stärker.

Honig, *miele*, ist eines der ältesten Süßungsmittel, die der Mensch kennt. Weltweit werden über 300 verschiedene Sorten erzeugt, darunter beispielsweise Lavendel-, Mandelblüten-, Rhododendron-, Thymian-, Kastanien-, Heide-, Orangenblüten- und Akazienhonig. Farbe, Beschaffenheit und Geschmack eines Honigs hängen unter anderem davon ab, wo die Bienen den Nektar gesammelt haben. Allerdings gilt diese Aussage nur bedingt, denn Rosmarinhonig etwa schmeckt gar nicht nach dem Kraut, und Honige derselben Sorte, die aber aus verschiedenen Gegenden stammen, müssen sich in der Konsistenz und im Aroma nicht unbedingt entsprechen. Manche Honigsorten sind flüssig und transparent wie Sirup, andere dick und undurchsichtig. Als Faustregel gilt: je dunkler der Honig, desto würziger sein Aroma. Ein vom Imker hergestellter Honig kostet erheblich mehr als ein industrielles Produkt, ist aber im Geschmack und Nährstoffgehalt weit überlegen.

Kapern, *capperi*, bereichern mit ihrem unverwechselbaren, leicht pikanten Aroma Salate, Füllungen und Saucen. Es handelt sich um die Knospen eines im Mittelmeerraum beheimateten Strauches. Einen besonders intensiven Geschmack und eine knackige Konsistenz besitzen die in Meersalz konservierten Kapern. In Salzlake eingelegt und in Essig abgepackt sind sie hingegen oft allzu weich und schmecken vornehmlich nach Essig. Die kleinen Gläser, in denen Kapern in Salz angeboten werden, erweisen sich als äußerst praktisch: Sie lassen sich nach dem Anbruch wieder fest verschließen und halten die Kapern im Kühlschrank noch bis zu drei Monate frisch. Wenn eingesalzene Kapern verwendet werden, ist beim Abschmecken des Gerichts das Salz entsprechend sparsam zu dosieren.

Maisgrieß, *polenta*, gehört im Norden Italiens zu den Grundnahrungsmitteln, kommt aber auch in der Küche Mittelitaliens zum Einsatz. Der italienische Name bezeichnet sowohl den Grieß als auch den dicken Brei, den man aus ihm bereitet. Es gibt feine, mittelfeine und grobe Polenta – Letztere ergibt eine Masse von schnittfester, besonders kerniger Konsistenz. Maisgrieß hält sich in einem verschlossenen Behälter an einem kühlen, trockenen Ort einen Monat und in der Gefriertruhe bis zu einem halben Jahr.

Meersalz, *sale marino*, ist ein Naturprodukt, das beim Verdunsten von Meerwasser gewonnen wird. Es ist in grob- und feinkörniger Form erhältlich und hat einen volleren Geschmack als herkömmliches Siedesalz. Daher sollte es sparsamer dosiert werden.

Natives Olivenöl extra, *olio extra vergine d'olive*, wird vornehmlich in Mittel- und Süditalien, aber auch in manchen Gegenden im Norden des Landes hergestellt. Besonders geschätzt sind die Erzeugnisse aus der Toskana, doch liefern auch andere Regionen hervorragende Öle. Wie beim Wein bestimmen der Boden, das Klima und die Witterung die Qualität und Eigenschaften eines Olivenöls ebenso wie die Sorte und der Reifegrad der Oliven sowie die Tatsache, ob sie von Hand oder maschinell gepflückt oder gar vom Boden aufgelesen wurden. Von entscheidender Bedeutung ist auch die Art der Pressung.

Die feinsten Olivenöle entstehen auf kleinen Gütern, die nach wie vor die traditionellen Methoden anwenden. Man erntet die Oliven noch etwas unreif und lässt sie zwei bis drei Tage trocknen, um ihren Wasseranteil zu reduzieren. Anschließend werden sie in der örtlichen Ölmühle, dem *frantoio*, kalt gepresst. Dafür zerdrückt man sie zunächst zwischen granitenen Mühlsteinen. Die so entstandene dicke Paste wird auf Hanfmatten ausgestrichen und zwischen Metallplatten gepresst, bis das Öl herausfließt. In einer großen Zentrifuge wird dann das restliche Wasser ausgeschieden. Diese Kaltpressung liefert das beste Öl, das aber aufgrund des hohen Aufwands auch besonders teuer ist.

Bei der industriellen Herstellung erfolgt die Pressung zwischen hydraulisch bewegten Stahlplatten, die sich durch die Reibung stark erwärmen und so die Aromastoffe im Öl zerstören. Manchmal wird das Öl auch mit Lösungsmitteln extrahiert.

Natives Olivenöl extra, das die höchste Güteklasse besitzt, entsteht bei der ersten Kaltpressung und besitzt den geringsten Fettsäuregehalt. Je niedriger dieser nämlich liegt, desto intensiver und aromatischer schmeckt das Öl. Während der Fettsäuregehalt bei nativem Olivenöl extra höchstens 1% betragen darf, sind für natives Olivenöl, das eine Qualitätsstufe unterhalb steht, bis zu 2% zulässig. Die einfach als Olivenöl deklarierten Erzeugnisse sind oft aus minderwertigeren Ölen zusammengemischt, chemisch raffiniert und anschließend aromatisiert.

Natives Olivenöl extra ist in der Regel die beste Wahl, da es, kalt an die Speisen gegeben, ein einzigartiges Aroma entfaltet, ohne die anderen Zutaten damit zu erschlagen, sich aber auch zum Kochen eignet. Nach Möglichkeit sollte man das Öl vor dem Kauf kosten, um sicherzugehen, dass es dem eigenen Geschmack und den jeweiligen Bedürfnissen entspricht. Denn mit Olivenöl verhält es sich wie mit Wein: Nicht jedes harmoniert optimal mit allem.

Grünliches Olivenöl besitzt in der Regel einen vollfruchtigen, kräftigen Geschmack und stammt in den meisten Fällen aus der Toskana, Umbrien, den Marken, Latium oder einer Region Süditaliens. Am besten kommt das Aroma eines solchen Öls zur Geltung, wenn man es bei Tisch über herzhafte Zubereitungen träufelt.

Eine meist goldgelbe Tönung und ein feinfruchtiger bis kräuterwürziger Geschmack kennzeichnen die Olivenöle aus Ligurien und vom Gardasee. Über delikate Speisen gegeben, sind sie eine wundervolle Ergänzung.

Zum Schmoren und Braten tut es ein etwas preiswerteres Erzeugnis mit weniger intensivem Aroma, das trotzdem als natives Olivenöl extra, zumindest aber als natives Olivenöl, ausgewiesen sein sollte. Öle dieser Güteklasse zeichnen sich durch einen besonders hohen Rauchpunkt aus und lassen sich daher gut erhitzen.

Lassen Sie sich nicht von Sonderangeboten verführen, sondern vertrauen Sie lieber einem zuverlässigen Händler, der viel umsetzt und somit stets frische Produkte garantiert. Zudem kann man davon ausgehen, dass er seine Öle sachgemäß lagert. Zu Hause sollte Olivenöl in Glasflaschen oder -karaffen aufbewahrt werden, Blechdosen hingegen verleihen ihm eine unangenehm metallische Note. Der ideale Platz bietet Kühle und Schutz vor direkter Sonneneinstrahlung, ungeeignet ist allerdings der Kühlschrank. Da sich das Aroma von Olivenöl im Laufe der Zeit nachlässt, sollte man es innerhalb eines Jahres nach Abfüllung aufbrauchen.

Reis, *riso*, wird in der italienischen Küche nicht nur zu köstlichem Risotto verarbeitet, sondern kommt auch als Zutat in Salate, Suppen, Füllungen sowie eine Vielzahl von Gebäcksorten und Süßspeisen. In der Regel handelt es sich um Rundkornreis, von dem verschiedene Typen im Handel sind. An erster Stelle ist hier der Arborio-Reis zu nennen, der auch außerhalb Italiens inzwischen häufiger zu finden ist. Das Attribut *superfino* bezeichnet eine Qualität mit großen, dicken Körnern. Sie ist ideal für Risotto, der zwar cremig, aber keineswegs breiig sein soll, vielmehr müssen die einzelnen Reiskörner noch Biss haben. Als *superfino* ist auch der Carnaroli ausgewiesen. Er gilt als der beste Reis für Risotto, ist allerdings etwas schwieriger zu bekommen und zudem teurer als Arborio.

Sardellen, die in Salz konserviert und als *acciughe sotto sale* im Handel sind, besitzen ein besonders ausgeprägtes Aroma und schmecken dabei erstaunlicherweise weniger salzig als Sardellen in Öl. Da sie im Ganzen, aber ohne den Kopf, eingelegt sind, müssen sie vor der Verwendung gesäubert und filetiert werden, was jedoch im Nu erledigt ist: Zunächst unter fließendem kaltem Wasser das Salz abspülen, dann die Sardellen mit Hilfe der Fingerspitzen am Bauch öffnen und die beiden Hälften trennen. Die an einem der Filets verbliebene Mittelgräte vorsichtig lösen, um sie zusammen mit der Schwanzflosse abzuziehen. Die Filets abspülen, danach mit Küchenpapier trockentupfen. Nicht benötigte Sardellen in der Dose lassen und mit einer frischen Lage grobem Salz bedecken, die Dose mit Klarsichtfolie verschließen und in den Kühlschrank stellen. So halten sich die Sardellen noch einige Monate. In Salz konservierte Sardellen kommen oft aus Sizilien.

Mit ihrem delikaten Geschmack und der angenehm festen Konsistenz sind die in Salz konservierten Sardellen den in Olivenöl eingelegten überlegen. Wer diese aber vorzieht, sollte ein sizilianisches Erzeugnis im Glas und nicht etwa eine kleine Dose erstehen.

Semmelbrösel, *pangrattato*, kommen in Füllungen für Gemüse, Fleisch und Geflügel zur Verwendung, verhelfen ausgebackenen Speisen zu einer knusprigen Umhüllung und Gratins zu einer kernigen Kruste. Reste von Weißbrot mit fester Krume lassen sich gut für Semmelbrösel verwerten: Man röstet sie leicht im Backofen oder lässt sie in einer Papiertüte völlig austrocknen. In kleinere Stücke geteilt, werden sie dann im Mixer fein gemahlen. Nach Bedarf kann man anschließend etwaige größere Krümel aussieben. Semmelbrösel werden in einem fest verschlossenen Glas in der Vorratskammer oder an einem anderen kühlen Ort aufbewahrt. Selbst hergestellte Semmelbrösel sind den industriellen Erzeugnissen vorzuziehen, da diese unter Umständen unerwünschte Zusätze enthalten und manchmal muffig schmecken.

Tomaten aus der Dose, *pomodori pelati*, lassen sich vorzüglich für Saucen, Suppen und Eintöpfe verwenden, wenn die eigentliche Tomatensaison vorbei ist und die angebotenen „Paradiesäpfel" so gar kein himmlisches Aroma mehr verbreiten. San Marzano lautet der Name der besten Eier- oder Flaschentomaten; diese werden bei Neapel angebaut und konserviert. Ihre prallen Früchte sind schön fleischig, reifen gleichmäßig heran und lassen sich leicht abziehen. Die enthäutet abgefüllten Tomaten behalten auch in der Dose ihre Festigkeit und entfalten ein liebliches Aroma. Da die Qualität der zahlreichen Produkte schwankt, muss man unter Umständen einige ausprobieren. Im besten Fall verkochen die Tomaten rasch zu einer sämigen Sauce, die zugleich angenehm süß und leicht säuerlich ist.

Tomatenmark, *concentrato di pomodoro*, verhilft Saucen und Suppen bei Bedarf zu etwas mehr Farbe und Geschmack. Doch sollte es stets mit Zurückhaltung verwendet werden. Original italienisches Tomatenmark besitzt ein besonders vollfruchtiges Aroma. Praktisch ist eine Tube, die sich nach Gebrauch gut verschließen und im Kühlschrank bis zu drei Monate aufbewahren lässt.

Weinessig, *aceto di vino*, spielt in der italienischen Küche als Zutat in süßsauren Saucen und Marinaden, beim Einlegen und in Salatdressings eine wichtige Rolle. Heute bietet der Markt eine große Auswahl, wobei am Anfang eines guten Essigs immer ein guter Wein stehen muss.

Der Wein wird in ein Holzfass gefüllt, das bereits Essig enthält. Nachdem sich der Wein durch einen natürlichen Prozess in Essig verwandelt hat, der nach unten gesunken ist und abgezapft wurde, wird wieder Wein nachgefüllt. Bis aus dem Wein richtiger Essig geworden ist, vergehen ein bis sechs Monate. Manche Erzeuger lassen ihren Essig anschließend noch einige Jahre im Holzfass reifen, wobei er, genau wie guter Wein, sein Aroma entwickelt und verfeinert.

Zwischen einem solchen Essig und den Industrieprodukten im Supermarkt liegen Welten. Manchmal werden diese in nur einem Tag unter Einsatz starker Hitze fabriziert. Heraus kommt eine Flüssigkeit, die entweder beißend scharf oder belanglos fad schmeckt.

Auf dem Etikett eines guten Essigs sollte angegeben sein, wo und aus welchem Wein er hergestellt wurde. Konservierungsstoffe oder andere chemische Zusätze haben in einem hochwertigen Produkt nichts zu suchen (manche Weine enthalten beispielsweise Sulfite). Ob man sich für einen jungen Essig oder einen länger gereiften entscheidet, ist reine Geschmacksfrage, in jedem Fall sollte er aus Italien stammen. Das Angebot umfasst die ganze Palette von ziemlich preiswerten bis zu sündhaft teuren Produkten. Zu den Letztgenannten gehört der berühmte *aceto balsamico* aus Modena, der traditionellerweise aus den Trebbiano-Trauben hergestellt wird, bis zu zwölf Jahre in Holzfässern reift und dabei einen beinahe likörartigen Charakter annimmt.

Gemüse und Früchte

Verdure e frutta

Frische Gemüse und Früchte sind ein Grundpfeiler der italienischen Küche. Sie schmecken am besten, wenn sie Saison haben und nicht künstlich aufgepäppelt oder aus fernen Ländern herbeitransportiert wurden. Welche Sorten zu den einzelnen Jahreszeiten Saison haben, erfahren Sie aus der Übersicht, die jedem der vier Hauptkapitel vorangestellt ist. Sie findet sich für den Herbst auf Seite 19, für den Winter auf Seite 75, für den Frühling auf Seite 111 und für den Sommer auf Seite 145. Allerdings erheben diese Zusammenstellungen keinen Anspruch auf Vollständigkeit, vielmehr behandeln sie einige Gemüsesorten und Früchte der nachfolgenden Rezepte.

DIE SPEISENFOLGE EINES ITALIENISCHEN ESSENS

Alle italienischen Regionen haben ihre eigenen Gerichte. Die Fähigkeit aber, ein ausgewogenes Menü zusammenzustellen, ist überall gleichermaßen ausgeprägt. Jeder einzelne Gang ist für sich ein Genuss und dient zugleich als Einstimmung auf den nächsten. Nicht immer ist eine üppige Speisenfolge vorgesehen, trotzdem sollen sich alle Elemente zu einem harmonischen Ganzen fügen.

Den Auftakt bildet der Antipasto, doch wird er nicht als eigentlicher Gang verstanden, sondern, wie schon die Übersetzung besagt, als Vor-Speise. Ein Antipasto besteht aus einer oder mehreren Kleinigkeiten, die den Appetit anregen und die Sinne auf die kommenden Gaumenfreuden einstimmen sollen. Manchmal handelt es sich einfach um ein paar Scheiben fein aufgeschnittenen *prosciutto,* ein andermal vielleicht um ein raffiniertes Soufflé mit einer delikaten Sauce. In Piemont und Apulien umfasst der Antipasto mitunter sogar acht bis zehn verschiedene Spezialitäten.

Bei einem weniger formellen Essen wird die Vorspeise auch oft übersprungen und mit dem ersten Gang, *primo piatto,* begonnen. Ob Suppe, Pasta oder Risotto, die Portionen sind eher bescheiden, denn nun folgt der zweite Gang oder *secondo piatto,* das Hauptgericht. Üblicherweise basiert es auf Fleisch, Fisch, Geflügel oder Wild. Eine leichtere Alternative bildet eine *frittata,* die italienische Version des Omeletts, oder auch ein Stück gegrillter Käse. Dazu wird als Beilage, *contorno,* etwas Gemüse beziehungsweise zu Gegrilltem oder Gebratenem häufig ein Salat gereicht. Als Nächstes kommt Käse oder frisches Obst auf den Tisch, bei besonderen Anlässen folgt eine Süßspeise, das *dolce.* Eine kleine Tasse starker *caffè* rundet die Mahlzeit ab. Man trinkt ihn höchstens gesüßt oder aber *corretto,* das heißt mit einem Schuß Alkohol angereichert.

HERBST

GEMÜSE
Verdure

Blumenkohl, *cavolfiore*, gehört ebenso wie etwa Brokkoli, Weißkohl oder die Speiserübe der Familie der Kreuzblütler an. Der meist große, kompakte weiße Kopf setzt sich aus Röschen zusammen. Eine helle Farbe ohne dunkle Flecken sowie saftig grüne, knackige Blätter sind zuverlässige Anzeichen für Frische. Inzwischen sieht man häufiger auch kleine blassgrüne oder violette Blumenkohlköpfe. Im Gemüsefach des Kühlschranks lässt sich Blumenkohl drei bis vier Tage aufbewahren. Er hat ganzjährig Saison, ist aber im Herbst am besten.

Cardy, Karde oder **Kardone**, italienisch *cardo*, ist eine mit der Artischocke verwandte Distelart. Angebaut wird dieses Gemüse wegen seiner gerippten Blattstiele, die in Form und Farbe an Staudensellerie erinnern. Der delikate Geschmack lässt dagegen eher an Artischocken denken. Für den rohen Verzehr besonders geeignet sind zarte, kleine bis mittelgroße Stiele. Das Innere sollte fest und fleischig und keinesfalls hohl sein. Eingewickelt hält sich Cardy im Kühlschrank bis zu vier Tage. Aus Italien importierte Stauden bekommt man von der Herbstmitte bis ins zeitige Frühjahr auf größeren Märkten und in italienischen Feinkostgeschäften mit Gemüseabteilung.

Kartoffeln, *patate*, werden in verschiedenen Größen, Formen und Farben angeboten. Grundsätzlich unterscheidet man die drei Typen mehlig, vorwiegend fest und fest kochend. Mehlig kochende Sorten empfehlen sich aufgrund ihres relativ hohen Stärke- und geringen Feuchtigkeitsgehalts zum Backen in Alufolie sowie zum Pürieren und für Knödel oder Klößchen wie die italienischen *gnocchi*. Die zweite Kategorie, der alle gelbfleischigen Sorten angehören, ist mit ihrem mittleren Gehalt an Feuchtigkeit und Stärke ebenfalls für Ofenkartoffeln und *gnocchi* geeignet. Fest kochende Kartoffeln schließlich zeichnen sich durch kerniges, glasig schimmerndes Fruchtfleisch aus. Sie behalten aufgrund ihres hohen Feuchtigkeits- und geringen Stärkeanteils beim Kochen ihre feste Struktur. Kaufen Sie keine Kartoffeln, die sich wie Gummi anfühlen, schrumpelig oder feucht sind, dunkle Flecken, grüne Verfärbungen oder Keime aufweisen. Kartoffeln sollten möglichst ungewaschen in braunen Papiertüten oder Rupfensäcken an einem kühlen, dunklen Ort gelagert werden. Ideal ist ein trockener Keller. Hier halten sie sich mehrere Wochen, während sie bei Aufbewahrung im Kühlschrank innerhalb von zwei Wochen verbraucht werden sollten. Geerntet werden sie ab Frühsommer bis in den späten Herbst. Was danach erhältlich ist, stammt aus Lagerbeständen. In diesen Depots finden die Kartoffeln ähnliche Bedingungen vor wie in der Erde und halten so mehrere Monate. Neue Kartoffeln, möglichst vom Bauern oder Markt, sind ein besonderer Genuss.

Lauch, *porro*, ist mit Frühlingszwiebel und Knoblauch verwandt. Die runden weißen Lauchstangen enden in langen dunkelgrünen Blättern. Am unteren Ende sollten noch die Wurzeln erhalten sein. Achten Sie darauf, dass sich der Schaft fest anfühlt und nicht aufgerissen ist, das untere Ende nicht zu stark verdickt ist und das Laub nicht welk oder gelb aussieht. Je dünner die Stangen, desto milder schmecken sie. Da zwischen den Blättern oft viel Erde sitzt, muss man Lauch gründlich waschen. Lose eingeschlagen, bleibt er im Kühlschrank bis zu einer Woche frisch. Zwar ist Lauch ganzjährig erhältlich, er schmeckt aber zwischen spätem Frühjahr und ausgehendem Herbst besonders gut.

Pilze, *funghi*, erhält man in verschiedensten Arten auf dem Markt. Zuchtpilze besitzen einen zarten, leicht erdigen Geschmack. Der wohl bekannteste ist der weiße Champignon. Daneben gibt es rosa, bräunliche und sattbraune Champignons sowie den Portabello als besonders große Züchtung des Kastanien-Champignons. Meist als Zuchtpilze werden Shiitake, Austernpilze und Pom-Pom-Pilze angeboten. Ein ausgeprägteres erdiges Aroma zeichnet die Wildpilze aus. Bei vielen Feinschmeckern sind Steinpilze besonders begehrt. Steinpilze haben einen großen, runden Hut und einen stämmigen, fleischigen Stiel; die Farbe reicht von Weiß bis Dunkelbraun. Auf dem Markt werden sie vom Spätsommer bis Herbstende, gelegentlich auch im späten Frühjahr angeboten. Zu den Wildpilzen, die mehr oder weniger gut erhältlich sind, gehören Morcheln, Pfifferlinge und Semmelstoppelpilze, wobei man kleinere Exemplare vorziehen sollte. Auf Märkten oder in Fachgeschäften gekaufte Pilze kann man bedenkenlos essen. Eigene Funde sollte man dagegen, sofern man nicht absolut versiert ist, vor der Verarbeitung von einem Experten begutachten lassen, denn viele Sorten sind äußerst giftig, manche sogar tödlich. Generell sollten sich Pilze prall, fest und feucht anfühlen. Runzlige oder matschige Exemplare sollte man hingegen genauso meiden wie solche mit kleinen Löchern, die auf Madenbefall hinweisen. In einer brauen Papiertüte – Plastikbeutel sind ungeeignet – halten sich ganz frische Pilze im Kühlschrank bis zu zwei Tage. Während Zuchtpilze ganzjährig wachsen, reifen wilde Arten zu unterschiedlichen Zeiten.

Speiserüben, *rape*, sind wie der Blumenkohl ein Mitglied der Kreuzblütlerfamilie. Besondere Bedeutung kommt in Italien der weißen Rübe zu. Sie bildet eine kugelige Knolle mit weißer, je nach Sorte oben purpurn getönter Schale. Kleine, junge Rüben sind meist zart und süß, alte Exemplare dagegen oft bitter und holzig. Die Blätter sollten, sofern noch vorhanden, nicht vergilbt, sondern saftig grün sein. Abgetrennt und in eine Plastiktüte gepackt, halten sie sich im Kühlschrank bis zu zwei Tage; die Knollen bleiben im Gemüsefach zwei Wochen frisch. Speiserüben sind ganzjährig erhältlich, im Herbst und Frühjahr (Mairüben) aber besonders zart und wohlschmeckend.

Spinat, *spinaci*, hat manchmal zarte, glatte hellgrüne und ein andermal kräftige, stark gekrauste dunkelgrüne Blätter. Die unterschiedliche Beschaffenheit hängt davon ab, ob es sich um Frühlings- oder um Herbstspinat handelt. Auch in den übrigen Jahreszeiten wird ausgesät, sodass es ebenso Sommer- und Winterspinat gibt; letzterer wird allerdings vorwiegend zu Tiefkühlprodukten verarbeitet. Generell wächst Spinat in kleinen Büscheln mit kurzen bis mittellangen Stielen. Ware mit übergroßen Blättern, die schon da und dort vergilbt oder welk sind, sowie solche mit dicken, zähen Stielen ist zu meiden. Frischer Spinat besitzt einen milden, leicht erdigen Duft. In einer fest verschlossenen Plastiktüte hält er sich ungewaschen im Kühlschrank bis zu zwei Tage. Da an den Stielen und Blättern oft viel Erde haftet, muss er vor der weiteren Verarbeitung gründlich gewaschen werden.

Wirsing, *cavolo verza*, gehört zu den schmackhaftesten Kohlarten. Seine gekräuselten Blätter bilden einen eher lockeren Kopf. Je nachdem, ob es sich um eine frühe, eine Herbst- oder eine Wintersorte handelt, variiert die Farbe von hellem bis zu kräftigem Grün. Frische Qualität erkennt man an den intensiv gefärbten, knackigen Außenblättern, die keine braunen oder gelben Verfärbungen aufweisen sollten. Der Ansatz muss makellos weiß und feucht sein. Bis zu einer Woche lassen sich die Köpfe im Gemüsefach des Kühlschranks aufbewahren.

FRÜCHTE
Frutta

Äpfel, *mele*, schmecken erntefrisch am besten. Im September und Oktober findet man auf Märkten eine reiche Auswahl aus der näheren Umgebung. Viele Sorten werden bis ins späte Frühjahr aus fachkundiger Lagerung angeboten oder rund ums Jahr von anderen Kontinenten importiert. Vollreife Äpfel sind knackig, saftig und aromatisch. Ob zum Rohessen, Backen oder Kochen, wählen Sie feste Exemplare mit glatter Schale ohne Flecken und Druckstellen. Man sollte sie ungewaschen im Kühlschrank aufbewahren, sonst werden sie schnell mehlig.

Birnen, *pere*, sollen im Gegensatz zu den meisten anderen Früchten erst nach der Ernte ihre volle Reife erlangen. Suchen Sie Exemplare ohne Flecken und weiche Stellen heraus, die noch schön fest sind – weiche Birnen überstehen den Transport nach Hause kaum ohne Blessuren. Manche Sorten überziehen sich beim kurzen Nachreifen, das bei Zimmertemperatur erfolgen sollte, mit Sprenkeln, andere färben sich gelb oder gelblich rostbraun. Bis zu vier Tage halten sich Birnen im ausgereiften Zustand im Gemüsefach des Kühlschranks. Importware wird ganzjährig angeboten, doch schmecken die Birnen einheimischer Erzeuger, die es ab Spätsommer bis in den Herbst gibt, weit besser.

Feigen, *fichi*, haben eine weiche Schale mit grüner, goldfarbener oder violetter Tönung. Voll ausgereift, ist das von zahlreichen essbaren Samen durchsetzte Fleisch dieser zwiebelförmigen Früchte weich, saftig und süß. Frische, genussreife Feigen fühlen sich prall und samtig an, solche mit schrumpeligen oder fleckigen Schalen sollte man nicht nehmen. Da Feigen normalerweise reif geerntet werden, kann man sie sogleich genießen – man serviert sie zimmerwarm. Locker eingeschlagen, lassen sie sich bis zu drei Tage im Kühlschrank aufbewahren.

Pflaumen und Zwetschen, *prugne*, gehören beide der Steinobstart Pflaume an und werden auch oft in einen Topf geworfen. Eigentlich bestehen zwischen beiden aber recht deutliche Unterschiede. Pflaumen, auch Eier- oder Rundpflaumen, sind rundlicher und besitzen je nach Sorte eine dunkelviolette, rote, gelbe oder grüne Schale. Das rote oder gelbe, saftige Fruchtfleisch sitzt fest am Stein. Pflaumen sind ausgezeichnete Tafelfrüchte. Die blauen bis dunkelvioletten Zwetschen sind länglich. Mit ihrem festeren und weniger wasserhaltigen goldgelben Fruchtfleisch, das sich leicht vom Stein löst, eignen sie sich vor allem zum Backen, Einmachen und Trocknen. Frische, reife Früchte fühlen sich prall an und geben auf sanften Druck leicht nach. Eine geschrumpelte Schale, Flecken und weiche Stellen sind dagegen Indizien für schlechte Qualität. Bei Zimmertemperatur reifen die Früchte etwas nach, danach gehören sie in den Kühlschrank, wo sie sich bis zu drei Tage halten. Zimmerwarm munden sie am besten. Pflaumen werden von Juni bis September geerntet, Zwetschen im September und Oktober. Einheimische Früchte sind natürlich vorzuziehen.

Trauben, *uva*, werden in vielen Gegenden Europas für die Weinerzeugung, aber auch für den Verzehr angebaut. Kennzeichen für frische Tafeltrauben sind pralle Beeren, die fest an den Stielen sitzen. Es gibt gelbe, grüne und blaue Sorten mit dünner oder auch eher dicker Schale und großen oder kleinen, manchmal auch kernlosen Beeren. Mitunter weisen sie einen weißlichen Belag, den so genannten Nebeltau, auf, der sich ohne weiteres abwaschen lässt. Da Trauben in der Regel gespritzt werden, sollten sie ohnehin vor dem Verzehr gründlich gewaschen werden. Am besten schmecken sie zimmerwarm. Ungewaschen halten sie sich im Gemüsefach des Kühlschranks fünf Tage.

IM UHRZEIGERSINN VON LINKS: *Goldgelbe Kakis laden zum Kauf ein. Pecorino sardo, sardischer Schafmilchkäse, auf einem Marktstand. Knackige Wirsingköpfe,* cavolo verza. *Kartoffeln bewahren ungewaschen viel länger ihre Frische. Auf dem Markt von Asti in Piemont werden Kakis abgeladen. Während der Lese,* vendemmia, *in den Viberti-Weinbergen in Vergne.*

TRÜFFELJAGD

Nebelschwaden beginnen schon durch die lichten Wälder zu ziehen und alle Geräusche zu dämpfen, als Giovine Tersillo in Begleitung seines Englischen Setters eintrifft. Es ist bereits herbstlich kühl geworden. Die Nacht bricht nun schnell herein, und sie wird wieder einmal lang werden für die beiden. Giovine ist nämlich ein sogenannter *trifolau*, ein Trüffeljäger, der in diesem Metier nicht weniger als 50 Jahre Erfahrung auf dem Buckel hat. Als seine Gehilfin bei der Suche nach den weißen Diamanten von Alba hat er heute Mirca mitgebracht, einen seiner zwei speziell dafür ausgebildeten Hunde. Nicht Edelsteine sind das Objekt ihrer Begierde, sondern ein kostbarer Bodenschatz Piemonts: *Tartufi d'Alba*, die berühmten weißen Trüffeln von Alba. Zwar werden weiße Trüffeln auch in anderen Gegenden Italiens gefunden, doch gilt Alba als ein Mekka für die Freunde dieses Pilzes, und die dort gehandelten Trüffeln erzielen demzufolge die höchsten Preise.

Die weißen Trüffeln gedeihen in den Langhe und dem Roero-Gebiet. Dort wachsen sie unterirdisch an den Wurzeln von Eichen, Weiden, Pappeln, Linden und Haseln. Früher glaubte man, sie suchten sich vom Blitz getroffene Bäume aus. Die stark duftenden Pilze werden von trainierten Hunden aufgespürt und dann von den Trüffeljägern ausgegraben. Nicht selten währt die Suche nach den geheimen Plätzen die ganze Nacht.

Gewöhnlich beginnt das Wachstum einer Trüffel im späten August, denn dann herrschen die idealen klimatischen Bedingungen. Nach einigen Wochen ist der Pilz reif, und nun geht es auf die Suche. In den kalten, feuchten Herbstmonaten, also von September bis Dezember, durchstreifen Tausende von Trüffeljägern die Hügelgebiete in der Nähe von Flussläufen. Sie kehren immer auch dorthin zurück, wo sie im Vorjahr fündig geworden waren. Falls das Myzel nicht beschädigt wurde, wächst hier wieder ein Pilz. Weil es dennoch so wenige der begehrten Knollen gibt, erreichen die jährlich schwankenden Preise für diese Delikatesse oft geradezu Schwindel erregende Höhen.

Mirca läuft aufgeregt umher, bis Giovine sie herbeiruft. Sie lässt ihn nicht aus den Augen, während er ein Säckchen aus seiner Jackentasche nimmt, das er mit der Hand fest umschließt und ihr kurz zum Schnuppern hinhält. Die darin verborgene Trüffel erinnert sie an den Hundekuchen, den sie als Belohnung für jeden Fund erhält. Geschäftig stromert sie hin und her, die Nase dicht am Boden, bis sie plötzlich innehält. Sobald Mirca zu graben beginnt, zieht Giovine sie mit seinem umgebogenen Holzstock, wie ihn jeder Trüffeljäger bei sich hat, am Halsband zurück. Während die Hündin ihre Belohnung genießt, sichert sich Giovine seine Trüffel, wickelt sie in ein großes Baumwolltaschentuch und steckt sie in die Tasche. Dann nehmen sich die beiden einen anderen Geländeabschnitt vor.

Die Farbe der tartufi d'Alba *schwankt zwischen Cremeweiß und gelblichem Graubraun, und ihre Form erinnert an eine knorrige Kartoffel mit zahlreichen Grübchen. Trüffeln können eine beeindruckende Größe erreichen; besonders hoch im Kurs stehen jedoch aufgrund ihres sehr ausgeprägten Aromas und Geschmacks die kleinen bis mittleren Exemplare. Zur Beschreibung des einzigartigen, moschusähnlichen Duftes werden Vergleiche mit frischen Kräutern und Knoblauch bemüht. Im Gegensatz zu ihrem schwarzen Pendant genießt man die weiße Trüffel roh, und zwar in feine Scheibchen gehobelt. Für Traditionalisten kommt ihr durchdringendes Aroma nur in Kombination mit einem sanft in Butter gebratenen Spiegelei richtig zur Geltung, während man sie in Piemont auch gern über* tajarin, *feine hausgemachte Bandnudeln, oder über eine warme Käsesauce, die* fonduta, *hobelt. Außerdem verwendet man sie zur Verfeinerung von Polentagerichten, Omeletts und* brasato, *einem in Rotwein marinierten Rinderschmorbraten.*

Das Aroma weißer Trüffeln verflüchtigt sich rasch. Ein, zwei Tage lässt sich eine Trüffel, eingewickelt in Küchenpapier, im Gemüsefach des Kühlschranks aufbewahren. Gesäubert wird sie erst unmittelbar vor der Verwendung mittels einer feuchten, weichen Zahnbürste.

LINKS: *Während der Trüffelsaison genießen die Gäste von La Luna e i Falò (Seite 37) diese* Cardi con fonduta e tartufi, *Cardy mit warmer Käsesauce, gekrönt mit fein gehobelter weißer Trüffel (Seite 71). In Nizza Monferrato zieht man eine spezielle Form dieses Gemüses namens* cardi gobbi. *Die Stauden werden während des Wachstums teils mit Erde bedeckt, wodurch sie ihre gekrümmte Form und zarte weiße Blattstiele entwickeln.*

AL BUON PADRE

Der Bauernhof mit zugehörigem kleinem Gasthaus, den Antonio Giuseppe Viberti 1920 in dem Dörfchen Vergne kaufte, wurde gern von hungrigen und müden Reisenden aufgesucht. Seine Lage an der *porta delle Langhe*, dem Tor zur berühmten Weinbaulandschaft Piemonts im Gemeindegebiet von Barolo, war geradezu ideal. Toni d'Giuspin, wie Antonio genannt wurde, hieß seine Gäste, die oft im entfernten Turin oder Cúneo aufgebrochen waren, mit einem herzhaften Piemonteser Essen, frisch gebackenem Brot und Wein aus seiner eigenen kleinen Kellerei willkommen. Er bereitete ihnen ein warmes, bequemes Lager und brachte ihre Pferde oder Maultiere in Ställen unter. Fast schon wie ein Vater kümmerte er sich um seine Gäste, die seinem Haus bald den liebevollen Beinamen Al Buon Padre gaben.

Heute führen Giovanni Viberti, einer von Antonios drei Söhnen, und seine Frau Maria das Al Buon Padre und verbreiten die gleiche herzliche Wärme wie einst. Während Giovanni sich um die zehn Hektar Rebengelände kümmert, die über 40 000 Flaschen beachtlicher Weine hervorbringen, hält Maria, wie früher ihre Schwiegermutter Giovanna, die Traditionen der Piemonteser Küche aufrecht, was ihr vorzüglich gelingt. Die Ställe sind verschwunden, und das Gasthaus wurde in ein neues Gebäude unweit des ursprünglichen verlegt, genauso wie die *cantina*, die Kellerei, die sich früher unterhalb der Trattoria befand. Dort werden jetzt die Weine gelagert und in der neu eingerichteten *enoteca* verkostet und verkauft. Giovannis Bruder Luigi und seine Ehefrau Pasqualina betreiben die *panetteria* gleich neben dem Gasthaus, in der man bis heute selbst gebackene Brote, *torte*, *crostate* und *biscottini* bekommt, wie einst zu Zeiten von Antonio und Giovanna. Die kleine, gut organisierte Küche, in der Maria für bis zu 60 Personen kocht, blieb im Großen und Ganzen unverändert. Hinzu kam allerdings ein Gasherd, auf dem sie in großen Töpfen das Wasser zum Kochen ihrer hausgemachten Pasta erhitzt. Ansonsten arbeitet sie an ihrem alten Holzofen, den sie jeden Morgen als Erstes anzündet.

Die Gäste kommen längst nicht mehr zufällig vorbei, denn Piemont ist inzwischen zu einem beliebten Reiseziel für Weinliebhaber und Feinschmecker avanciert. In jedem Herbst, vor allem zur *vendemmia*, also in den Lesemonaten September und Oktober, unternehmen sie ihre Pilgerfahrten in die Weinbaugebiete. Und in den malerischen Langhe-Hügeln reifen nun einmal einige der feinsten Gewächse Italiens.

Während der Weinlese werden an den Wochenenden besonders viele Besucher erwartet. Schon mehrere Tage im Voraus beginnt Maria daher mit der Herstellung der *tajarin*, jener goldgelben Bandnudeln, die zu den bekanntesten Spezialitäten der Langhe zählen. Das Ausrollen des Teigs zu ganz dünnen Blättern, die in sehr feine Streifen geschnitten werden, beherrscht sie

GEGENÜBER: Giovanni Viberti hobelt weiße Trüffel über die tajarin, *feine Bandnudeln, die seine Frau Maria selbst gemacht hat.*
OBEN: Maria Viberti, Sohn Gianluca, Tochter Patrizia und Familienvorstand Giovanni.

GANZ OBEN: *Luigi backt täglich frisches Brot.*
OBEN: *Fast einen Meter messen seine* grissini.
GEGENÜBER: *Vorzüglich munden Marias* Peperoni alla bagna cauda *– geröstete Paprikaschoten, angerichtet mit warmer Sardellensauce.*

inzwischen perfekt. Schließlich macht sie das drei- bis viermal pro Woche und verarbeitet dabei jeweils etwa 60 Eier.

In der Umgebung von Alba, dem Zentrum der Langhe, wächst die weiße Trüffel. Während des gesamten Oktobers, der Hochsaison der Trüffeljagd, findet in der Altstadt von Alba, unweit von Vergne, die *Fiera del Tartufo* statt. Sie lockt die Liebhaber dieses knolligen Pilzes zu Tausenden an, die anschließend in die benachbarten Weinbaugemeinden ausschwärmen, um deren lokale Spezialitäten und dazu die Tropfen zu genießen, die Piemont Weltruhm einbrachten.

Maria serviert ihre *tajarin*, beträufelt mit Rosmarin- und Salbeibutter. Dann betritt Giovanni mit einem kleinen Korb voller Trüffeln und seinem *tagliatartufi*, einem kleinen Hobel mit rasiermesserscharfer Klinge, den Raum. „Tartufi?" lautet seine knappe Frage an die begierigen Gäste, und kaum einer wird ablehnen – trotz der Extrakosten.

Der älteste Sohn Gianluca hat Weinbautechnik und Önologie am Istituto Tecnico Agrario ed Enologico in Alba studiert und ist jetzt sowohl für die Ernte als auch für die Herstellung und den Ausbau der Viberti-Weine – Barolo, Dolcetto d'Alba, Barbera d'Alba und Chardonnay – zuständig. Auf drei der familieneigenen sechs Weinberge mit jeweils unterschiedlicher Ausrichtung wächst die Nebbiolo-Rebe, die den Barolo liefert. Der Name dieser Sorte leitet sich vom italienischen *nebbia* ab und spielt auf den Nebel an, der während der Lese über der Piemonteser Landschaft hängt. Wie Gianluca meint, verdankt das kleine Weinbaugebiet südlich des Flusses Tanaro, das als offizielle Anbauzone für Barolo definiert wurde, seinen Erfolg dem Zusammenspiel zwischen dem Klima und dem kalkreichen Boden.

Am Wochenende erhält Maria Hilfe von ihrer Tochter Patrizia, die in Alba als Lehrerin tätig ist. Die Tische in den zwei kleinen Speisezimmern der Trattoria sind mit frisch gebügelter Tafelwäsche aus weißem Leinen und schönem Porzellan gedeckt. An jedem Platz stehen die passenden Kristallgläser für die Weine des Hauses. In der Tischmitte ragt jeweils ein Bündel *grissini* empor. Die dünnen, knusprigen Brotstangen, ursprünglich eine Spezialität aus Turin, werden von Luigi in der *panetteria* von Hand gerollt. Giovanni stellt die kristallenen Dekantiergefäße auf der Kredenz im vorderen Zimmer bereit. In ihnen kann der Wein nach dem Umfüllen atmen und dabei sein volles Aroma und Bouquet entfalten. Nach der Arbeit im Weinberg und Keller hilft auch Gianluca beim Bedienen.

Den Auftakt der Mahlzeit bildet *salame crudo*, eine Rohwurst, die von Luigi hergestellt wurde und auf einem Holzbrett serviert wird. Dazu gibt es zwei, drei weitere Antipasti. Als nächstes reicht Maria Teller mit dampfenden *tajarin* aus der Küche. Als *secondo piatto*, zum Hauptgang also, gibt es oft einen Braten oder ein Ragout, geschmort in Rot- oder Weißwein. Ein Essen bei Al Buon Padre wäre nur eine halbe Sache ohne Gianlucas Lieblingsdessert: *bonet*, ein Schokoladenflan, mit Rum und Marsala aromatisiert und mit Karamellsirup überzogen.

Als sich der Abend dem Ende zuneigt, können die Viberti endlich entspannen und sich zum Essen zusammensetzen. Auch der jüngere Sohn Claudio gesellt sich nun dazu.

Peperoni alla bagna cauda

Geröstete Paprikaschoten mit warmer Sardellensauce

Ursprünglich gelangten Sardellen, Knoblauch und Olivenöl, die Zutaten dieser traditionellen warmen Sauce, aus der Küstenregion Ligurien nach Piemont. Bagna cauda *– der Name stammt aus dem Piemonteser Dialekt und bedeutet „warmes Bad" – wird gewöhnlich als Dip zu Rohkost gereicht. Maria Viberti serviert ihre Version mit Paprikaschoten, die langsam im Backofen geröstet und dann halbiert wurden. Die Sauce erhitzt sie im Wasserbad, bis sich die Aromen der Zutaten gut vermischt haben.*

Maria verwendet hier kein Olivenöl der Extra-vergine-Qualität, da dieses nach ihrem Empfinden für die Sauce ein zu starkes Aroma besitzt.

FÜR 4 BIS 6 PERSONEN

4 Paprikaschoten, nach Belieben rot, gelb oder orange
6 große Knoblauchzehen
6 Sardellen in Salz, filetiert (Seite 14) und fein gehackt
80 ml natives Olivenöl
Prise Meersalz

Den Backofen auf 150 °C vorheizen.

Die ganzen Paprikaschoten auf ein Backblech legen und 1 Stunde rösten; nach 30 Minuten das erste Mal und nach weiteren 15 Minuten das zweite Mal wenden. Sobald sie weich werden, sogleich aus dem Backofen nehmen – die Schoten sollen ihre Form bewahren und nicht etwa ganz zusammenfallen. Leicht abkühlen lassen.

Die Knoblauchzehen in einem kleinen Topf 20–30 Minuten in simmerndem Wasser garen, bis sie sehr weich sind. Abgießen, abkühlen lassen, schälen und mit einer Gabel zerdrücken. Die Sardellen dazugeben und ebenfalls zerdrücken, bis eine glatte Paste entsteht.

Die Paprikaschoten enthäuten, sobald sie sich anfassen lassen, dann längs halbieren. Samen und Scheidewände entfernen und die Schoten mit der Wölbung nach oben auf Küchenpapier abtropfen lassen.

Die Knoblauch-Sardellen-Paste in eine Metallschüssel geben. Das Olivenöl und Salz hinzufügen. Die Schüssel auf einen Topf mit simmerndem Wasser setzen; der Boden der Schüssel soll das Wasser nicht berühren. Die Zutaten vermischen und die Sauce über dem simmernden Wasser 30 Minuten erhitzen, dabei häufig umrühren.

Die Paprikahälften mit der Wölbung nach unten auf einer Platte anrichten, die warme Sauce darin verteilen und sogleich servieren.

HINWEIS: Die Paprikaschoten nach Belieben vor dem Anrichten 5 Minuten bei 150 °C aufwärmen.

Tajarin al coltello

Hausgemachte feine Bandnudeln

Mit einer Breite von 1,5 bis höchsten 2 Millimetern gehören die Piemonteser tajarin *zu den feinsten Bandnudeln. Zum Trocknen auf Tabletts ausgebreitet, sehen sie beinahe wie Holzwolle aus.*

FÜR 6 PERSONEN

400 g Mehl
4 große Eier
2 TL natives Olivenöl extra
Prise Meersalz

Mehl, Eier, Öl und Salz nach der Anleitung auf Seite 188 zu einem Pastateig verarbeiten. Die Nudelmaschine vorbereiten. Zwei Tabletts oder Backbleche mit Küchentüchern auslegen und diese dann mit Mehl bestäuben.

Den Teig in 4 gleiche Portionen teilen und mit Hilfe der Nudelmaschine kneten, wie auf Seite 188 beschrieben. Nach der dortigen Anleitung weiter verfahren: Die Teigportionen einzeln ausrollen, bis die feinste Einstellung der Maschine erreicht ist. Die Teigblätter mit einem Teigrädchen auf 25 cm Länge zuschneiden. Nebeneinander auf die bemehlten Tücher legen und etwas trocknen lassen, dabei gelegentlich wenden. Der Teig soll sich zuletzt nicht mehr klebrig, aber auch noch nicht starr anfühlen.

Die gleichmäßig getrockneten Teigblätter von beiden Seiten leicht einmehlen und jeweils 5 Teigblätter aufeinander legen. Dann den Stapel der Länge nach in der Mitte falten und mit einem großen Küchenmesser quer in feine Streifen schneiden – die Breite sollte etwa 1,5 bis höchstens 2 mm betragen. Die Streifen vorsichtig auseinander zupfen, auf die bemehlten Tücher legen, mit Mehl bestäuben und nochmals behutsam lockern. Die restlichen Teigportionen auf die gleiche Weise verarbeiten.

OBEN: *Maria Vibertis* Tajarin al coltello *werden unter einem Küchentuch getrocknet.*
GANZ LINKS UND LINKS: *Maria hat den Teig zu dünnen Blättern ausgerollt und lässt diese nun auf der Arbeitsfläche trocknen.*
RECHTS: *Auf einem Holzbrett werden die tajarin in feine Streifen geschnitten.*

Tajarin con tartufi

Feine Bandnudeln mit Kräuterbutter und weißer Trüffel

Ein geradezu betörendes Aroma macht sich breit, wenn Giovanni Viberti die weiße Trüffel fein über die noch dampfenden tajarin *hobelt. Seine Frau Maria stellt die zarten Eierbandnudeln selbst her und vermischt sie vor dem Servieren mit Butter, die mit frischem Rosmarin und Salbei aromatisiert wurde.*

FÜR 6 PERSONEN

Für die Kräuterbutter
125 g Butter
1 Rosmarinzweig
1 Salbeistengel
Meersalz

1 Rezept *Tajarin al coltello* (Seite 28)
Meersalz
1 mittelgroße frische weiße Trüffel, mit einer weichen Bürste gesäubert

In einem sehr großen Topf mit mindestens 8 l Fassungsvermögen reichlich Wasser zum Kochen bringen.

Für die Kräuterbutter in einem großen Topf, der später die gekochten Nudeln aufnehmen soll, die Butter unter Zugabe des Rosmarins und Salbeis zerlassen, jedoch nicht bräunen. Dann die Kräuter entfernen und die Butter mit Salz nach Geschmack würzen.

Sobald das Wasser sprudelt, Salz nach Geschmack hinzufügen. Die Tücher mit den *tajarin* einzeln aufnehmen und die Nudeln vorsichtig ins kochende Wasser gleiten lassen. (Nicht die Hände einsetzen, da die Nudeln sonst zerbrechen.) Einen Deckel auflegen, bis das Wasser erneut aufwallt. Den Deckel wieder abnehmen und die *tajarin* in etwa 12 Sekunden *al dente* garen. In einem großen Durchschlag abseihen und dabei einen Teil des Kochwassers auffangen.

Die *tajarin* in den Topf zur Kräuterbutter geben und bei sehr niedriger Temperatur gründlich durchmischen. Falls die Nudeln zu trocken sind, etwas Kochwasser hinzufügen. Die *tajarin* in tiefen Tellern anrichten und sogleich servieren. Über jede Portion etwas weiße Trüffel hobeln. Besonders fein schneidet ein spezieller Trüffelhobel, notfalls tut es aber auch ein Gemüseschäler.

GEGENÜBER: Tajarin con tartufi, *in Kräuterbutter geschwenkte feine Bandnudeln, über die weiße Trüffel gehobelt wurde.*

Tajarin con sugo di carne

Feine Bandnudeln mit Fleischsauce

Maria Viberti verwendet für ihren sugo di carne *Hackfleisch vom Kalb, das eine besonders delikate Sauce ergibt. Rind oder gar Lamm hat für die zarten* tajarin *einen zu kräftigen Geschmack.*

FÜR 6 PERSONEN

Für die Fleischsauce
2 große Zwiebeln, grob gehackt
1½ TL grob gehackte Rosmarinblättchen
4 EL (60 ml) natives Olivenöl extra
700 g Hackfleisch vom Kalb
800 g Dosentomaten, abgetropft und gehackt
125–250 ml Fleischbrühe, hausgemacht (Seite 187) oder instant
Meersalz

1 Rezept *Tajarin al coltello* (Seite 28)
Meersalz
125 g frisch geriebener Parmesan

Für die Fleischsauce Zwiebeln und Rosmarin auf einem Schneidbrett mischen und sehr fein hacken. Das Olivenöl in einer mittelgroßen Kasserolle bei mittlerer Temperatur erhitzen. Die Zwiebeln hineingeben und bei niedriger Temperatur 20–25 Minuten braten, bis sie ganz weich sind, aber nicht bräunen. Falls sie schon vorher Farbe annehmen, 1–2 EL Wasser hinzufügen und weiter garen. (Das gesamte Wasser muss verdunstet sein, bevor das Fleisch dazukommt.)

Das Hackfleisch in den Topf geben, mit einer Gabel verteilen und bei mittlerer Temperatur braten, bis es gar ist. Tomaten, 125 ml Brühe und Salz nach Geschmack hinzufügen. Die Sauce im offenen Topf 1½ Stunden köcheln lassen, dabei gelegentlich umrühren. Falls sie zu sehr eindickt und am Topfboden ansetzt, weitere Brühe dazugießen.

In einem sehr großen Topf mit mindestens 8 l Fassungsvermögen reichlich Wasser zum Kochen bringen und Salz nach Geschmack hinzufügen. Die Tücher mit den *tajarin* einzeln aufnehmen und die Nudeln vorsichtig ins kochende Wasser gleiten lassen. (Nicht die Hände einsetzen, da die Nudeln sonst zerbrechen.) Einen Deckel auflegen, bis das Wasser erneut aufwallt. Den Deckel wieder abnehmen und die *tajarin* in etwa 12 Sekunden *al dente* garen. In einem großen Durchschlag abseihen und in eine große, flache Servierschüssel füllen. Mit der Fleischsauce übergießen und gründlich vermischen. Sogleich servieren; den Parmesan in einer kleinen Schüssel dazu reichen.

Vitello arrosto allo Chardonnay

In Chardonnay geschmorter Kalbsbraten

Das Kalbfleisch wird in Chardonnay auf einem Bett aus gemischtem Gemüse und Kräutern geschmort. Diese battuto *genannte Mischung – Grundlage vieler Suppen, Saucen und Eintöpfe – püriert man zuletzt mitsamt dem Schmorfond.*

FÜR 4 BIS 6 PERSONEN

3 EL (45 ml) natives Olivenöl extra
1 kg Kalbfleisch (Oberschale oder Nuss), gebunden
1 große Zwiebel, in gut 1 cm große Stücke geschnitten
1 mittelgroße Möhre, in gut 1 cm große Stücke geschnitten
1 Stange Bleichsellerie, in gut 1 cm große Stücke geschnitten
1 Rosmarinzweig
2 Lorbeerblätter
1 Knoblauchzehe
5 Gewürznelken
125 ml Chardonnay oder anderer trockener Weißwein
Meersalz und frisch gemahlener schwarzer Pfeffer
Fleischbrühe, hausgemacht (Seite 187) oder instant

Das Olivenöl in einer großen, schweren Kasserolle bei mittlerer bis hoher Temperatur erhitzen. Das Fleisch darin von allen Seiten gleichmäßig anbräunen, dann herausnehmen und auf eine Platte legen.

Zwiebel, Möhre, Sellerie, Rosmarin, Lorbeerblätter, Knoblauch und Gewürznelken in den Topf geben und das Gemüse unter Rühren anbraten. Das Fleisch wieder in den Topf geben und mit dem Chardonnay übergießen. Zum Kochen bringen und mit Salz und Pfeffer nach Geschmack würzen. Im geschlossenen Topf den Braten 1½–2 Stunden bei schwacher Hitze schmoren, bis er sich mühelos mit der Gabel einstechen lässt; ab und zu wenden und mit Fond begießen.

Den Braten auf ein Schneidbrett legen. Rosmarin, Lorbeerblätter und Gewürznelken entfernen und den Braten mit Alufolie abdecken. Schmorfond mit Gemüse durch den feinsten Einsatz des Passiergeräts geben oder im Mixer pürieren. Die Sauce nach Bedarf mit etwas Fleischbrühe verlängern, mit Salz und Pfeffer abschmecken und, falls nötig, nochmals erhitzen. Den Kalbsbraten fein aufschneiden. Über jede Portion 1–2 EL Sauce geben.

GEGENÜBER: *Im Speisezimmer von Al Buon Padre ist* Vitello arrosto allo Chardonnay *angerichtet. Überzogen mit etwas Sauce aus püriertem Gemüse und Schmorfond wird der Kalbsbraten zum vollendeten Genuss. Im Herbst gibt es dazu* Cavolfiore fritto *– panierten und gebratenen Blumenkohl.*

Cavolfiore fritto

Panierter und gebratener Blumenkohl

Maria Viberti reicht die außen knusprigen und innen butterweichen Blumenkohlröschen gerne als Beilage zu vitello arrosto. *Um eine gleichmäßig feine Kruste zu erhalten, verwendet sie selbst gemachte Semmelbrösel (Seite 14), die gesiebt werden, um größere Stücke zu entfernen.*

FÜR 6 PERSONEN

1 Blumenkohl, Strunk entfernt, in Röschen geteilt
2 große Eier, leicht verquirlt
60 g feine getrocknete Semmelbrösel
Natives Olivenöl zum Braten
Meersalz

In einem großen Topf mit 6 l Fassungsvermögen reichlich Wasser zum Kochen bringen. Die Blumenkohlröschen hineingeben und 2 Minuten kochen lassen. Abseihen, abschrecken und abtropfen lassen. Zum Aufsaugen der restlichen Feuchtigkeit auf Küchenpapier legen.

Die Blumenkohlröschen ins Ei tauchen und anschließend in den Semmelbröseln wälzen. Auf eine Platte legen und für mindestens 1 Stunde in den Kühlschrank stellen.

Eine große, schwere Pfanne mit hohem Rand gut 2 cm hoch mit Olivenöl füllen und das Öl bei mittlerer Temperatur erhitzen. Die Blumenkohlröschen portionsweise hineingeben, goldbraun braten, wenden und von der anderen Seite fertig braten. Mit einem Schaumlöffel aus der Pfanne nehmen, auf Küchenpapier abtropfen lassen und mit Salz bestreuen. Die Blumenkohlröschen warm stellen, bis auch der Rest gebraten ist, und dann sogleich servieren.

Die Viberti-Weinberge liefern neben den Piemonteser Klassikern Barolo, Dolcetto d'Alba und Barbera d'Alba auch Chardonnay. Im Lagerkeller unterhalb der Trattoria kostet Giovanni Viberti einen seiner Barolo.

Agr. Viberti

Zabaione Al Buon Padre

Warmer Marsala-Weinschaum mit Espresso

Mit einem Schuss frisch zubereitetem Espresso gibt Maria Viberti ihrem Marsala-Weinschaum besonderen Pfiff. Gelegentlich serviert sie zu der zabaione *ein Stück* Torta di nocciole delle Langhe, *einen traditionellen Piemonteser Haselnusskuchen (Seite 46). Ehemann Giovanni genießt das Dessert lieber mit einem Glas eines 15 bis 20 Jahre alten Barolo, aus eigener Herstellung natürlich. Das Rezept lässt sich beliebig für größere Mengen umrechnen.*

FÜR 2 PERSONEN

4 große Eigelb
2 EL Zucker
Große Prise Mehl
2 EL frisch zubereiteter Espresso
1 TL Milch
60 ml trockener Marsala

Für das Wasserbad einen mittelgroßen Topf 3 cm hoch mit Wasser füllen und das Wasser zum Sieden bringen.

In einer Metallschüssel Eigelb, Zucker und Mehl mit einem Schneebesen verquirlen. Die Schüssel über das simmernde Wasser setzen; weiter mit dem Schneebesen schlagen, bis sich der Zucker auflöst und die Mischung nach etwa 5 Minuten eindickt. Espresso, Milch und Marsala hinzufügen und noch etwa 5 Minuten schlagen, bis man einen dicken und zugleich lockeren Schaum erhält. Etwa 10 Minuten abkühlen lassen; dabei gelegentlich rühren. Den lauwarmen Weinschaum in zwei Dessertschalen füllen und sogleich servieren.

RECHTS: Bonet al cioccolato, *Schokoladenflan mit Karamellsirup.* *GEGENÜBER:* Zabaione Al Buon Padre, *warmer Marsala-Weinschaum.*

Bonet al cioccolato

Schokoladenflan mit Karamellsirup

Den Namen verdankt die traditionelle Piemonteser Süßspeise bonet *oder* bunet *ihrer Form, die an das Bonnet erinnert, eine Damenhaube aus dem 18. Jahrhundert.* Bonet *wird in einer mit Karamellsirup ausgeschwenkten Form im Wasserbad gegart. Neben Mandelmakronen enthält der Flan in Maria Vibertis Version Rum, Marsala und Kakao. Maria serviert dazu* pesche in burnia, *in leichten Sirup eingelegte Pfirsiche aus eigener Ernte. Es schmeckt auch köstlich mit anderen konservierten Sommerfrüchten oder für sich allein.*

FÜR 6 PERSONEN

100 g Zucker
4 große Eier
2½ EL ungesüßtes Kakaopulver
250 ml Milch
1 EL weißer Rum
1 EL trockener Marsala
50 g Amaretti (italienische Mandelmakronen), zerstoßen

Den Backofen auf 120 °C vorheizen. Eine Gugelhupf- oder Ringform mit 1 l Fassungsvermögen im Ofen aufwärmen. Unterdessen den Karamellsirup herstellen.

Dafür 50 g Zucker in einem kleinen, schweren Topf bei niedriger bis mittlerer Temperatur erhitzen. Erst wenn der Zucker am Topfrand zu schmelzen beginnt, mit einem Holzlöffel rühren, bis man einen glatten Sirup von nussbrauner Farbe erhält. Diesen rasch in die warme Form gießen und schwenken, bis er sich gleichmäßig über die gesamte Fläche verteilt hat; dabei zum Schutz der Hände vor dem heißen Sirup unbedingt Ofenhandschuhe tragen. Die Form auf einem Drahtgitter auskühlen lassen, bis der Karamell erstarrt ist.

Wasser für das Wasserbad aufsetzen und zum Kochen bringen.

Die Eier in einer großen Schüssel mit einem Schneebesen schaumig schlagen. Die restlichen 50 g Zucker hinzufügen und weiter schlagen, bis er sich aufgelöst hat. Den Kakao unterziehen, danach Milch, Rum, Marsala und zuletzt die Amaretti-Brösel einrühren. Die Mischung in die vorbereitete Form füllen, diese mit Alufolie abdecken und in einen großen Topf setzen. Bis zur halben Höhe der Form kochendes Wasser in den Topf gießen. Den Flan 15 Minuten im simmernden Wasser garen – ein in die Mitte eingestochenes Messer muss beim Herausziehen sauber bleiben. Aus dem Wasserbad nehmen, auf einem Drahtgitter abkühlen lassen und in den Kühlschrank stellen.

Das *bonet* 20 Minuten vor dem Servieren auf eine Platte stürzen.

LA LUNA E I FALÒ

In seinem Roman *La luna e i falò* (wörtlich übersetzt „Der Mond und die Freudenfeuer") beschreibt Cesare Pavese einen alten Brauch, der bis heute in Monferrato, dem Piemonteser Hügelland um die Stadt Asti, lebendig ist und an das Johannisfeuer erinnert: Im August häufen die Bauern von Canelli und San Stefano Belbo alte Weinstöcke auf und zünden sie im Schein des Vollmonds an. Es ist ein zauberhafter Anblick, wenn überall in den Hügeln die Feuer glühen.

La Luna e i Falò lautet auch der Name des Gutes mit dem kleinen angeschlossenen Restaurant, das Franco Canero gemeinsam mit seiner Frau Ester in Canelli bewirtschaftet. In dieser Gemeinde an der Grenze zwischen den Piemonteser Weinbauzonen Langhe und Monferrato ist die Zeit in den letzten drei Jahrzehnten beinahe stehen geblieben. Canelli ist noch immer unberührt von den Touristenströmen, die das Leben in den Nachbarorten verändert haben. Zum ersten Mal kam Franco 1969 bei einem Jagdausflug mit Freunden hierher. Überwältigt von der Schönheit der Landschaft, beschlossen er und Ester, in der Gegend ein Domizil zu suchen. Sie fanden ein heruntergekommenes Haus mit einem herrlichen Blick über Dörfer und Städtchen. Jeden Sonntag fuhren sie aus Turin, wo sie erfolgreich ein Restaurant betrieben, nach Canelli, pflanzten einen Garten und Weinberg an und nahmen die wichtigsten Reparaturen am Haus vor. Franco träumte davon, das hektische Leben in der Industriestadt gegen ein Dasein als Winzer und Kleinbauer einzutauschen. Schließlich kehrten sie Turin den Rücken, um sich ganz der Wiederherstellung des Hauses zu widmen und ihr kleines Stück Land zu bearbeiten.

Die Renovierung des Hauses erwies sich als aufwendiges Unterfangen. Anscheinend war die Gegend einmal so arm gewesen, dass herkömmliche Ziegel unerschwinglich waren. Also verwendete man zum Hausbau Steine, die aus verfügbarem Material geformt waren: aus kalkreicher Erde und Moscato-Wein. Beim Trocknen wurde diese Mischung hart wie Stein. Zum Schutz gegen Feuchtigkeit, durch die sich das Mauerwerk aufgelöst hätte, wurde Putz aufgebracht. Überrascht stellten die Carneros fest, dass ihr Haus komplett aus diesem Behelfsmaterial gebaut war. Wenn sie ihr Dach über dem Kopf behalten wollten, mussten alle Steine ersetzt werden.

Die Weinherstellung lief nur langsam an, und die unerwarteten Renovierungskosten bedeuteten einen finanziellen Rückschlag. Franco und Ester hatten kaum eine andere Wahl, als in die Gastronomie zurückzukehren. Diesmal entschieden sie sich aber für ein anderes Konzept: ein kleines, nicht so arbeitsintensives Restaurant in den eigenen vier Wänden. Unter ihren ehemaligen Gästen aus Turin sprach es sich schnell herum, dass Ester wieder ihre Köstlichkeiten auftischte. Der Erfolg von La Luna e i Falò ließ nicht lange auf sich warten.

Francos Garten gedieh prächtig. Bald konnte er Ester reichlich mit Obst und Gemüse, Kräutern und Nüssen versorgen, aus denen sie regionale Spezialitäten zubereitet. Oft handelt es sich

OBEN: *Ester Carnero lässt in der geräumigen Küche ihres Restaurants alte Rezepte aus der Gegend von Asti im Monferrato wieder aufleben.* GEGENÜBER: *Bei diesen* Gnocchetti verdi con funghi porcini *verbinden sich grüne Kartoffelklößchen mit frischen Steinpilzen zu einem herbstlichen Genuss.*

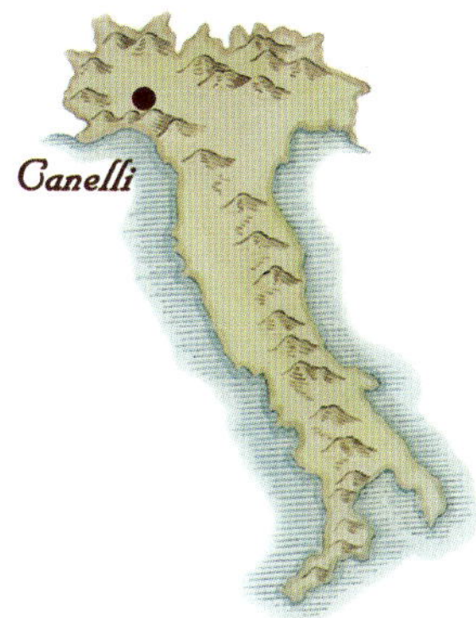

GEGENÜBER OBEN: *Die Rebenbestände von La Luna e i Falò liefern unter anderem die Trauben für einen Moscato.*
GEGENÜBER UNTEN LINKS: *In dieser eleganten Sitzecke können Gäste vor dem Essen einen* aperitivo *nehmen.*
GEGENÜBER UNTEN MITTE: *Die Gänse von Franco und Ester Carnero erweisen sich als sehr verlässliche Wächter, wenn sich Fremde nähern.*
GEGENÜBER UNTEN RECHTS: *Franco bereitet einen Tisch vor.*
UNTEN: *Eine kleine Kapelle am Weg zu La Luna e i Falò.*

um alte Rezepte, die sie wieder entdeckt und weiter entwickelt hat. Inzwischen füllt Franco jährlich über 5000 Flaschen Wein ab, die sie ihren Gästen kredenzen oder verkaufen.

Heute präsentiert sich La Luna e i Falò als hübsches, teils verputztes Backsteinhaus, dessen Eingang man durch eine Art Bogengang erreicht. Das Speisezimmer und der anschließende Salon, in dem sich die Gäste zusammenfinden, sind mit Renaissancemöbeln, orientalischen Teppichen und schönen Kunstgegenständen ausgestattet. Überall stehen auf Tischen und Anrichten große Keramikschalen, gefüllt mit frischem Obst und Gemüse aus dem eigenen Garten.

Ester ist eine versierte Köchin. Schon als Kind sammelte sie unter der Anleitung ihrer Eltern erste Erfahrungen. Ihr Vater stammte aus der Emilia-Romagna, ihre Mutter aus Venetien. Esters Küche stützt sich auf die kulinarischen Traditionen der Provinz Asti. Allerdings lässt sie auch andere Elemente einfließen. Ente beispielsweise isst man sowohl in der Emilia als auch in Venetien sehr gern. Die Carneros halten Moschusenten, die für ihr köstliches Brustfleisch berühmt sind.

Wie es sich in Piemont gehört, beginnt Ester ihre Menüs mit verschiedenen Antipasti. Zu den zahlreichen traditionellen Rezepten, die sie wieder belebt hat, gehört *tartrà*, ein Soufflé mit frischen Kräutern und Parmesan. Ein weiterer Fund ist die *antica salsa*, eine pürierte Sauce aus Paprikaschoten und frischen Feigen, die sie zu dünn aufgeschnittenem Kalbsbraten serviert. Der ideale Vorspeisenbegleiter ist Francos Cortese, ein trockener Weißwein mit leicht fruchtigem Duft und Geschmack. Zum Pasta- und Fleischgang schenkt er dann seinen Dolcetto ein, einen jungen, trockenen Roten.

In der Küche ist Franco für die Herstellung der Teigwaren zuständig. Er rollt den goldgelben Eiernudelteig zu dünnen Blättern aus und schneidet sie für die *taglierini* in feine Streifen, oder Ester verarbeitet sie zu gefüllten Teigtaschen. Aus Francos Hand stammen auch die *gnocchetti verdi*, haselnussgroße grüne Kartoffelklößchen. Ester bereitet aus Zutaten der Saison die Saucen und Füllungen zu.

Zweimal in der Woche kauft sie auf dem großen Markt von Canelli frisches Obst und Gemüse, das nicht in ihrem eigenen Garten wächst, sowie Fleisch, lokale Käsespezialitäten und andere Milchprodukte. Im Herbst gibt es Steinpilze, die meist aus den Wäldern von Sassello, einem Ort in den Seealpen, stammen.

Überall in der Gegend, so auch auf dem Grund von La Luna e i Falò, reifen in dieser Jahreszeit viele Haselnüsse. Ester verarbeitet sie zu herzhaften und süßen Speisen, etwa der *torta di nocciole*, einem Nusskuchen mit viel Butter und Mandelmakronen.

Schon als Kind hatte Ester eine besondere Vorliebe für Desserts und ihre Zubereitung. Ihren Gästen serviert sie gewöhnlich zwei, drei Sorten auf einer Platte. Franco reicht dazu ein Glas gekühlten Moscato d'Asti. Dieser liebliche perlende Weißwein ähnelt dem Asti Spumante, der allerdings stärker schäumt. Beide werden aus der Traubensorte Moscato Bianco gekeltert und haben den Ruhm von Canelli begründet.

Zum Abschluss der Mahlzeit serviert Franco den Gästen Kaffee und Grappa. Gemeinsam mit seiner Frau setzt er sich dann oft zu ihnen, um noch etwas zu plaudern.

Tartrà con intingolo

Kräuter-Soufflé mit würziger Tomatensauce

Im Umgang mit frischen Kräutern, die sie stets in ihrem Garten zur Hand hat, beweist Ester Carnero viel Fingerspitzengefühl. Die Kombinationen, die sie verwendet, harmonieren mit den übrigen Zutaten, ohne dominant zu sein. Kräuter verleihen Speisen eine raffinierte Würze und sind sehr bekömmlich.

Ester bereitet ihr tartrà, *ein herzhaftes Kräuter-Soufflé mit Käse, in einzelnen Förmchen zu. Angerichtet wird es auf einer* intingolo *genannten schmackhaften Tomatensauce, zu deren Würze Schinken oder Speck, Sellerie und Zwiebel ebenso beitragen wie ein kräftiger Schuss Rotwein. Eine Kräutermischung verleiht dem Ganzen zuletzt einen besonderen Pfiff. Während* tartrà *in Piemont heute als Vorspeise gilt, war es früher in den kalten Wintermonaten ein sättigendes Hauptgericht.*

FÜR 6 PERSONEN

Für das Kräuter-Soufflé
40 g Butter
½ mittelgroße Zwiebel, fein gerieben
1 Lorbeerblatt
3 große Eier
1 großes Eigelb
250 ml Milch
125 ml Crème double
¾ TL fein gehackte Rosmarinblättchen
¾ TL fein gehackte Salbeiblätter
2 TL frisch geriebener Parmesan
¼ TL frisch geriebene Muskatnuss
Meersalz und frisch gemahlener schwarzer Pfeffer

Für die Tomatensauce
20 g *prosciutto* oder *pancetta,* grob gehackt
½ mittelgroße Zwiebel, grob gehackt
½ Stange Bleichsellerie, grob gehackt
3 EL (45 ml) natives Olivenöl extra
¾ TL fein gehackte Rosmarinblättchen
¾ TL fein gehackte Salbeiblätter
1 Lorbeerblatt
60 ml trockener Rotwein
500 g Dosentomaten, abgetropft und fein gehackt
Meersalz und frisch gemahlener schwarzer Pfeffer
2 TL fein gehackte gemischte Kräuter wie Basilikum, Majoran, Minze oder Thymian

Den Backofen auf 200 °C vorheizen. 6 Soufflé-Förmchen mit Öl ausstreichen und mit Mehl ausstreuen. In einem großen Topf reichlich Wasser zum Kochen bringen.

Für die Kräuter-Soufflés die Butter in einer kleinen Pfanne zerlassen. Die geriebene Zwiebel mit dem Lorbeerblatt bei schwacher Hitze etwa 10 Minuten braten. Sobald sie Farbe annimmt, das Lorbeerblatt entfernen und den Pfanneninhalt abkühlen lassen.

Die Eier und das Eigelb in einer großen Schüssel verquirlen. Milch, Crème double, Rosmarin, Salbei, Parmesan, Muskat und die Zwiebel gut unterrühren. Die Mischung mit Salz und Pfeffer würzen.

Die Förmchen in einen Bräter mit mindestens 5 cm hohem Rand setzen. Die Eimasse einfüllen und bis zur halben Höhe der Förmchen Wasser in den Bräter gießen. Vorsichtig in den Backofen schieben und die Soufflés 40 Minuten backen, bis sie locker aufgegangen und goldbraun sind.

Für die Tomatensauce *prosciutto* oder *pancetta,* Zwiebel sowie Sellerie auf einem Schneidbrett vermengen und alles zusammen sehr fein hacken. Das Olivenöl in einem großen Topf erhitzen. Die Schinkenmischung mit dem Rosmarin, dem Salbei und dem Lorbeerblatt hinzufügen und etwa 15 Minuten bei schwacher Hitze braten, bis die Zwiebel weich ist. Den Rotwein angießen und bei hoher Temperatur zur Hälfte einkochen lassen. Die Tomaten dazugeben, mit Salz und Pfeffer nach Geschmack würzen und alles 15 Minuten bei mittlerer Temperatur kochen lassen. Das Lorbeerblatt entfernen, die gemischten Kräuter einrühren und die Sauce vom Herd nehmen.

Die Kräuter-Soufflés aus den Förmchen gleiten lassen und mit der Tomatensauce anrichten.

Vitello in antica salsa di peperoni e fichi

Kalbsbraten mit Paprika-Feigen-Sauce

Ester Carnero hat ein altes Piemonteser Rezept wieder entdeckt, in dem das herbstliche Aroma frischer Feigen mit Paprikaschoten eine vollendete Verbindung eingeht. Heraus kommt eine delikate Sauce, die, fein püriert, vorzüglich zu zartem Kalbsbraten passt. Ester serviert diese Komposition als Antipasto. Gelegentlich reicht sie die Sauce aber auch zu bollito misto, *einem Eintopf aus gemischtem gesottenem Fleisch wie Rind, Kalb, Schwein, Zunge, Huhn, oder auch zu* cotechino, *einer Kochwurst aus Schweinefleisch mit Muskatnuss und Gewürznelken.*

Mit Kartoffeln aus dem Ofen – Patate arrosto *(Seite 97) – oder einem gemischten grünen Salat als Beilage ergibt der Kalbsbraten ein Hauptgericht für 4 bis 6 Personen. In dem Fall mit dem Schmorfond eine Sauce zubereiten.*

FÜR 8 PERSONEN

Für den Kalbsbraten
2 EL (30 ml) natives Olivenöl extra
1 kg Kalbfleisch (Oberschale, Lende oder Schulter), gebunden
1 mittelgroße Zwiebel, halbiert
1 Rosmarinzweig
1 Salbeistengel
1 Lorbeerblatt
Meersalz und frisch gemahlener schwarzer Pfeffer
250 ml trockener Weißwein

Für die Paprika-Feigen-Sauce
450 g frische Feigen
3 EL (45 ml) natives Olivenöl extra
2 mittelgroße rote Paprikaschoten, Samen und Scheidewände entfernt, in gut 2 cm große Stücke geschnitten
1 mittelgroße gelbe Paprikaschoten, Samen und Scheidewände entfernt, in gut 2 cm große Stücke geschnitten
½ Stange Bleichsellerie, in gut 2 cm lange Stücke geschnitten
Meersalz und frisch gemahlener schwarzer Pfeffer

Für den Braten das Olivenöl in einer großen, schweren Kasserolle bei mittlerer bis hoher Temperatur erhitzen. Das Fleisch in die Kasserolle legen. Zwiebel, Rosmarin, Salbei und Lorbeerblatt hinzufügen. Das Fleisch von allen Seiten gleichmäßig anbräunen. Die Zwiebel herausnehmen, sobald sie dunkel wird, und erst wieder dazugeben, nachdem das Fleisch fertig angebraten ist. Den Braten mit Salz und Pfeffer nach Geschmack würzen und mit dem Wein übergießen. Zugedeckt bei niedriger Temperatur 1 Stunde schmoren und dabei alle 15 Minuten wenden – das Bratenthermometer sollte zuletzt 60 °C anzeigen.

Für die Sauce die Feigen enthäuten und vierteln. Mit dem Olivenöl, den Paprikastücken, dem Sellerie sowie Salz und Pfeffer nach Geschmack in einen mittelgroßen Topf geben. Zugedeckt ungefähr 40 Minuten köcheln lassen, bis das Gemüse sehr weich ist; dabei ab und zu umrühren. Die Mischung durch den feinsten Einsatz des Passiergeräts geben oder im Mixer pürieren.

Den fertigen Braten auf ein Fleischbrett legen, mit Alufolie abdecken und 10 Minuten ruhen lassen. Die Schnur ablösen und den Braten in feine Scheiben schneiden. Jeweils 2 oder 3 Scheiben auf einem Teller anrichten und auf jede Scheibe einen Löffel Sauce geben. Warm oder auf Zimmertemperatur abgekühlt servieren.

HINWEIS: Der Schmorfond schmeckt, abgeseiht und leicht mit Mehl gebunden, gut als Sauce zu frischer Pasta.

Vom oberen Stockwerk des Hauses eröffnet sich ein herrlicher Blick auf die benachbarten Ortschaften.

LINKS: Vitello in antica salsa di peperoni e fichi, *Kalbsbraten mit Paprika-Feigen-Sauce, wird als Vorspeise gereicht.*
UNTEN: Tartrà con intingolo, *Kräuter-Soufflé mit würziger Tomatensauce, mundet ganz vorzüglich.*

Gnocchetti verdi con funghi porcini

Grüne Kartoffelklößchen mit Steinpilzsauce

Die gnocchetti verdi *von Franco Carnero sind gerade eben haselnussgroß. Eine besonders ansprechende Farb- und Geschmacksnote erhalten sie durch das fein gehackte Blattgemüse, das seine Frau Ester vorkocht, sowie die gewiegten frischen Kräuter. Die jeweilige Kombination stellt Ester nach Marktangebot und Laune zusammen. In Verbindung mit einer Sauce aus frischen Steinpilzen, die ein erdig-würziges Aroma verbreitet, ergeben die grünen Kartoffelklößchen ein wundervolles herbstliches* primo piatto.

Damit die gnocchetti *schön locker und leicht geraten, darf man in der letzten Phase der Teigbearbeitung nicht zu viel weiteres Mehl in den Teig einarbeiten. Weniger davon wird benötigt, wenn man das gegarte Gemüse kräftig ausdrückt und die restliche Feuchtigkeit mit Küchenpapier abtupft. Außerdem sollte eine mehlig kochende Kartoffelsorte verwendet werden, die viel Stärke, aber nicht so viel Feuchtigkeit enthält.*

FÜR 4 PERSONEN

Für die Kartoffelklößchen
700 g mehlig kochende Kartoffeln, gebürstet
4 große Eigelb
125 g gegartes Blattgemüse wie Spinat (Seite 141), Mangold, Brennnesseln oder Borretsch, gut ausgedrückt und fein gehackt (siehe Hinweis)
180 g Mehl

Für die Steinpilzsauce
450 g frische Steinpilze (siehe Hinweis)
80 g Butter
4 EL (60 ml) natives Olivenöl extra
1 mittelgroße Zwiebel, gehackt
1 kleine Knoblauchzehe, fein gehackt
2 EL frisch gehackte glatte Petersilie
Meersalz und frisch gemahlener schwarzer Pfeffer
60 g frisch geriebener Parmesan, dazu mehr zum Servieren

Für die Klößchen die ungeschälten Kartoffeln in einem großen Topf 5 cm hoch mit Wasser bedecken, aufsetzen und in 20–25 Minuten in kochendem Wasser garen. Die Kartoffeln abgießen und dann so weit abkühlen lassen, dass man sie gut anfassen kann – wenn sie ganz auskühlen, werden sie gummiartig. Danach die Kartoffeln pellen, in Stücke schneiden und durch den feinen Einsatz des Passiergeräts treiben oder durch die Kartoffelpresse drücken. (Ersatzweise kann man ein Sieb verwenden, der Mixer ist hingegen ungeeignet.)

Ein großes Tablett oder Backblech mit einem Küchentuch auslegen und mit Mehl bestäuben.

Die Kartoffeln mit dem Eigelb und dem Blattgemüse in einer großen Schüssel vermischen. 120 g Mehl untermengen. Den Teig auf eine Arbeitsfläche oder ein Backbrett geben und kneten. Dabei so viel von dem übrigen Mehl einarbeiten, dass man einen glatten, aber noch leicht klebrigen Teig erhält. Der Rest des Mehls wird beim Schneiden der *gnocchetti* benötigt.

Den Teig in 8 gleiche Portionen teilen und diese einzeln verarbeiten, dabei die übrigen mit Klarsichtfolie abdecken. Aus dem ersten Teigstück auf der nicht eingemehlten Arbeitsfläche eine gut 1 cm dicke Rolle formen und in ebenfalls gut 1 cm lange Stücke schneiden. Die Klößchen auf das vorbereitete Tuch legen und mit Mehl bestäuben. Den restlichen Teig auf die gleiche Weise verarbeiten. Zum Schluss die fertigen *gnocchetti* mit einem zweiten Tuch abdecken. So lassen sie sich bis zur Verwendung 1–2 Stunden im Kühlschrank aufbewahren.

Für die Sauce die Steinpilze mit einem trockenen Backpinsel oder Küchenpapier von etwaigen Erdpartikeln säubern, jedoch keinesfalls waschen. Die trockenen Stielenden abschneiden und die Pilze in kleine Stücke schneiden.

In einer großen Pfanne mit hohem Rand, in der alle *gnocchetti* Platz haben, Butter und Olivenöl erhitzen. Die Zwiebel bei sehr niedriger Temperatur in ungefähr 15 Minuten sehr weich braten. Sobald sie etwas Farbe angenommen hat, den Knoblauch hinzufügen und 1 Minute mitbraten. Die Pilze dazugeben und bei mittlerer bis hoher Temperatur 2–3 Minuten braten. Die Petersilie untermischen, die Sauce mit Salz und Pfeffer nach Geschmack würzen und noch 1 Minute köcheln lassen. Die Pfanne vom Herd nehmen.

In einem sehr großen Topf mit mindestens 8 l Fassungsvermögen reichlich Wasser zum Kochen bringen. Sobald es aufwallt, Salz nach Geschmack hinzufügen. Die *gnocchetti* hineingeben und das Wasser bei aufgelegtem Deckel erneut zum Kochen bringen. Dann den Deckel abnehmen und die Klößchen, nachdem sie an die Oberfläche gestiegen sind, noch 2 Minuten garen.

Unterdessen die Steinpilzsauce bei mittlerer Temperatur aufwärmen und 80 ml des Klößchen-Kochwassers einrühren.

Die fertig gegarten *gnocchetti* mit einem Schaumlöffel aus dem Wasser nehmen, abtropfen lassen und in die Pilzsauce geben. Mit 60 g Parmesan bestreuen und alles bei niedriger Temperatur vorsichtig, aber gründlich durchmischen, bis der Käse geschmolzen ist. Die *gnocchetti* auf einer Servierplatte anrichten und sogleich servieren. Weiteren Parmesan in einer kleinen Schüssel separat dazu reichen.

Hinweise: Ester kombiniert 2 oder 3 Sorten Blattgemüse in gleichen Mengen. Sie werden separat gedämpft, bis sie zusammenfallen, kräftig ausgedrückt und dann zusammen fein gehackt.

Anstatt mit frischen Steinpilzen lässt sich die Sauce auch mit 450 g anderen Zucht- oder Wildpilzen und dazu 30 g getrockneten Steinpilzen zubereiten. Die frischen Pilze nach der Rezeptanleitung säubern und hacken. Die getrockneten Steinpilze 15 Minuten in 125 ml warmem Wasser einweichen, danach herausnehmen und das Wasser aufbewahren. Die Pilze von etwaigen Erdpartikeln säubern und fein hacken, das Einweichwasser durch ein doppelt gelegtes Mulltuch seihen. Die frischen und getrockneten Pilze weiter so verwenden, wie im Rezept beschrieben, allerdings das Einweichwasser anstelle des Klößchen-Kochwassers zur Sauce geben.

Anitra all'uva

Geschmorte Ente mit Weintrauben

Gern verfeinert Ester Carnero den Fond ihrer geschmorten Ente mit frischen Früchten der jeweiligen Saison. Während der vendemmia, *der Weinlese, verwendet sie grüne und blaue Trauben. Natürlich bieten sich die Beeren der eigenen Rebenbestände von La Luna e i Falò an: Moscato Bianco, Barbera oder Dolcetto. Sie werden kurz im Fond mitgegart und dann zusammen mit dem Röstgemüse aus dem Topf püriert. Zuletzt rührt Ester einige ganze Weintrauben in die Sauce und kocht sie noch einige Minuten mit.*

Alternativ eignen sich auch Tafeltrauben wie die zur Herbstmitte aus Sizilien importierten Muskattrauben.

Für 4 Personen

1 Ente (1,8–2,2 kg)
4 EL (60 ml) natives Olivenöl extra
Meersalz und frisch gemahlener schwarzer Pfeffer
1 mittelgroße Zwiebel, in kleine Stücke geschnitten
1 Stange Bleichsellerie, in kleine Stücke geschnitten
7 TL fein gehackte gemischte Kräuter wie Oregano, Rosmarin, Salbei und Thymian
2 kleine Lorbeerblätter
175 ml trockener Weißwein
Je 10 grüne und blaue Weintrauben, dazu 300 g gemischte Weintrauben

Die Ente ausnehmen, dabei Leber und Magen für eine anderweitige Verwendung beiseite legen. Die Ente innen und außen abspülen und gründlich trockentupfen. In einer großen, schweren Kasserolle 2 EL (30 ml) Olivenöl bei mittlerer bis hoher Temperatur erhitzen. Die Ente hineinlegen und von allen Seiten gleichmäßig anbräunen. Herausnehmen und auf einer Platte abkühlen lassen. Das Fett aus der Kasserolle abgießen.

Die Ente innen mit Salz und Pfeffer würzen. Dann die Hälfte der Zwiebel und des Selleries sowie 2 TL der Kräutermischung einfüllen. Die Ente außen mit 2 TL der Kräuter einreiben und mit Salz und Pfeffer würzen.

Die restlichen 2 EL (30 ml) Olivenöl in der Kasserolle bei mittlerer Temperatur erhitzen. Die Ente hineinlegen, die restlichen Zwiebel- und Selleriestücke und die Lorbeerblätter ringsum verteilen. Das Gemüse etwa 10 Minuten unter häufigem Rühren goldgelb braten. Alles mit dem Wein übergießen, diesen aufkochen lassen und köchelnd auf die Hälfte reduzieren. 250 ml heißes Wasser hinzugießen und aufkochen lassen. Den Topf mit einem Deckel nicht ganz verschließen und die Ente 1 Stunde im köchelnden Fond garen, dabei alle 20 Minuten wenden. Danach je 10 grüne und blaue Weintrauben in den Topf geben und die Ente weitere 30 Minuten schmoren. Sie ist gar, wenn aus dem fleischigen Teil der Keule beim Einstechen mit einem schmalen Messer klarer Saft austritt. Wenn der Fleischsaft noch rosa ist, die Ente weitere 15 Minuten schmoren und dann erneut eine Garprobe machen.

Die Ente auf eine Platte legen und mit Alufolie abdecken. Die Lorbeerblätter aus der Kasserolle nehmen und den Schmorfond mitsamt dem Gemüse durch den feinsten Einsatz des Passiergeräts oder ein Sieb streichen. Die Sauce entfetten, zurück in den Topf geben und leicht einkochen lassen. 300 g Trauben und die restlichen 3 TL Kräuter einrühren. Noch 2–3 Minuten köcheln lassen, zuletzt mit Salz und Pfeffer abschmecken. Die Ente in kleine, portionsgerechte Stücke zerlegen und nach Belieben enthäuten. Auf einer flachen Servierplatte anrichten, die Sauce mit den Trauben darüber verteilen und die Ente sogleich servieren.

Hinweis: Falls die Ente nicht sofort serviert werden soll, zunächst den Schmorfond mit dem Gemüse pürieren und die Sauce ohne die Trauben und Kräuter etwas eindicken lassen. Vor dem Servieren die Entenstücke in der Sauce erhitzen, dann herausnehmen und die Sauce nochmals entfetten. Danach die Trauben und Kräuter in die Sauce geben, mit Salz und Pfeffer nach Geschmack würzen und alles noch 2–3 Minuten köcheln lassen.

Panna cotta dell'antico Piemonte

Sahnecreme mit Karamellsirup

Panna cotta *erfreut sich inzwischen zwar in ganz Italien und auch weit über seine Landesgrenzen hinaus großer Beliebtheit, stammt aber ursprünglich aus Piemont. Außer „gekochter Sahne", wie der Originalrezeptname besagt, enthält das puddingartige Dessert Milch, Rum, Marsala, Vanille und etwas Gelatine. Die Mischung wird in eine mit Karamellsirup ausgeschwenkte Form gefüllt, der die puddingartige Creme nach dem Stürzen überzieht. Ester Carnero bereitet* panna cotta *meist in einer Kastenform zu, doch eignen sich eine Ringform oder einzelne Auflaufförmchen genauso gut.*

FÜR 8 PERSONEN

150 g Zucker
450 ml Milch
2 ¼ TL Gelatine (siehe Hinweis)
500 ml Crème double
125 g Puderzucker
2 EL (30 ml) weißer Rum
1 EL trockener Marsala
1 ½ TL Vanille-Essenz

Den Backofen auf 120 °C vorheizen. Eine etwa 12 x 24 cm große Kastenform im Ofen anwärmen. Inzwischen Karamellsirup herstellen.

Für den Sirup den Zucker in einem kleinen, schweren Topf bei niedriger bis mittlerer Temperatur erhitzen. Erst wenn der Zucker am Topfrand zu schmelzen beginnt, mit einem Holzlöffel rühren, bis man einen glatten Sirup von nussbrauner Farbe erhält. Diesen rasch in die warme Form gießen und schwenken, bis er sich gleichmäßig über die gesamte Fläche verteilt hat; dabei zum Schutz der Hände vor dem sehr heißen Sirup unbedingt Ofenhandschuhe tragen. Die Form auf einem Drahtgitter auskühlen lassen, bis der Karamell vollständig erstarrt ist.

50 ml Milch in eine kleine Schüssel gießen. Die Gelatine einstreuen und die Schüssel beiseite stellen. Die restlichen 400 ml Milch in einem kleinen Topf bei mittlerer Temperatur erhitzen. Den Topf vom Herd nehmen und die Milch mit der inzwischen gequollenen Gelatine einrühren, bis diese sich völlig aufgelöst hat.

Crème double und Puderzucker in einen zweiten Topf geben und bei mittlerer Temperatur ständig mit einem Holzlöffel rühren, bis die Crème double ziemlich heiß ist – sie darf jedoch nicht aufkochen – und sich der Zucker ganz aufgelöst hat. In eine große Schüssel gießen, die Milchmischung einrühren und die Creme abkühlen lassen.

Rum, Marsala und Vanille-Essenz unterrühren. Die Creme durch ein Sieb in die vorbereitete Form geben und mehrere Stunden – am besten über Nacht – in den Kühlschrank stellen, bis sie fest ist; dabei löst sich der Karamell wieder auf. Die *panna cotta* auf eine rechteckige Platte stürzen und bis zum Servieren in den Kühlschrank stellen. Aufschneiden und über jede Scheibe etwas Karamellsirup träufeln.

HINWEIS: Ester dosiert die Gelatine so, dass die *panna cotta* beim Stürzen zwar ihre Form, aber zugleich auch eine cremige Konsistenz behält. Für etwas mehr Festigkeit die Gelatinemenge um ¼ TL erhöhen. Damit sich die *panna cotta* gut aus der Form löst und mühelos schneiden lässt, muss sie sehr gut gekühlt sein.

Torta di nocciole delle Langhe

Nusskuchen aus den Langhe

Gemahlene Haselnüsse als Hauptzutat und reichlich Butter prägen den Geschmack dieses klassischen Piemonteser Desserts. Franco Canero empfiehlt dazu ein Glas gut gekühlten Moscato d'Asti.

FÜR 8 PERSONEN

220 g Mehl
2 TL Backpulver
300 g geschälte Haselnüsse (siehe Hinweis)
3 große Eier
150 g Zucker
125 g Butter, zerlassen und auf Zimmertemperatur abgekühlt
60 ml frisch zubereiteter Espresso
60 ml Milch
2 EL (30 ml) heller Rum
1 EL natives Olivenöl
1 TL Vanille-Essenz
8 Amaretti (italienische Mandelmakronen), zerbröselt

Den Backofen auf 190 °C vorheizen. Eine Springform von 24 cm Durchmesser buttern und leicht mit Mehl ausstreuen.

Mehl und Backpulver in eine Schüssel sieben. Die Haselnüsse auf einem Backblech verteilen und 10 Minuten im Backofen goldbraun rösten. Völlig abkühlen lassen und anschließend im Mixer fein mahlen.

In einer großen Schüssel Eier und Zucker mit dem Handrührgerät auf höchster Stufe verquirlen. Mit niedrigster Geschwindigkeit Butter, Kaffee, Milch, Rum, Olivenöl und Vanille-Essenz gründlich

einrühren. Haselnüsse und Amaretti unterziehen, Mehl-Backpulver-Mischung dazugeben und rühren, bis sie aufgenommen ist. Den Teig in die Form füllen. Auf der mittleren Schiene 40–45 Minuten backen, bis ein in die Mitte eingestochener Zahnstocher sauber herauskommt. Die Form 10 Minuten auf einem Drahtgitter auskühlen lassen, danach abnehmen und den Kuchen vor dem Servieren kalt werden lassen.

HINWEIS: Falls keine geschälten Haselnüsse erhältlich sind, röstet man sie, wie im Rezept angegeben, und reibt nach dem Abkühlen die Haut mit einem Küchentuch weitgehend ab.

SEITE 44: Anitra all'uva, *geschmorte Ente mit Weintrauben.*
SEITE 45: Panna cotta dell'antico Piemonte, *Sahnecreme mit Karamellsirup.*
OBEN: Torta di nocciole delle Langhe, *Nusskuchen aus den Langhe.*

LA VIRANDA

In Italien dient der Sonntag noch der Erholung. Man trifft sich mit der Familie und Freunden, begibt sich hinaus in die Natur, besucht historische Orte, besichtigt Kunstschätze in kleinen Kirchen oder nimmt auf einer Piazza ein Bad in der Menge. Das klare Herbstwetter mit seinen regen Ernteaktivitäten weckt bei vielen Italienern auch die Lust, aufs Land zu fahren, um dort in einem schönen Lokal mit einem ausgiebigen Sonntagsessen der Jahreszeit zu huldigen.

Einst gab es Landgasthöfe in großer Zahl. Es waren Familienbetriebe, die gute Hausmannskost aus der jeweiligen Gegend auftischten. Inzwischen sind sie rarer gesät, doch abseits der Hauptstraßen kann man noch die schönsten Entdeckungen machen. Oft ist es ein unscheinbares Gebäude, das nur durch seinen überfüllten Parkplatz auffällt. Durch offene Fenster dringt Lachen nach draußen, Gläser klingen, und das Klappern von Tellern unterbricht die sonntägliche Stille.

Ein solches Genießerparadies verbirgt sich hinter dem großen, weißen, eher bescheiden anmutenden Bauernhaus, das inmitten der weitläufigen Rebflächen und Obstgärten der verschlafenen Ortschaft San Marzano Oliveto im Piemonteser Weinbaugebiet Monferrato liegt. La Viranda gehört nicht zu jenen Restaurants, die in Reiseführern empfohlen werden. Es ist ein Landgasthof, in dem man noch die Tradition der einfachen, ehrlichen Küche pflegt. Der Herbst hat Einzug gehalten in San Marzano Oliveto und erfüllt die reine Luft mit dem Duft von reifen Äpfeln, Birnen, Pflaumen, Feigen, Quitten, Kakis und Weintrauben. Wenn man La Viranda betritt, registrieren die Sinne Braten, der in kräftigem Wein schmort, dann gesellen sich Andeutungen von gedünsteten Früchten und Karamell hinzu. Dies sind die verlockenden Düfte Piemonts.

In Italien ist das Mittagessen am Sonntag die wichtigste Mahlzeit. Zwischen ein und drei Uhr tischt La Viranda auf. Kurz vor eins treffen die ersten Gäste ein, und eine Stunde später ist kein Platz mehr zu bekommen. Es geht lebhaft und fröhlich zu: An langen Tischen, die auf einfachen Böcken stehen, drängen sich Familien und Cliquen in freudiger Erwartung dessen, was da kommen mag. Alte Erinnerungen werden wach, man denkt an Großmütter, Mütter und Tanten, die in einer dampfenden Küche emsig mit Schüsseln und Töpfen hantierten. Das Etikett von La Viranda prangt auf den Weinflaschen, die jetzt entkorkt werden. Rasch werden die Gläser gefüllt, und man trinkt auf die Familie oder die Freundschaft. Derweil kommen Körbe voll knusprigem Brot auf den Tisch, danach Holzbretter, auf denen in Küchentücher eingeschlagene Salami aus eigener Herstellung liegt.

Die Stimmung steigt weiter, wenn nach einer kleinen Weile junge Frauen mit Platten hausgemachter Pasta die Szene betreten. Während sie servieren, wechseln sie ein paar Worte mit den Gästen, als wären sie selbst Teil der Gesellschaft. Ein Fleischgericht folgt als *secondo*, also zum Hauptgang, stets zubereitet im klassischen Stil des Monferrato: aromatisiert mit Kräuterstengeln

OBEN: *Seit über zehn Jahren besitzen Lorella und Claudio Solito La Viranda.*
GEGENÜBER: *Caponèt lautet der Dialektname für eine herzhafte Vorspeise: mit Herbstgemüse und Käse gefüllte Wirsingrouladen.*

GEGENÜBER: Agnolotti La Viranda – *gefüllte Teigtaschen, die mit Salbeibutter, Salbeiblättern und Parmesan serviert werden.*
UNTEN: *Die Utensilien für den Espresso stehen bereit.*
GANZ UNTEN: *Am Wochenende wird aus Claudio, dem Bauern, ein geschickter Koch.*

und langsam in Wein geschmort. Dazu gibt es schlichte *contorni*. Hinter den Kulissen bereitet das eingespielte Bruder-Schwester-Team die Nachspeisen vor: Kostproben verschiedener regionaler Desserts, zu denen ein Glas kühler Moscato d'Asti vortrefflich mundet. Dieser süße Schaumwein stammt natürlich ebenfalls von den eigenen Weinbergen.

Seit über zehn Jahren betreiben Lorella und Claudio Solito ihren Landgasthof. Die eher zurückhaltende Lorella machte ihre ersten Kocherfahrungen in der Küche ihrer Großmutter. Was sie von ihrer *nonna* einst lernte, hält sie bis heute lebendig – etwa in traditionellen Piemonteser Nachspeisen, wie cremigen Puddings, Nuss- und Obstkuchen, die sie in Kindertagen immer zu Hause bekam und heute ihren Gästen anbietet.

Am Wochenende hilft Claudio seiner Schwester in der Küche bei der Zubereitung der Pasta, Saucen und einiger Antipasti. Außerdem stellt er luftgetrocknete Spezialitäten aus Schweinefleisch her. Jedes Jahr produziert er mehr als 750 Kilogramm Salami, dazu *pancetta* sowie *coppa*. Letztere ist gerolltes Schweinefleisch von Nacken und Schulter, das gesalzen, mit gemahlenen Gewürznelken aromatisiert und während der Reifung durch Weißwein zart gehalten wird.

Das Gros der etwa 24 Hektar Grund von La Viranda, auf denen einst Rinder gehalten wurden, steht heute unter Reben. Bewirtschaftet wird das Land von Kleinbauern, die sich zusammengeschlossen haben, um die aufgegebenen Monferrato-Weinberge zu erhalten. Lorella und Claudio gehören dieser Genossenschaft an, die ihnen die hochwertigen Erzeugnisse für ihren Restaurantbetrieb liefert: Fleisch, Geflügel, Eier, Käse, Milch, Butter und sämtliches Frischgemüse. Die Weine, die sie den Gästen von La Viranda kredenzen und verkaufen, stammen aus der eigenen Kellerei. San Marzano Oliveto liegt in der Provinz Asti, die für ihre guten Barbera d'Asti, Dolcetto d'Asti und Freisa d'Asti bekannt ist. Sie finden sich in Claudios Sortiment ebenso wie Cabernet Sauvignon, Cortese und der perlende Moscato d'Asti.

Die meisten Bäume im Obstgarten hat noch der vorherige Besitzer gepflanzt. Aus den Süß- und Sauerkirschen, Pfirsichen, Nektarinen, Pflaumen, Feigen, Quitten sowie verschiedenen Apfel- und Birnensorten stellt Lorella Konserven her. Vom Frühsommer bis weit in den Herbst kocht sie Marmeladen und Gelees, legt Steinfrüchte in Sirup oder Alkohol ein, füllt Apfelnektar ab und mischt Honig mit gerösteten Haselnüssen. Für die *mostarda*, die man in Piemont als Beigabe zu Siedfleisch oder lokalen Käsesorten genießt, mischt sie nach einem alten Rezept Äpfel, Birnen, Quitten, Feigen und zerstoßene Nüsse mit süßem Traubenmost. Auf einem Regal im Restaurant sind noch weitere Delikatessen Lorellas ausgestellt: in Olivenöl konserviertes Gemüse, mit Basilikum eingelegte ganze Tomaten und Tomatensauce.

Während das Geräusch der Espressomaschine das Ende der Mahlzeit ankündigt, bereiten sich die ersten Gäste zum Aufbruch vor. Um die Erinnerung an diesen genussvollen Sonntagsausflug ins Monferrato später zu Hause aufzufrischen, ersteht so mancher ein paar Flaschen von Claudios Wein, die eine oder andere Konserve von Lorella oder auch nur einen Korb voll Äpfel.

Insalata Borghese

Geflügelsalat mit gerösteter Paprika und Emmentaler

Im Herbst, wenn in Piemont die süßen, fleischigen roten und gelben Paprikaschoten reifen, serviert Lorella diesen Salat als kalte Vorspeise.

FÜR 8 PERSONEN

3 rote Paprikaschoten
3 gelbe Paprikaschoten
2 ganze Hühnerbrüste, möglichst von Tieren aus Freilandhaltung, pochiert
250 g Schweizer Emmentaler
3 EL (50 g) Kapern in Salz
3 Sardellen in Salz, filetiert (Seite 14)
1 EL Dijon-Senf
6 EL (90 ml) natives Olivenöl extra
Meersalz
10 große Basilikumblätter

Den Elektrogrill vorheizen. Die ganzen Paprikaschoten nebeneinander in einer Grillpfanne oder auf einem Backblech unter dem Grill rösten; sie sollen Blasen bilden, aber nicht verbrennen. Abkühlen lassen.

Die pochierten Hühnerbrüste enthäuten und entbeinen. Das Fleisch in 1 x 4 cm große Streifen schneiden. Den Käse ebenso in Streifen schneiden und mit dem Fleisch in eine große Schüssel geben.

Die Paprikaschoten enthäuten, halbieren, Samen und Scheidewände entfernen. Streifen von gleicher Größe wie beim Fleisch und Käse schneiden und ebenfalls in die Schüssel geben.

Die Kapern in Wasser entsalzen, das dreimal erneuert wird; abseihen und mit Küchenpapier trockentupfen. Die Sardellen fein hacken.

Für das Dressing den Senf mit 1 EL Olivenöl in einer kleinen Schüssel verrühren. Restliches Öl esslöffelweise hinzufügen, mit Salz abschmecken. Die Salatzutaten mit dem Dressing beträufeln, Sardellen und Kapern dazugeben. Alles behutsam vermischen. Fein zerpflücktes Basilikum über den Salat streuen und vermischen. Sogleich servieren.

Caponèt

Wirsingrouladen mit Gemüsefüllung

Die schmackhaften kleinen Happen sind eine traditionelle Piemonteser Vorspeise. Lorella verwendet für die Umhüllung Wirsing, der zart und dabei sehr aromatisch ist. Für die Füllung kombiniert sie Käse mit Herbstgemüsen, darunter Cardy. Ersatzweise verwendet man zwei Artischockenböden, geputzt (Hinweis Seite 136) und eben gar gekocht. Artischocken schmecken sehr ähnlich wie Cardy und werden nicht nur im Frühjahr, sondern ein zweites Mal im frühen Herbst geerntet. Die Gemüsefüllung reicht für 48 Minirouladen.

FÜR 12 PERSONEN

2 große Wirsingköpfe, Strunk entfernt
1 große Cardy
Saft von ½ Zitrone
500 g Blumenkohlröschen
2 mittelgroße Möhren, in gut 1 cm große Stücke geschnitten
2 kleine weiße Rüben, in gut 1 cm große Stücke geschnitten
1 kleine Zwiebel, fein gehackt
2 EL frisch gehackte glatte Petersilie
60 g Fontina, grob gerieben
60 g Schweizer Emmentaler, grob gerieben
50 g frisch geriebener Parmesan
Meersalz und frisch gemahlener schwarzer Pfeffer
4 große Eier, leicht verquirlt
30 g Butter
125 ml Fleisch- oder Gemüsebrühe, hausgemacht (Seite 187) oder instant

In einem großen Topf mit 6 l Fassungsvermögen reichlich Wasser zum Kochen bringen und Salz nach Geschmack hinzufügen. Zum Abtropfen des Gemüses 2 große Tabletts oder Backbleche mit Küchenpapier auslegen.

Von den Wirsingköpfen so viele große Blätter abtrennen, wie für 48 kleine Rouladen benötigt werden – aus großen Blättern lassen sich vier, aus mittleren zwei Röllchen herstellen. Jeweils drei Blätter auf einmal für 2 Minuten ins kochende Wasser tauchen, bis sie eben weich sind. Mit einem Schaumlöffel herausnehmen und auf eines der Tabletts legen. Das Wasser weiter kochen lassen.

Vom restlichen Wirsing etwa 150 g in gut 2 cm große Stücke schneiden und diese in etwa 10 Minuten gar kochen. Auf dem zweiten Tablett abtropfen und abkühlen lassen, danach ausdrücken und mit Küchenpapier trockentupfen. (Der übrige Wirsing kann für eine andere Zubereitung verwendet werden.)

Eine Schüssel mit kaltem Wasser füllen und den Zitronensaft einrühren. Von der Cardy den Ansatz und alle Blattreste entfernen. Die Blattstiele wie Stangensellerie entfasern, in 5 cm lange Stücke schneiden und ins Zitronenwasser geben.

Das Kochwasser nach Bedarf ergänzen und erneut aufwallen lassen. Den Blumenkohl in etwa 5 Minuten gar kochen, herausnehmen und auf das Tablett mit dem Wirsing geben. Anschließend die Möhren und danach die weißen Rüben in jeweils etwa 8 Minuten garen und ebenfalls auf das Tablett legen. Zum Schluss die Cardy in 30–45 Minuten garen und zum übrigen Gemüse geben.

Den Backofen auf 200 °C vorheizen.

Wirsing, Blumenkohl, Möhren, weiße Rüben und Cardy auf ein Schneidbrett häufen und alles zusammen sehr fein hacken. Die Gemüsemischung mit der Zwiebel, der Petersilie, dem Fontina, dem Emmentaler und dem Parmesan in eine große Schüssel füllen. Mit Salz und Pfeffer nach Geschmack würzen und die Eier untermischen.

Aus den ganzen Wirsingblättern die Mittelrippe herausschneiden und jedes in mindestens 10 x 12 cm große Stücke schneiden. In die Mitte jedes Blattstücks 1 EL Gemüsemischung geben. Die seitlichen Ränder über die Füllung schlagen und die Blätter zusammenrollen. Die Rouladen nebeneinander in eine gebutterte ofenfeste Form legen, die restliche Butter in Flöckchen darüber verteilen und die Brühe angießen. Die Rouladen im Backofen 30 Minuten garen, bis sie sehr heiß und oben leicht gebräunt sind. Sogleich servieren.

Rollata di coniglio

Kaninchenrollbraten mit Gemüse-Kräuter-Füllung

Das Fleisch wird um eine ganze Möhre und Selleriestange gerollt, was beim Aufschneiden sehr dekorativ wirkt. Das Rezept lässt sich ebenso mit einem enthäuteten und völlig entbeinten Huhn entsprechender Größe zubereiten. Wer keine Erfahrung darin hat, sollte die Vorbereitung des Huhns oder Kaninchens dem Fachmann überlassen und das Fleisch daher rechtzeitig vorbestellen.

FÜR 6 PERSONEN

2 mittelgroße Möhren, geschält
2 mittelgroße Stangen Bleichsellerie
Meersalz und frisch gemahlener schwarzer Pfeffer
1 ganzes Kaninchen (etwa 1,5 kg), entbeint
1 TL fein gehackte Thymianblättchen, dazu 1 Thymianzweig
1 TL fein gehackte Rosmarinblättchen, dazu 1 Rosmarinzweig
1 TL fein gehackte Salbeiblättchen, dazu 1 Salbeistengel
60 g *prosciutto,* in feine Scheiben geschnitten
1 Lorbeerblatt
2 EL (30 ml) natives Olivenöl extra
30 g Butter
1 mittelgroße Zwiebel, in 2,5 cm große Stücke geschnitten
1 große Knoblauchzehe, zerdrückt
250 ml trockener Weißwein
250 ml Fleischbrühe, hausgemacht (Seite 187) oder instant

Je 1 Möhre und Selleriestange in gut 2 cm große Stücke schneiden. In einem großen Topf, in den die nicht zerkleinerte Selleriestange passt, reichlich Wasser zum Kochen bringen; Salz nach Geschmack hinzufügen. Dann die ganze Möhre und Selleriestange 2 Minuten blanchieren, abgießen, abschrecken und mit Küchenpapier trocknen.

Das Kaninchen auf einer Arbeitsfläche ausbreiten und sichtbares Fett sorgfältig entfernen. Das Fleisch mit Salz und Pfeffer würzen und mit den gehackten Kräutern bestreuen; mit sich überlappenden Schinkenscheiben bedecken. Die ganze Möhre und Selleriestange quer über das Halsende des Kaninchens legen, dieses aufrollen und binden.

Das Lorbeerblatt und die Kräuterstengel mit Küchengarn zu einem Bouquet garni zusammenbinden.

Das Olivenöl und die Butter in einer großen, schweren Kasserolle bei mittlerer bis hoher Temperatur erhitzen. Das Kaninchen hineinlegen und von allen Seiten kräftig anbräunen. Herausnehmen und auf eine große Platte legen; mit Salz und Pfeffer nach Geschmack würzen. Die zerkleinerte Möhre, Selleriestange und Zwiebel in die Kasserolle geben und bei mittlerer Temperatur anbraten. Den Knoblauch hinzufügen und 1 Minute mitbraten. Das Kaninchen wieder in den Topf geben, mit dem Weißwein übergießen und diesen bei mittlerer bis hoher Temperatur um ein Drittel reduzieren. Brühe und Bouquet garni dazugeben. Das Kaninchen bei niedriger Temperatur 1½ Stunden im köchelnden Fond garen, dabei alle 20 Minuten wenden.

Den Braten aus der Kasserolle nehmen und mit Alufolie abdecken. Den Schmorfond durch ein Sieb geben, wieder in den Topf gießen und etwas einkochen lassen. Nach Bedarf mit Salz und Pfeffer abschmecken. Die Schnur vom Braten lösen, das Fleisch aufschneiden und mit dem Fond beträufeln.

Lorella bereitet für ihre Gäste eine Auswahl typischer Käsespezialitäten aus dem Monferrato vor. Diese Käse werden von einer Genossenschaft hergestellt, der auch La Viranda angehört.

Agnolotti La Viranda

Teigtaschen mit Spinat-Fleisch-Füllung

Jeder Koch in Piemont hat zumindest ein Rezept für agnolotti *in seinem Repertoire. Diese Teigtaschen, die in anderen Gegenden Italiens auch als Ravioli bekannt sind, lassen sich auf unterschiedlichste Weise füllen. Häufig werden dafür mehrere Fleischsorten mit Gemüse, Reis, Käse und verschiedenen aromatischen Kräutern kombiniert.*

Lorella verwendet in ihrer speziellen Version Rollatine di vitello *(Seite 55) sowie* Arrosto di vitello e maiale *(Seite 56). Das Fleisch wird zusammen mit gedämpftem Spinat und Reis durch den Fleischwolf gedreht und anschließend mit Eiern, Parmesan und Muskatnuss vermischt. So köstlich das Resultat auch ist, wäre der Aufwand doch unverhältnismäßig groß, wenn man die beiden genannten Fleischgerichte eigens für diese* agnolotti *zubereiten würde. Servieren Sie daher beispielsweise die Kalbsrouladen,* rollatine, *am Vorabend und zweigen Sie die Hälfte davon (also 3 der 6 Portionen) sowie 80 ml der Sauce für die* agnolotti *ab. Auch der Schmorbraten,* arrosto, *lässt sich am Vortag zubereiten. Die* agnolotti *munden vorzüglich mit Salbeibutter, aber ebenso mit dem Schmorfond des* arrosto *beträufelt. Oder man gart und serviert sie in Fleischbrühe (Seite 187).*

FÜR 10 PERSONEN

Für die Füllung
500 g Spinat, entstielt und gründlich gewaschen (Seite 141)
Meersalz
30 g Butter
2 EL plus 100 g frisch geriebener Parmesan
120 g Arborio-Reis
½ Rezept *Rollatine di vitello* (Seite 55), abgekühlt, mit 80 ml Sauce
1 Rezept *Arrosto di vitello e maiale* (Seite 56), abgekühlt und abgetropft
6 große Eier
½ TL frisch geriebene Muskatnuss

Für die Teigtaschen
850 g Mehl
10 große Eier
5 TL natives Olivenöl extra
¼ TL Meersalz

200 g Butter
20 frische kleine Salbeiblätter
125 g frisch geriebener Parmesan, dazu mehr zum Servieren

Für die Füllung den Spinat ohne Zugabe von Flüssigkeit – das an den Blättern haftende Wasser genügt – in einen großen, schweren Topf geben und mit einer Prise Salz würzen. Einen Deckel auflegen und den Spinat bei mittlerer Temperatur 7–8 Minuten dämpfen, bis er zusammenfällt, dabei gelegentlich rühren. Abseihen, abschrecken und gut abtropfen lassen. Den Spinat kräftig ausdrücken, mit Küchenpapier trockentupfen und fein hacken. Die Butter in einer kleineren Pfanne bei mittlerer Temperatur zerlassen. Den Spinat dazugeben und dünsten, bis alle Flüssigkeit verdampft ist. 2 EL Parmesan untermischen, den Spinat mit Salz abschmecken und völlig abkühlen lassen.

In einem großen Topf reichlich Wasser zum Kochen bringen und Salz nach Geschmack hinzufügen. Den Reis einrühren und 18–20 Minuten bei niedriger Temperatur garen. Abseihen, in eine Schüssel geben und 80 ml Sauce der *rollatine* unterziehen. Den Reis völlig abkühlen lassen.

Die abgekühlten Füllungszutaten – Spinat, Reis, *rollatine* und *arrosto* – über einer großen Schüssel durch den Fleischwolf treiben. Die Eier, 100 g Parmesan und Muskatnuss dazugeben, alles gründlich vermischen und zuletzt mit Salz abschmecken.

Aus Mehl, Eiern, Olivenöl und Salz nach der Anleitung auf Seite 188 den Pastateig für die *agnolotti* herstellen. Die Nudelmaschine vorbereiten. 3 große Tabletts oder Backbleche mit Küchentüchern auslegen und mit Mehl bestäuben.

Den Teig in 10 gleiche Portionen teilen und mit Hilfe der Nudelmaschine kneten, wie auf Seite 188 beschrieben. Nach der dortigen Anleitung weiter verfahren: Die Teigportionen einzeln ausrollen, bis die feinste Einstellung der Maschine erreicht ist. Sobald ein Teigblatt fertig ist, wird es sogleich verarbeitet.

Ein Backbrett oder eine Arbeitsfläche leicht einmehlen, das Teigblatt darauf legen und der Länge nach in der Mitte durchschneiden. Eine Hälfte mit einem Küchentuch abdecken. Die andere Hälfte nochmals längs der Mitte durchschneiden. Auf einen der beiden Streifen in einer Reihe und in Abständen von 3 cm jeweils einen kleinen Löffel Füllung geben. Einen Backpinsel in Wasser tauchen und den Teig rings um die Füllungen leicht anfeuchten. Den zweiten Teigstreifen darüber legen; etwaige Luftblasen herausstreichen und beide Teiglagen rings um die Füllungen zusammendrücken. Mit einem Teigrädchen Quadrate abschneiden, wobei seitlich der Füllungen ein etwa 1 cm breiter Rand bleiben muss. (Abgeschnittene Teigreste beiseite legen und bei einer anderen Gelegenheit als Suppeneinlage verwerten.) Die *agnolotti* auf ein vorbereitetes Tablett geben und mit einem Küchentuch abdecken, bis die restlichen Teigportionen auf die gleiche Weise verarbeitet sind.

In einem sehr großen Topf mit mindestens 8 l Fassungsvermögen reichlich Wasser zum Kochen bringen und Salz nach Geschmack hinzufügen. Die Teigtaschen vorsichtig ins kochende Wasser gleiten lassen. Einen Deckel auflegen, bis das Wasser erneut aufwallt. Den Deckel wieder abnehmen und die *agnolotti* in 4–5 Minuten *al dente* garen, dabei gelegentlich vorsichtig rühren.

Unterdessen die Butter und die Salbeiblätter in eine Pfanne geben, in der die Teigtaschen ausreichend Platz haben müssen; die Butter zerlassen, aber nicht bräunen. Die fertig gegarten *agnolotti* mit einem großen Schaumlöffel aus dem Wasser heben, gut abtropfen lassen und in die Salbeibutter geben. Mit Parmesan bestreuen und bei niedriger Temperatur vorsichtig durchmischen, bis der Käse geschmolzen ist. Die Teigtaschen auf einer großen Servierplatte anrichten und sogleich servieren. Weiteren Parmesan in einer kleinen Schüssel separat dazu reichen.

HINWEIS: Der Schmorfond des *arrosto* ergibt, mit etwas Mehl gebunden, eine schmackhafte Sauce zu hausgemachter Pasta.

Lorellas hausgemachte Konserven geben eine Ahnung davon, welche kulinarischen Genüsse den Besucher des Monferrato und insbesondere von La Viranda erwarten.

Rollatine di vitello

Kalbsrouladen

Lorella serviert ihren Gästen diese geschmorten Kalbsrouladen als secondo piatto*, also zum Hauptgang. Gelegentlich gibt sie noch zusätzlich Kartoffeln in die Pfanne. Sie bereitet in der Regel so viele* rollatine *zu, dass noch einige als Füllung für ihre* agnolotti *(Seite 54) übrig bleiben. Für diese traditionelle Piemonteser Ravioli-Version werden 6 Rouladen und 80 ml der noch nicht eingekochten Sauce benötigt.*

FÜR 6 PERSONEN

60 g *prosciutto,* grob gehackt
1 kleine Zwiebel, grob gehackt
2 kleine Knoblauchzehen, grob gehackt
2 EL grob gehackte glatte Petersilie
½ TL gehackte Rosmarinblättchen, dazu 1 Rosmarinzweig
12 Kalbsschnitzel (etwa 700 g), möglichst aus der Oberschale, leicht geklopft
3 EL (45 ml) natives Olivenöl extra
4 große Dosentomaten, abgetropft und fein gehackt
125 ml trockener Weißwein
175 ml Fleischbrühe, hausgemacht (Seite 187) oder instant
8 kleine Salbeiblätter
Meersalz und frisch gemahlener schwarzer Pfeffer

Schinken, Zwiebel, Knoblauch, Petersilie und gehackten Rosmarin auf einem Schneidbrett vermischen und zusammen sehr fein hacken. Die Schnitzel nebeneinander auf eine Arbeitsfläche legen und in die Mitte jeweils die gleiche Menge des Feingehackten geben. Die Schnitzel aufrollen, dabei die Seiten nach innen schlagen, um die Füllung einzuschließen. Die Rouladen mit Küchengarn binden.

Das Olivenöl in einer großen, schweren Pfanne bei mittlerer bis hoher Temperatur erhitzen. Sechs *rollatine* hineinlegen und gleichmäßig von allen Seiten anbräunen, danach auf eine kleine Platte geben. Die restlichen Rouladen ebenfalls anbräunen und dann herausnehmen. Die Tomaten in die Pfanne geben und 2 Minuten kochen lassen; den Wein angießen und alles nochmals 2 Minuten kochen lassen. Die *rollatine* in die Sauce legen und mit der Fleischbrühe übergießen, dann den Rosmarinzweig und die Salbeiblätter dazugeben. Mit Salz und Pfeffer nach Geschmack würzen.

Einen Deckel so auflegen, dass er nicht ganz schließt, und die Rouladen bei niedriger Temperatur in etwa 35 Minuten gar schmoren, dabei gelegentlich wenden. Die Rouladen auf eine Servierplatte legen und das Küchengarn entfernen. Die Sauce leicht einkochen lassen, dann den Rosmarinzweig entfernen und die *rollatine* mit der Sauce überziehen.

VARIATION: Manchmal kombiniert Lorella die Kalbsrouladen mit Kartoffeln. Dafür 500 g kleine, vorwiegend fest kochende Kartoffeln schälen und in 4 cm große Stücke schneiden. In einen großen Topf geben, 5 cm hoch mit Wasser bedecken und Salz nach Geschmack hinzufügen. Die Kartoffeln in 10–12 Minuten eben gar kochen. Abgießen und 10 Minuten vor dem Ende der Garzeit der *rollatine* zu diesen in die Pfanne geben und fertig garen. Rouladen und Kartoffeln aus der Pfanne nehmen und die Sauce leicht einkochen lassen.

Arrosto di vitello e maiale

Gemischtes Schmorfleisch mit Kräutern

Zu dem in großen Stücken geschmorten Kalb- und Schweinefleisch passt als Beilage gut Kartoffelpüree.

FÜR 4 PERSONEN

2 EL (30 ml) natives Olivenöl extra
350 g Kalbsschulter ohne Knochen, in 5 cm große Stücke geschnitten
350 g Schweineschulter ohne Knochen, in 5 cm große Stücke geschnitten
175 ml trockener Weißwein
1 Rosmarinzweig
5 kleine Salbeiblätter
Meersalz und frisch gemahlener schwarzer Pfeffer

Das Olivenöl in einer mittelgroßen Kasserolle bei mittlerer bis hoher Temperatur erhitzen. Die Hälfte der Fleischstücke hineingeben und ringsum kräftig anbräunen; dann herausnehmen. Das restliche Fleisch genauso anbraten; auch die erste Portion wieder in die Kasserolle geben und den Wein angießen. Rosmarin, Salbei sowie Salz und Pfeffer nach Geschmack hinzufügen. Bei niedriger Temperatur und etwas geöffnetem Deckel in 50 Minuten gar schmoren; gelegentlich rühren.

Das Fleisch herausnehmen und in eine Servierschüssel geben. Nach Belieben den Schmorfond einkochen lassen. Mit Salz und Pfeffer abschmecken und über dem *arrosto* verteilen. Sofort servieren.

Torta di mele con prugne

Apfel-Pflaumen-Kuchen

Lorella verwendet säuerliche grüne Äpfel frisch aus dem Obstgarten. Die zarte, knusprige Teighülle ist dick genug, um austretenden Fruchtsaft aufzunehmen.

FÜR 8 PERSONEN

Für den Teig
300 g Mehl
50 Zucker, dazu mehr zum Bestreuen
1 großes Ei, leicht verquirlt
Prise Meersalz
110 ml Milch, lauwarm
75 g Butter, zimmerwarm

Für die Füllung
60 g Butter
1 kg säuerliche Äpfel wie Granny Smith, geschält, Kerngehäuse entfernt, in 2 cm dicke Spalten geschnitten
500 g Pflaumen
2 EL (30 ml) Apfelsaft
150 g Zucker
1 EL heller Rum

Für den Teig das Mehl auf eine Arbeitsfläche, auf ein Backbrett oder in eine Schüssel häufen. In die Mitte eine Mulde drücken und 50 g Zucker, das Ei, das Salz, die Milch und die weiche Butter hineingeben. Diese Zutaten mit einer Gabel vermischen und dann allmählich das Mehl einarbeiten, sodass man einen weichen Teig erhält. Diesen behutsam 1 Minute kneten, bis er ganz glatt und geschmeidig ist. In Klarsichtfolie einwickeln und mindestens 30 Minuten bei Zimmertemperatur ruhen lassen.

Den Backofen auf 190 °C vorheizen.

Für die Füllung die Butter in einer großen Pfanne zerlassen. Die Apfelspalten hineingeben und bei mittlerer Temperatur unter wiederholtem Rühren gerade eben bissfest dünsten – die Apfelspalten dürfen auf keinen Fall weich werden. Dann die Pflaumen, den Apfelsaft sowie den Zucker hinzufügen und ständig behutsam rühren oder die Pfanne rütteln, bis sich der Zucker aufgelöst hat. Den Rum dazugeben und den Saft etwas eindicken lassen. Dann die Apfel-Pflaumen-Mischung völlig abkühlen lassen.

Die Arbeitsfläche oder das Backbrett leicht mit Mehl bestreuen. Zwei Drittel des Teiges zu einem Kreis von 38 cm Durchmesser ausrollen. Vorsichtig um das Nudelholz legen und über einer am Boden mit Backpapier ausgelegten Obstkuchen- oder Springform von 28 cm Durchmesser abrollen. Die überhängenden Teigränder behutsam anheben und den Teig am Boden, im Knick sowie am Rand andrücken. Überstehenden Teig seitlich über die Form hängen lassen. Die Obstmischung in die Form füllen. Den restlichen Teig zu einem Kreis von 25 cm Durchmessern ausrollen und als Deckel über die Füllung breiten. Den überhängenden Teig in lockeren Falten darüber legen. Den Kuchen mit Zucker bestreuen und 45–50 Minuten auf der mittleren Schiene backen, bis er appetitlich goldbraun ist. Auf einem Drahtgitter völlig auskühlen lassen.

GEGENÜBER: *Die Obstbäume von La Viranda liefern Lorella die Äpfel und Pflaumen für diesen besonders saftigen rustikalen Kuchen.*

BORGO SPANTE

Über das auf einem steilen Felsen gelegene umbrische Städtchen Orvieto, das einst auf den Überresten der Etruskersiedlung Volsinii erbaut wurde, gelangt man nach Borgo Spante. Die Straße schlängelt sich zwischen Olivenhainen, Schafweiden und Tabakfeldern hindurch, bis ein handgemaltes Holzschild mit der schlichten Aufschrift *Spante* am Straßenrand auftaucht. Es weist nach links den schmalen Weg hinunter, an dessen Ende man schon vage den Komplex von Gebäuden aus dem 15. Jahrhundert erkennt. Hier sind die Faina zu Hause. Die imposante Steinvilla dient der Familie bereits seit 1752 als Landsitz. In den kleinen Häusern, die sich darum gruppieren, lebten früher die *contadini* mit ihren Familien, die das Land von Spante bestellten und dafür sorgten, dass sich die kleine Gemeinschaft selbst ernähren konnte. Zu der Anlage gehören eine Kapelle, ein Glockenturm, ein kleines Schulhaus, eine Scheune und Ställe.

Bis heute ist Borgo Spante ein paradiesisches Fleckchen Erde. Umbrien, das „grüne Herz Italiens", wird im Norden von der Toskana und im Süden von Latium mit der Landeshauptstadt Rom begrenzt. Es geht beschaulicher und ruhiger zu in dieser Region, die sich ihre Schönheit über die Jahrhunderte bewahrt hat. Auf steilen Hügeln, in tiefen Tälern und auf weiten Ebenen wächst und gedeiht alles, was für eine reichhaltige und abwechslungsreiche Küche nötig ist.

Seit jeher übte Borgo Spante auf Claudia Spatola einen besonderen Zauber aus. Als junges Mädchen verbrachte sie hier manchen Sommer bei ihrer Großmutter mütterlicherseits, Maria Maio Faina. Claudia war fasziniert von der Natur und erkundete begeistert das ausgedehnte Besitztum. Während sie die Wälder und Felder durchstreifte, wurde sie zur passionierten Sammlerin. Von jedem Ausflug kehrte sie mit allerlei Kräutern, Wildpilzen und Nüssen zurück.

Nach einer langjährigen Unterbrechung ihrer Besuche kam Claudia wieder nach Spante. Ein Großteil der einst etwa 400 Hektar Grund war inzwischen verkauft worden, und das Anwesen lag verlassen da. Die Villa stand kurz vor dem Verfall, und die einstigen Anpflanzungen waren bereits vom Gestrüpp erstickt. Trotz der besorgten Einwände ihrer Familie zog die nur 18-jährige Claudia in die Villa ein. Sie war entschlossen zu retten, was zu retten war.

Inmitten dieser Ödnis lebte in einem kleinen Häuschen noch Caterina Carradini mit ihrem Mann, einem ehemaligen *contadino*, und ihrer Tochter. Zwischen Caterina und Claudia entstand eine enge Freundschaft. Beide waren beseelt von dem Wunsch, Spante wieder auferstehen zu lassen. Nach mehreren entbehrungsreichen Jahren schafften sie es, die Villa auf Vordermann zu bringen und mit Hilfe von Caterinas Ehemann das Land zu roden. Sie pflanzten neue Oliven- und Obstbäume und legten wieder einen kleinen Nutzgarten an.

Um die erforderlichen Gelder aufzubringen, beschloss Claudia, drei der kleinen Häuser zu renovieren und in Ferienapartments umzuwandeln. Caterina kochte für die Gäste. Überraschend

OBEN: Lumachelle *sind eine umbrische Spezialität aus der Gegend von Orvieto. Caterina Carradini formt den mit Schinken- und Speckwürfeln angereicherten Teig zu Rollen und dann zu Schnecken.* GEGENÜBER: *Nüsse und Mandeln von den Bäumen in Borgo Spante krönen die* Crostata di Caterina, *einen Dessertkuchen aus Mürbeteig mit zweierlei Belägen.*

GANZ OBEN: *Rustikale Details prägen das Bild der Küche von Borgo Spante. Neben einem Schneidbrett mit starken Gebrauchsspuren und einem traditionellen emaillierten Seiher, mit dem man gut Pasta aus dem kochenden Wasser fischen kann, hängt ein altmodischer Handbesen für die Feuerstelle, wie man ihn bis heute auf den Märkten in Orvieto finden kann.*
OBEN: *An das Gartentor schließt sich eine von Reben dicht umrankte Pergola an.*

schnell machte die Nachricht von einem idyllischen und gastfreundlichen Ort namens Spante die Runde, und das starke Interesse bewog Claudia, weitere Unterbringungsmöglichkeiten zu schaffen.

Noch immer weilt Claudia mit ihrer Familie gern in Spante. Dann tischt Caterina in der rustikalen Küche der Villa auch für sie ihre herzhafte umbrische Hausmannskost auf.

Das zentrale Element der Küche bildet der *caminetto*, eine große offene Feuerstelle, die nicht nur Wärme spendet, sondern auch vielfältige andere Funktionen erfüllt. In einem umfangreichen Eisenkessel, dem *paiolo*, werden über züngelnden Flammen Polenta und Pasta gekocht. Unter der Feuerstelle verbirgt sich hinter einer Tür ein kleiner Kasten, der *scaldavivande*, in dem Caterina Hefeteig gehen lässt und bei Bedarf das Geschirr vorwärmt. Über der Glut backt sie umbrische Fladen und lässt ihre Suppen, Saucen und Eintöpfe stundenlang vor sich hin köcheln.

Eine hoher Steingutkrug voll dickem grünem Öl, das in den ersten Wintertagen aus den gutseigenen Oliven gepresst wird, steht gleich neben dem *caminetto*. So kann das Öl auch bei ärgster Kälte nicht flockig werden.

An dem alten Holztisch in der Mitte der Küche finden gelegentlich Essen im familiären Kreis statt, vor allem aber dient er Caterina als Arbeitsfläche. Hier knetet sie Teig für Brote und Pizzas, schneidet *umbrichelli*, eine regionale Pastaform, die an dicke Spaghetti erinnert, und rollt Kuchenböden aus.

Wenn sie im Herbst frühmorgens in die Küche kommt, steht dort häufig schon ein Korb, gefüllt mit Grünzeug und Kräutern, auf denen noch der Tau glitzert, und mit Nüssen oder Früchten wie Feigen, Äpfeln, Birnen und Granatäpfeln. Claudia war bereits spazieren und hat dabei ihrer Sammelleidenschaft gefrönt. Das Grünzeug wird als Salat oder Gemüse zubereitet, während die Kräuter Suppen, Eintöpfe und Salate aromatisieren. Kastanien röstet Caterina im *caminetto*. Mandeln, Walnüsse, Haselnüsse und Pinienkerne sind eine willkommene Zutat für Gebäck oder werden für andere Gelegenheiten erst einmal gelagert. Jeden Tag arrangiert Caterina eine Schüssel mit frischem Obst und Nüssen, die sie zum Abschluss einer Mahlzeit oder als kleine Zwischenmahlzeit zu Schafkäse aus der Gegend serviert.

Im Herbst erwacht auch Claudias Jagdfieber: Milde Temperaturen und sanfte Regenfälle bieten die idealen Bedingungen für Pilze. Für Claudias Beute findet Caterina vielfältige Verwendungsmöglichkeiten. Sie backt die Pilze im Ganzen in einem zarten Teigmantel aus, bereitet aus ihnen Saucen für Pasta und Polenta sowie köstliche Omeletts und konserviert eine größere Menge für den Winter. In Scheiben geschnitten, hängen die Pilze zum Trocknen nahe der Feuerstelle, ein Teil wird auch in Olivenöl eingelegt.

Für Borgo Spante sind die mageren Jahre vorbei. Die Obstbäume liefern eine Fülle verschiedenster Früchte, an den Reben reifen die Trauben für den hauseigenen Wein, der Nutzgarten bringt eine ansehnliche Auswahl an Gemüsen hervor. Mutter Natur wie auch Caterina haben das ihre zu diesem Erfolg beigetragen. Vor allem aber ist es dem Einsatz von Claudia zu verdanken, dass der alte Zauber wieder lebt, und nur zu gern lässt sie ihre Gäste an ihm teilhaben.

IM UHRZEIGERSINN VON OBEN: Frisch gepflückte Früchte in der Küche von Borgo Spante. Für die Crostini dei morti *wird Püree aus Dicken Bohnen mit wildem Fenchel gewürzt. In alten Büchern hat die Familie Faina seit der Renaissance Rezepte aufgezeichnet. Von Claudia gesammelte Pilze trocknen am* caminetto.

Lumachelle

Hefeschnecken mit Schinken und Speck

Das traditionelle umbrische Gebäck gehört zu Caterinas Spezialitäten. Sie schneidet dafür prosciutto *und* pancetta *in Würfel und mengt sie unter den Hefeteig.*

ERGIBT 20 STÜCK

4 TL Trockenhefe
375 ml warmes Wasser (40–45 °C)
500 g Mehl, dazu etwas mehr nach Bedarf
125 g frisch geriebener Parmesan
30 g *prosciutto,* in kleine Würfel geschnitten
30 g *pancetta,* in kleine Würfel geschnitten
2 EL (30 ml) natives Olivenöl extra
Meersalz und frisch gemahlener schwarzer Pfeffer

In einer kleinen Schüssel die Hefe in 125 ml warmem Wasser verrühren, bis sie sich aufgelöst hat. 500 g Mehl auf eine Arbeitsfläche oder ein Backbrett häufen. In die Mitte eine Mulde drücken und das Wasser mit der Hefe sowie die restlichen 250 ml Wasser, Parmesan, *prosciutto, pancetta,* Olivenöl, ½ TL Salz und ¼ TL Pfeffer hineingeben. Diese Zutaten mit einer Gabel vermischen und dann allmählich das Mehl einarbeiten, bis man einen weichen, zusammenhängenden Teig erhält. 10 Minuten weiter kneten, dabei nach Bedarf etwas mehr Mehl einarbeiten, bis sich ein glatter, sehr geschmeidiger Teig ergibt, der nicht mehr klebt.

Den Teig in eine große, gut eingeölte Schüssel geben und darin wenden, bis er gleichmäßig mit Öl überzogen ist. Die Schüssel mit einem Küchentuch abdecken und den Teig an einem warmen, zugfreien Ort etwa 1 Stunde ruhen lassen – er soll auf das Doppelte aufgehen.

1 großes oder 2 mittelgroße Backbleche mit Öl bestreichen und einmehlen. Den aufgegangenen Teig auf die leicht bemehlte Arbeitsfläche geben und noch 2 Minuten kneten, um etwaige Luftblasen zu entfernen. Mit dem Tuch abdecken und 5 Minuten ruhen lassen.

Den Teig in 20 gleich große Portionen teilen. 30 cm lange Rollen formen, diese einzeln spiralförmig aufrollen und zuletzt das Ende nach unten stecken. Die Schnecken mit 3 cm Abstand auf das Backblech legen, mit Küchentüchern abdecken und an einem warmen, zugfreien Ort etwa 45 Minuten ruhen lassen – sie sollen um die Hälfte aufgehen.

Nach 20 Minuten Ruhezeit den Backofen auf 200 °C vorheizen.

Das Backblech (oder 2 Bleche auf Drahtgittern versetzt zueinander) in den Ofen schieben. Die Schnecken 25–30 Minuten backen, bis sie appetitlich gebräunt sind (bei 2 Blechen diese nach 15 Minuten vertauschen). Die *lumachelle* auf einem großen Drahtgitter abkühlen lassen.

GEGENÜBER: *Die herzhaften* lumachelle *munden mit Käse und frischem Obst vorzüglich zur* merenda *– einem kleinen Imbiss am Nachmittag. Manchmal formt Caterina die Teigrollen zu* sorelluce, *kleinen Schwestern, wie sie diese Form nennt, für die sie die 30 cm langen Teigstränge an den Enden spiegelverkehrt einrollt.*

Frittata di cipolle

Zwiebelomelett

Für das Omelett werden zunächst rote Zwiebeln 1½ Stunden sanft geschmort, bis sie schön karamellisiert und schon etwas zerfallen sind. Diese frittata *ergibt eine herzhafte Vorspeise oder auch, ergänzt durch einen grünen Salat, eine leichte Hauptmahlzeit.*

Für 6 Personen

500 g rote Zwiebeln, in 5 mm dicke Scheiben geschnitten
4½ EL (65 ml) natives Olivenöl extra
Meersalz und frisch gemahlener schwarzer Pfeffer
8 große Eier
50 g frisch geriebener Parmesan

Die Zwiebeln mit 3 EL (45 ml) Olivenöl und einer Prise Salz in einem mittelgroßen, schweren Schmortopf vermischen. Zugedeckt bei sehr niedriger Temperatur schmoren; dabei gelegentlich umrühren. Falls die Zwiebeln Farbe annehmen, die Temperatur weiter reduzieren. Nach 30 Minuten 2 EL Wasser hinzufügen und die Zwiebeln zugedeckt weitere 30 Minuten schmoren. Danach die Temperatur erhöhen und die Zwiebeln in etwa 30 Minuten leicht bräunen. Häufig rühren und dabei den dicken, dunklen Schmorsatz, der sich am Topfboden bildet, lösen. Nach insgesamt 1½ Stunden sollten die Zwiebeln schön gebräunt und cremig weich sein. Danach mit Salz und Pfeffer nach Geschmack würzen und im Topf abkühlen lassen.

In einer großen Schüssel die Eier mit einem Schneebesen verquirlen. Die Zwiebeln und danach den Parmesan einrühren, die Mischung mit Salz und Pfeffer würzen.

Die restlichen 1½ EL (20 ml) Olivenöl in einer 24 cm großen Omelettpfanne oder einer Pfanne mit Antihaftbeschichtung bei niedriger bis mittlerer Temperatur erhitzen. Die Eimischung hineingeben. Sobald sie zu stocken beginnt, mit einer Gabel den Rand nach innen schieben und die Pfanne leicht neigen, sodass die noch flüssige Mischung die entstandene Lücke füllt. Auf diese Weise fortfahren, bis die Eimasse beinahe völlig gestockt und auf der Unterseite goldbraun, oben aber noch leicht flüssig ist. Falls das Omelett zu schnell bräunt, die Hitze reduzieren.

Das Omelett auf einen großen Teller stürzen, dann vorsichtig wieder in die Pfanne gleiten lassen, sodass die obere Seite nun unten ist, und von dieser Seite ebenfalls bräunen. Auf eine Servierplatte geben und mindestens 10 Minuten stehen lassen. Die *frittata* noch warm oder auf Zimmertemperatur abgekühlt servieren.

Crostini dei morti

Röstbrotscheiben mit Püree von Dicken Bohnen

Allerseelen, das katholische Fest zur Erinnerung an alle Verstorbenen, heißt in Italien Il giorno dei morti *und wird dort ebenfalls am 2. November begangen. An dem Tag bereitet man in Umbrien traditionsgemäß die* Crostini dei morti *zu, mit Knoblauch eingeriebene Röstbrotscheiben, die mit einem konzentrierten Püree aus Dicken Bohnen überzogen sind. Es wird aus getrockneten Bohnenkernen hergestellt, die eingeweicht werden müssen. Das Originalrezept verwendet als Gewürz wilden Fenchel; alternativ eignen sich Fenchelsamen.*

Für 6 Personen

250 g getrocknete Dicke Bohnen, über Nacht in kaltem Wasser eingeweicht
Meersalz
Kräftige Prise Fenchelsamen
2 EL (30 ml) natives Olivenöl extra, dazu mehr zum Servieren
6 leicht getrocknete Scheiben kerniges Weißbrot (Pane toscano, Seite 78), je gut 1 cm dick
1 Knoblauchzehe

Die eingeweichten Bohnen in einem Sieb abtropfen lassen. Mit 1,2 l kaltem Wasser und ¼ TL Salz in einen schweren Topf geben und zum Kochen bringen. Die Bohnen anschließend bei reduzierter Hitze ohne Deckel etwa 1½ Stunden garen, bis sie zu einem dicken Brei zerfallen. Dabei gelegentlich umrühren und die Temperatur so regulieren, dass die Bohnen nur köcheln. Falls sie am Topfboden ansetzen, weiteres Wasser hinzufügen.

Die Bohnen durch den groben Einsatz des Passiergeräts geben oder etwas abkühlen lassen und im Mixer grob pürieren.

Das Püree wieder in den Topf füllen. Die Fenchelsamen und 2 EL (30 ml) Olivenöl dazugeben und das Püree 30 Minuten unter häufigem Rühren köcheln lassen, bis es eingedickt, aber noch immer geschmeidig ist. Mit Salz abschmecken.

Den Backofen auf 200 °C vorheizen.

Die Brotscheiben quer in 2 oder 3 Stücke schneiden. Nebeneinander auf ein Backblech legen und in 10 Minuten im Ofen hellbraun rösten. Dann wenden und von der zweiten Seite 6–8 Minuten bräunen. Man kann die Brotscheiben auch unter dem Elektrogrill rösten. Solange sie noch heiß sind, auf einer Seite mit dem Knoblauch einreiben. Jeweils 2 oder 3 Stücke auf 6 flache Teller geben. Das warme Bohnenpüree mit einem Löffel darauf verteilen und die *crostini* sogleich servieren. Weiteres Olivenöl zum Beträufeln in einer kleinen Karaffe dazu reichen.

HINWEIS: Püree von Dicken Bohnen wird beim Abkühlen sehr dick und steif. Daher sollte man beim Aufwärmen 2–3 EL Wasser hinzufügen und das Püree dann bei niedriger bis mittlerer Temperatur wieder geschmeidig rühren.

Umbrichelli

Umbrische hausgemachte Nudeln

Umbrichelli *lautet der Name einer umbrischen Pastaform, die an dicke Spaghetti erinnert. Manchmal werden die Stränge einzeln von Hand gerollt. Caterina teilt dagegen den Teig in Portionen, walzt diese dick aus und fährt anschließend mit einem geriffelten Nudelholz darüber, das die Teigplatten in lange, dicke Stränge zerteilt. Diese werden schließlich vorsichtig mit den Fingern voneinander getrennt oder mit einem Teigrädchen auseinander geschnitten.*

FÜR 6 PERSONEN

700 g Mehl
Kräftige Prise Meersalz
375 ml Wasser

Aus 700 g Mehl, Salz und Wasser nach der Anleitung auf Seite 188 einen Pastateig zubereiten und etwa 10 Minuten mit den Händen kneten, bis er glatt und geschmeidig ist. Nur so viel Mehl einarbeiten, dass der Teig nicht mehr klebt; eventuell bleibt Mehl übrig – zu viel würde den Teig fest und trocken machen. Den Teig zuletzt mit Mehl bestäuben, in Klarsichtfolie wickeln und 5 Minuten ruhen lassen.

3 große Tabletts oder Backbleche mit Küchentüchern auslegen und leicht einmehlen.

Den Teig in 6 gleiche Portionen teilen. Während der Verarbeitung der ersten Portion die übrigen mit Klarsichtfolie abdecken. Ein Backbrett oder eine Arbeitsfläche einmehlen und den Teig zu einer langen, schmalen Platte von 3 mm Stärke ausrollen. Von beiden Seiten mit Mehl bestäuben, dann mit einem geriffelten Nudelholz nur einmal in Längsrichtung über den Teig fahren – nicht hin und her rollen –, sodass es tiefe Rillen in den Teig drückt. Die einzelnen Stränge vorsichtig voneinander trennen, dabei bei Bedarf ein Teigrädchen zu Hilfe nehmen. Falls kein geriffeltes Nudelholz vorhanden ist, den Teig mit einem Messer mit scharfer, dünner Klinge in ungefähr 3 mm breite Streifen schneiden. Die Stränge so auf ein vorbereitetes Tablett legen, dass sie sich nicht berühren, mit Mehl bestäuben und mit einem Küchentuch abdecken. Bei der Verarbeitung der restlichen Teigportionen auf die gleiche Weise verfahren.

Umbrichelli all'arrabbiata

Umbrische hausgemachte Pasta mit pikanter Tomatensauce

Rote Chilischoten verleihen der Tomatensauce eine pikante Schärfe. Sie passt auch gut zu anderer getrockneter italienischer Pasta.

FÜR 6 PERSONEN

Für die Tomatensauce
4 EL (60 ml) natives Olivenöl extra
2 kleine Knoblauchzehen, fein gehackt
2 kleine, scharfe rote Chilischoten, gehackt
800 g Dosentomaten, abgetropft und gehackt
3 EL gehackte glatte Petersilie
Meersalz

1 Rezept *Umbrichelli* (linke Spalte)
Meersalz

Das Olivenöl in einem großen, schweren Topf bei mittlerer Temperatur erhitzen. Den Knoblauch und die Chilischoten in den Topf geben; braten, bis der Knoblauch Farbe annimmt. Die Tomaten hinzufügen und einmal aufkochen lassen; dann die Hitze reduzieren. 1 EL Petersilie und Salz nach Geschmack dazugeben. Die Sauce ohne Deckel 35 Minuten köcheln lassen; zuletzt nochmals mit Salz abschmecken.

Unterdessen in einem sehr großen Topf mit mindestens 8 l Fassungsvermögen reichlich Wasser zum Kochen bringen und Salz nach Geschmack hinzufügen. Die Tücher mit den *umbrichelli* einzeln aufnehmen und die Nudeln vorsichtig in das kochende Wasser gleiten lassen. Einen Deckel auflegen, bis das Wasser erneut aufwallt. Den Deckel wieder abnehmen und die *umbrichelli* in 3–5 Minuten *al dente* garen. Abseihen und in eine große Servierschüssel geben. Die Sauce und die restlichen 2 EL Petersilie darüber verteilen, vorsichtig vermischen und sogleich servieren.

Polenta di Spante

Polenta mit zwei Saucen

Caterina serviert ihre Polenta, wie einst in Bauernfamilien üblich, auf einem rustikalen Holzbrett. Die zwei unterschiedlichen Saucen – eine aus Tomaten und Schweinefleisch, die andere mit Pilzen zubereitet – passen hervorragend zur Polenta und sorgen für geschmackliche Abwechslung.

FÜR 6 PERSONEN

Für die Fleischsauce
3 EL (45 ml) natives Olivenöl extra
2 große Schweinekoteletts (500 g), entbeint und in 5 cm große Würfel geschnitten, die Knochen aufbewahrt
125 g *pancetta* am Stück, in gut 2 cm große Würfel geschnitten
500 g milde italienische Schweinswurst ohne Fenchelgewürz, in 5 cm große Stücke geschnitten
1 mittelgroße Möhre, fein gehackt
1 mittelgroße Stange Bleichsellerie, fein gehackt
1 kleine Zwiebel, fein gehackt
1 kleine Knoblauchzehe, fein gehackt
175 ml trockener, kräftiger Rotwein
1 kg Dosentomaten mit Saft, grob gehackt
1 kleine, scharfe rote Chilischote, gehackt
Meersalz und frisch gemahlener schwarzer Pfeffer
5 Basilikumblättchen, in kleine Stücke zerpflückt

Für die Pilzsauce
700 g frische Steinpilze (siehe Hinweis)
6 EL (90 ml) Olivenöl
1 kleine, scharfe rote Chilischote, gehackt
200 ml Fleischbrühe, hausgemacht (Seite 187) oder instant
Meersalz
1 EL gehackte glatte Petersilie

Für die Polenta
200 g feiner gelber Maisgrieß (Polenta)
Meersalz
100 g frisch geriebener Parmesan, dazu mehr zum Servieren

Für die Fleischsauce das Olivenöl in einem großen Schmortopf bei mittlerer bis hoher Temperatur erhitzen. Schweinefleisch, Knochen, *pancetta* und Wurststücke hineingeben und gleichmäßig kräftig anbräunen, bis sich am Topfboden ein dicker Bratensatz bildet. Möhre, Sellerie, Zwiebel und Knoblauch hinzufügen. Bei mittlerer Temperatur 15–20 Minuten garen, bis das Gemüse weich ist. Den Rotwein angießen und bei mittlerer bis hoher Temperatur um die Hälfte einkochen. Tomaten und Chilischote dazugeben, mit Salz und Pfeffer nach Geschmack würzen und 1½ Stunden köcheln lassen. Zum Schluss die Knochen herausnehmen und das Basilikum hinzufügen.

Die Steinpilze mit einem trockenen Backpinsel von etwaigen Erdpartikeln säubern und bei Bedarf mit einem feuchten Tuch abreiben, jedoch auf keinen Fall waschen. Die trockenen Stielenden abschneiden und die Pilze grob hacken. Mit dem Olivenöl, der Chilischote und der Brühe in einen Topf geben und die Pilzmischung mit Salz nach Geschmack würzen. Zugedeckt 15–20 Minuten köcheln lassen, bis man eine leicht dickflüssige Sauce erhält.

Für die Polenta 2 l Wasser in einem mittelgroßen, schweren Topf zum Kochen bringen. Sobald es aufwallt, den Maisgrieß langsam und gleichmäßig aus der Hand in den Topf rieseln lassen und dabei ständig rühren. Sobald der gesamte Maisgrieß im Topf ist, die Hitze reduzieren und die Polenta unter häufigem Rühren 45 Minuten köcheln lassen – sie soll einen dicken Brei ergeben, der aber noch fließt. Zuletzt mit Salz abschmecken.

Unterdessen ein großes Back- oder Schneidbrett einölen. Die Saucen aufwärmen. Die fertige Polenta auf das Brett gießen und schnell mit einem angefeuchteten Metallspatel ausstreichen. Über die eine Hälfte der Polenta etwas von der Fleischsauce verteilen und die restliche Sauce in eine Schüssel füllen. Die Petersilie in die Pilzsauce einrühren und mehrere Schöpflöffel davon über die zweite Polentahälfte geben. Den Rest ebenfalls in einen Schüssel füllen. Die Polenta zuletzt mit 100 g Parmesan bestreuen und sogleich servieren. Die beiden Saucen sowie eine Schale mit weiterem Parmesan dazu reichen.

HINWEIS: Anstatt mit frischen Steinpilzen lässt sich die Sauce auch mit 700 g anderen Zucht- oder Wildpilzen und zusätzlich 15 g getrockneten Steinpilzen zubereiten. Die frischen Pilze nach Rezeptanleitung säubern und grob hacken. Die getrockneten Steinpilze 15 Minuten in 100 ml warmem Wasser einweichen, danach herausnehmen und das Wasser aufbewahren. Die Pilze von etwaigen Erdpartikeln säubern und grob hacken. Das Einweichwasser durch ein doppelt gelegtes Mulltuch seihen, mit Fleischbrühe auf insgesamt 200 ml ergänzen und diese Mischung anstelle der reinen Fleischbrühe verwenden. Die frischen und getrockneten Pilze weiter verarbeiten, wie im Rezept beschrieben. Die Sauce nach Belieben zum Schluss im offenen Topf etwas einkochen lassen.

GEGENÜBER: Polenta di Spante.

Patate della contadina

Kartoffelauflauf nach Bauernart

Zerstampfte Kartoffeln wechseln sich bei diesem Auflauf mit feinen Schinkenscheiben und einer cremigen Käsesauce ab. In Notzeiten kam er bei Bauernfamilien einst als sättigende Hauptmahlzeit auf den Tisch, denn er ließ sich mit Zutaten aus eigener Herstellung zubereiten und füllte nach einem erschöpfenden Arbeitstag den Energievorrat wieder auf.

FÜR 8 PERSONEN

1,6 kg vorwiegend fest kochende Kartoffeln, geschält
Meersalz und frisch gemahlener schwarzer Pfeffer
100 g Butter, dazu etwas mehr für die Form
30 g Mehl
900 ml Milch
125 g frisch geriebener Parmesan oder Pecorino romano
1 Messerspitze frisch geriebene Muskatnuss
100 g *prosciutto,* in feine Scheiben geschnitten

Die Kartoffeln unzerteilt in einem großen Topf 5 cm hoch mit Wasser bedecken und Salz hinzufügen. Zum Kochen bringen und die Kartoffeln garen, dann abgießen. In eine große Schüssel geben und mit einem Kartoffelstampfer oder einer Gabel grob zerdrücken. Mit Salz und Pfeffer nach Geschmack würzen.

Den Backofen auf 220 °C vorheizen. Eine ungefähr 24 x 30 cm große ofenfeste Form mit einem mindestens 5 cm hohen Rand mit Butter ausstreichen.

In einem schweren Topf 75 g Butter bei mittlerer Temperatur zerlassen. Das Mehl einstreuen und rühren, bis die Mischung aufschäumt. Die Milch dazugießen, unter Rühren zum Kochen bringen und dann bei reduzierter Temperatur 1 Minute köcheln lassen. 100 g des Parmesan einstreuen und die Sauce glatt rühren. Vom Herd nehmen und zuletzt mit Muskatnuss, Salz und Pfeffer abschmecken.

Die Hälfte der Kartoffelmasse in die vorbereitete Form geben und glatt streichen. Mit der Hälfte des Schinkens bedecken und gleichmäßig mit der Hälfte der Käsesauce überziehen. Die übrigen Zutaten in der gleichen Reihenfolge einfüllen. Den Auflauf mit den restlichen 25 g Parmesan bestreuen und 25 g Butter in Flöckchen darauf verteilen. (Bis hierher lässt sich der Auflauf einige Zeit im Voraus zubereiten. In diesem Fall die Form abgedeckt in den Kühlschrank stellen und 20 Minuten vor dem Backen herausholen.)

Den Auflauf 30–35 Minuten backen, bis er leise brodelt und appetitlich gebräunt ist. Sogleich servieren.

Spezzatino di pollo con torta al testo

Hühnerragout mit umbrischen Weizenfladen

Frische oder getrocknete Chilischoten geben dem Ragout seine pikante Note. Caterina serviert dazu torta al testo*, knusprigen Fladen, den sie im* caminetto *backt. Ebenso gut gelingt diese umbrische Brotspezialität im Backofen auf unglasierten Terrakottafliesen oder einem Pizzastein (Seite 78). Verwenden Sie ein fleischiges, aber nicht zu fettes Huhn aus Freilandhaltung, das Sie am besten vom Fleischer zerlegen lassen, um Knochensplitter auszuschließen.*

FÜR 4 PERSONEN

Für die Weizenfladen
2 ½ TL Trockenhefe
300 ml warmes Wasser (40–45 °C)
Etwa 500 g Mehl
Meersalz
1 EL natives Olivenöl extra

Für das Hühnerragout
1 kleine Knoblauchzehe, fein gehackt
½ mittelgroße Zwiebel, grob gehackt
1 kleine Möhre, grob gehackt
½ Stange Bleichsellerie, grob gehackt
½ TL grob gehackte Rosmarinblättchen
1 Huhn (1,5–1,75 kg) aus Freilandhaltung, in 18 Stücke zerlegt
5 EL (75 ml) natives Olivenöl extra
Meersalz
1 kleine, scharfe rote Chilischote, gehackt
200 ml trockener Weißwein
250 g Dosentomaten, abgetropft und gehackt

Für die Fladen in einer kleinen Schüssel die Hefe in 125 ml warmem Wasser verrühren. 450 g Mehl auf eine Arbeitsfläche oder ein Backbrett häufen. In die Mitte eine Mulde drücken und das Wasser mit der Hefe, ½ TL Salz, das Olivenöl und die restlichen 175 ml Wasser hineingeben. Mit einer Gabel vermischen und allmählich so viel vom Mehl einarbeiten, dass man einen weichen, zusammenhängenden Teig erhält. Noch 1 Minute kneten, dabei etwas mehr Mehl einarbeiten.

Den Teig in einer gut eingeölten Schüssel wenden, bis er mit Öl überzogen ist. Mit einem Küchentuch abdecken; an einem warmen, zugfreien Ort in etwa 1 Stunde auf das Doppelte aufgehen lassen.

Unterdessen einen Rost auf der mittleren Schiene in den Backofen schieben und unglasierte Terrakottafliesen oder einen Pizzastein darauf legen, wie auf Seite 78 beschrieben. Den Backofen auf 240 °C vorheizen – es dauert etwa 30 Minuten, bis die Fliesen oder der Stein die erforderliche Temperatur erreicht haben.

Den aufgegangenen Teig auf die leicht bemehlte Arbeitsfläche geben und nochmals 2 Minuten kneten, um etwaige Luftblasen zu entfernen. Mit dem Tuch abdecken und noch 5 Minuten ruhen lassen.

Den Teig in 4 gleich große Portionen teilen. Diese einzeln verarbeiten; derweil die anderen mit Mehl bestäuben und mit dem Tuch abdecken. Das erste Teigstück etwas flach drücken. Ein geriffeltes Nudelholz leicht einmehlen und den Teig 6 mm dick ausrollen. Mit einer Gabel einstechen, auf eine Backschaufel oder ein randloses Backblech schieben und direkt auf den heißen Stein oder die Fliesen gleiten lassen. Den Fladen 7–9 Minuten backen, bis er locker aufgegangen und am Rand etwas gebräunt ist; auf einem Drahtgitter abkühlen lassen. Die restlichen Teigportionen genauso verarbeiten.

Für das Hühnerragout Knoblauch, Zwiebel, Möhre, Sellerie und Rosmarin im Mixer sehr fein zerkleinern. Einen großen, schweren Schmortopf bei mittlerer bis hoher Temperatur erhitzen und die Hühnerstücke hineingeben. Zugedeckt unter gelegentlichem Wenden etwa 15 Minuten braten, bis das Fleisch das gesamte Fett und alle Flüssigkeit abgegeben und eine goldbraune Farbe angenommen hat. Die Hühnerstücke aus dem Topf nehmen; Fett und Saft abgießen.

Das Fleisch wieder in den Topf geben, mit dem Olivenöl beträufeln und mit Salz nach Geschmack würzen. Die Chilischote hinzufügen und das zerkleinerte Gemüse darüber verteilen. Den Deckel einen Spalt offen lassen und alles 20 Minuten bei mittlerer Temperatur garen, dabei gelegentlich gründlich umrühren. Den Weißwein angießen und alles noch 15 Minuten köcheln lassen. Dann die Tomaten unterziehen und das Ragout bei schwacher Hitze weitere 15 Minuten schmoren. Falls es zu sehr austrocknet, die Temperatur weiter reduzieren und den Deckel schließen. Das *Spezzatino di pollo* noch einmal abschmecken und heiß mit den Fladen servieren.

Misticanza

Grüne Gemüsepfanne

Misticanza *ist der Name für eine Mischung aus milden und kräftig aromatischen Gemüsesorten, die Caterina erst vorkocht, dann hackt und kurz mit Knoblauch und Chilischoten in Olivenöl erhitzt. Wenn sie das Gericht heiß aufträgt, stellt sie dazu eine Karaffe mit Olivenöl zum Beträufeln auf den Tisch. Wird es zimmerwarm serviert, umlegt sie es mit Zitronenspalten.*

Für 6 Personen

700 g gemischtes grünes Gemüse wie Spinat, Mangold, Löwenzahn, Glatte Endivie, Chicorée oder Rübstiel, geputzt und gründlich gewaschen
Meersalz
3 EL (45 ml) natives Olivenöl extra
2 Knoblauchzehen, zerdrückt
1–2 kleine, scharfe rote Chilischoten

In einem großen Topf mit 6 l Fassungsvermögen reichlich Wasser zum Kochen bringen und Salz nach Geschmack hinzufügen. Das Gemüse dazugeben und 3–5 Minuten garen, bis es eben weich wird. Abseihen, abschrecken und abtropfen lassen. Ausdrücken und grob hacken.

Das Olivenöl in einer großen Schmorpfanne bei mittlerer Temperatur erhitzen. Den Knoblauch und die Chilischoten darin kurz braten. Das Gemüse hinzufügen und rühren, bis es heiß ist. Dann den Knoblauch entfernen und zuletzt die *misticanza* mit Salz abschmecken.

RECHTS: Torta al testo, *knuspriger umbrischer Weizenfladen, bildet eine schmackhafte Beilage zu dem würzigen Hühnerragout, auf Italienisch* Spezzatino di pollo.

OBEN: *Caterina fegt die heißen Steine im* caminetto *sauber, legt dann den Fladen darauf und schaufelt die Glut wieder darüber.*
RECHTS: *Die fertige* torta al testo *wird von der Asche gesäubert und möglichst noch ganz heiß serviert.*

Crostata di Caterina

Mürbeteigkuchen mit zweierlei Belägen

Mandeln und Walnüsse, die auf dem Grund von Borgo Spante geerntet wurden, zieren Caterinas Mürbteigkuchen. Auf der einen Hälfte hat sie ihn mit einer Konditorcreme überzogen, die zart mit Zitronenschale aromatisiert ist, auf der anderen Hälfte mit einer Mischung aus Ricotta und Zartbitterschokolade. Selbstverständlich wird den Gästen von Borgo Spante von beiden Hälften eine kleine Kostprobe serviert.

Caterina bereitet die Käsemischung mit Ricotta aus Schafmilch zu, doch gelingt sie ebenso gut mit Kuhmilch-Ricotta. Es kommt vor allem auf die Frische und gute Qualität dieser italienischen Spezialität an. Man erhält sie inzwischen auch außerhalb Italiens in italienischen Feinkostgeschäften und oft schon in gut sortierten Lebensmittelgeschäften und Supermärkten.

FÜR 8 PERSONEN

Für den Mürbeteig
300 g Mehl
2 große Eier
1 großes Eigelb
100 g Zucker
1 EL Milch oder Weinbrand
½ TL abgeriebene unbehandelte Zitronenschale
Prise Meersalz
¼ TL Backpulver
125 g Butter, zimmerwarm

Für die Konditorcreme
250 ml Milch
1 Streifen (5 cm) fein abgeschälte unbehandelte Zitronenschale
2 große Eigelb
50 g Zucker
2 EL Mehl
½ TL Vanille-Essenz

Für die Ricotta-Mischung
300 g Ricotta
3 EL (50 g) Zucker
1½ TL Zartbitterschokolade, fein zerkleinert

18 ganze geschälte Mandeln zur Dekoration
18 Walnusshälften zur Dekoration
Puderzucker zum Bestäuben (nach Belieben)

Für den Teig das Mehl auf eine Arbeitsfläche, auf ein Backbrett oder in eine Schüssel häufen und in die Mitte eine Mulde drücken. Eier, Eigelb, Zucker, Milch oder Weinbrand, Zitronenschale, Salz und Backpulver hineingeben und die Zutaten mit einer Gabel gut vermischen. Die Butter hinzufügen, mit der Gabel zerdrücken und die Klümpchen unter die Zutaten in der Mulde mengen. Allmählich das Mehl einarbeiten und mischen, bis man einen zusammenhängenden Teig erhält. Bei Verwendung einer Schüssel den Teig nun auf ein Backbrett oder eine Arbeitsfläche geben und sanft kneten, bis er glatt und geschmeidig ist. In Klarsichtfolie einwickeln und an einem kühlen Ort mindestens 1 Stunde ruhen lassen. (Er kann kurz im Kühlschrank liegen, darf aber nicht zu fest werden.)

Für die Konditorcreme die Milch mit der Zitronenschale in einen mittelgroßen, schweren Topf geben und bei niedriger bis mittlerer Temperatur zum Sieden bringen. Inzwischen das Eigelb mit dem Zucker in einer mittelgroßen Schüssel mit einem Schneebesen verquirlen. Das Mehl gründlich unterrühren. Langsam ein Drittel der heißen Milch zu der Mischung gießen; dabei ständig mit dem Schneebesen rühren. Die restliche Milch hinzufügen und alles gründlich vermischen. Zurück in den Topf geben und bei niedriger bis mittlerer Temperatur rühren, bis man eine dicke Creme erhält. Vom Herd nehmen, die Vanille-Essenz dazugeben und noch 1 Minute rühren. Die Zitronenschale entfernen und die Creme in eine Schüssel füllen. Mit einem Teigschaber glatt streichen und mit einem passend zugeschnittenen, gebutterten Pergamentpapier abdecken, damit sich keine Haut bildet. Auf Zimmertemperatur abkühlen lassen.

Für die Ricotta-Mischung in einer kleinen Schüssel den Ricotta mit dem Zucker und der Schokolade gründlich vermischen.

Den Backofen auf 200 °C vorheizen.

Die Arbeitsfläche oder das Backbrett und ein Nudelholz leicht einmehlen. Zwei Drittel des Teiges zu einem Kreis von 35 cm Durchmesser und einer Stärke von 6 mm ausrollen. Vorsichtig um das Nudelholz legen und über einer gefetteten Kuchen- oder Springform von 28 cm Durchmesser abrollen. Die überhängenden Ränder anheben und den Teig am Boden, im Knick sowie am Rand andrücken. Überschüssigen Teig abschneiden. Einen Teil dieser Reststücke zu einer Rolle von 1 cm Dicke und 28 cm Länge formen und diese in der Mitte über den Boden legen. Auf der einen Hälfte die Konditorcreme, auf der anderen die Ricotta-Mischung verteilen. Aus den Teigresten weitere Stränge von 1 cm Dicke formen und gitterförmig über den Kuchen legen. Je eine Mandel in jedes Feld der Ricotta-Mischung setzen; die Walnusshälften auf die Konditorcreme geben.

Die *Crostata die Caterina* auf der mittleren Schiene 40–45 Minuten backen, bis sie schön gebräunt ist. Auf einem Drahtgitter abkühlen lassen; vor dem Servieren nach Belieben mit Puderzucker bestäuben.

Cardi con fonduta e tartufi

Cardy mit Käsesauce und weißer Trüffel

Ester Carnero von La Luna e i Falò (Seite 37–38) übergießt in Olivenöl geschwenkte Cardy mit *fonduta,* einer warmen Käsesauce. Fein gehobelte weiße Trüffel rundet das Geschmackserlebnis ab. *Fonduta* gehört zu den bekanntesten Spezialitäten Piemonts.

FÜR 6 PERSONEN

250 g Fontina d'Aosta
200 ml Milch
1 Cardy (gut 1 kg)
Saft von 1 Zitrone
Meersalz
30 g Butter, zimmerwarm
2 große Eigelb
2 EL (30 ml) natives Olivenöl ohne ausgeprägten Eigengeschmack
1 mittelgroße weiße Trüffel, mit einer weichen Bürste gesäubert

Mit der Vorbereitung der *fonduta* sollte man mindestens 2 Stunden vor dem Servieren beginnen. Den Käse in kleine Würfel schneiden, in eine Metallschüssel geben und mit der Milch übergießen. Dann für mindestens 2 Stunden in den Kühlschrank stellen.

Für die Vorbereitung der Cardy eine große Schüssel mit kaltem Wasser füllen und den Saft von ½ Zitrone dazugeben. Den Ansatz und alle Blattreste der Cardy entfernen. Die Blattstiele wie Stangensellerie entfasern, in ungefähr 4 cm lange Stücke schneiden und in das Zitronenwasser legen, damit sie sich nicht verfärben.

In einem großen Topf mit mindestens 6 l Fassungsvermögen reichlich Wasser zum Kochen bringen. Salz nach Geschmack und den Saft von ½ Zitrone hinzufügen. Dann die Cardy hineingeben und 30–45 Minuten simmernd garen. Abseihen und mit Küchenpapier trockentupfen.

Die Schüssel mit dem Käse und der Milch über einen Topf mit simmerndem Wasser setzen – der Boden der Schüssel soll das Wasser nicht berühren. Butter und Eigelb dazugeben und etwa 15 Minuten ständig mit einem Schneebesen rühren, bis Butter und Käse geschmolzen sind und man eine sämige, glatte Sauce erhält. Die *fonduta* im Wasserbad warm halten, bis die Cardy fertig zubereitet ist.

Dafür das Olivenöl in einer großen Pfanne erhitzen. Die Cardy darin schwenken, bis sie richtig heiß ist, dann mit Salz nach Geschmack würzen. Auf eine Platte geben und mit der *fonduta* übergießen. Nun die Trüffel fein darüber hobeln – anstelle eines speziellen Trüffelhobels kann man notfalls einen Gemüseschäler verwenden. Das Gericht sogleich servieren.

Osso buco con funghi porcini

Kalbshachse mit Steinpilzen

In dieser umbrischen Version des italienischen Klassikers wird die Kalbshachse in dünne Scheiben geschnitten und mit frischen Steinpilzen geschmort.

FÜR 6 PERSONEN

1,5 kg Kalbshachse, in 2 cm dicke Scheiben geschnitten
125 ml natives Olivenöl extra
Mehl zum Panieren
Meersalz und frisch gemahlener schwarzer Pfeffer
1 große Zwiebel, gehackt
250 ml trockener Weißwein
250 ml Fleischbrühe, hausgemacht (Seite 187) oder instant
250 g frische Steinpilze

Die Beinscheiben in der Mitte mit Küchengarn umbinden, damit sie nicht auseinander fallen. In einem Schmortopf mit ungefähr 30 cm Durchmesser 65 ml Olivenöl bei mittlerer bis hoher Temperatur erhitzen. Die Hälfte der Beinscheiben leicht in Mehl wenden und von beiden Seiten goldbraun braten. Auf eine große Platte geben, mit Salz und Pfeffer würzen und die übrigen Beinscheiben auf die gleiche Weise verarbeiten.

Die Zwiebel mit den restlichen 60 ml Olivenöl in den Topf geben; bei niedriger Temperatur 15 Minuten braten, bis sie Farbe annimmt. Dann den Wein dazugießen und im offenen Topf 5 Minuten simmern lassen, dabei den Bratensatz mit einem Holzlöffel vollständig vom Topfboden lösen.

Die Beinscheiben wieder in den Topf geben und mit der Brühe begießen. Dann im geschlossenen Topf 1¼ Stunden in dem köchelnden Fond schmoren; dabei die Scheiben gelegentlich wenden. Das Fleisch ist gar, wenn es sich mühelos mit der Gabel einstechen lässt.

Die Steinpilze mit einem trockenen Backpinsel von etwaigen Erdpartikeln säubern, mit einem feuchten Tuch abreiben und die trockenen Stielenden abschneiden. Die Pilze grob hacken, in den Topf zu den Beinscheiben geben und alles noch etwa 15 Minuten garen.

Pere con Gorgonzola

Birnen mit Gorgonzola

Geröstete Walnüsse und Honig runden diese köstliche Kombination aus frischen Birnen und Gorgonzola dolce ab. Sie ist ein aparter Genuss im Anschluss an das Hauptgericht.

FÜR 4 PERSONEN

50 g gehackte Walnüsse
4 Birnen, geschält, Kerngehäuse entfernt, in dünne Spalten geschnitten
125 g Gorgonzola dolce
Honig zum Beträufeln

Den Backofen auf 200 °C vorheizen.

Die Walnüsse auf ein Backblech legen und in 6–7 Minuten goldbraun rösten.

Die Birnenspalten auf 4 Dessserttellern anrichten. Den Gorgonzola dolce zerkrümeln und gleichmäßig über den Birnen verteilen. Das Dessert mit den Walnüssen bestreuen, mit Honig beträufeln und sogleich servieren.

WINTER

GEMÜSE
Verdure

Fenchel, *finocchio*, ist mit der Möhre und der Petersilie verwandt und wächst im Mittelmeerraum. Knollen- oder Gemüsefenchel hat ein mildes Anisaroma; seine Knolle, die aus den weißen, fleischig verdickten Stengelansätzen besteht, wird sowohl roh als auch gekocht verzehrt; die federigen grünen Blätter kann man fein gehackt an die Speisen geben. Wilder Fenchel wird nur als Küchenkraut verwendet. Bei erntefrischer Ware fühlt sich die Fenchelknolle fest und feucht an; rundliche Exemplare sind zarter und weniger faserig als längliche. Knollen mit braunen Flecken oder Rissen und mit welkem Blattgrün sollte man nicht kaufen. Fenchel ist vom Frühherbst bis in den Frühling erhältlich. Im Gemüsefach des Kühlschranks hält er sich drei Tage.

Glatte Endivie, *scarola*, ist auch als Winterendivie oder Escariol bekannt und gehört der Zichorienfamilie an. Die breiten, am Rand gewellten und bei frischer Ware sehr knackigen Blätter bilden einen großen Kopf. Während die äußeren eine dunkelgrüne Tönung aufweisen, sind die inneren heller; das Herz ist gelblich gefärbt. Glatte Endivie besitzt einen milderen Geschmack als ihre Verwandten Frisée und Chicorée und kann sowohl roh als auch gekocht verzehrt werden. Sie hat vom zeitigen Herbst bis in den späten Frühling Saison. Lose eingeschlagen, bleibt ein ganzer Kopf im Kühlschrank bis zu drei Tage frisch.

Knollensellerie, *sedano rapa*, wird wegen seiner kugeligen Wurzelknolle gezogen. Die Blattstengel sollten gleich nach dem Kauf abgeschnitten werden. Geschmacklich erinnert Knollensellerie an Bleichsellerie und entfernt an Petersilienwurzeln. Nach dem Abschälen der rauen braunen Schale kommt weißes Fruchtfleisch zum Vorschein, das sich schnell dunkel verfärbt und daher rasch in mit Zitronensaft gesäuertes Wasser eingelegt werden muss. Wählen Sie kleine, schwere und feste Knollen ohne Risse oder weiche Stellen. Lose eingeschlagen, hält sich Knollensellerie im Kühlschrank bis zu zehn Tage. Er ist vom frühen Herbst bis in den Winter frisch auf dem Markt.

Radicchio, der unter seinem italienischen Namen gehandelt wird, fällt durch die intensiv rote Farbe auf. Ebenso charakteristisch ist der herbe bis leicht bittere Geschmack. Bis vor kurzem noch weitgehend ein italienisches Importprodukt, wird er inzwischen auch hierzulande vermehrt angebaut. Von den rund zehn italienischen Sorten finden sich bei uns vor allem der beinahe kugelrunde Radicchio di Chioggia sowie der Radicchio di Treviso, dessen lange, rosafarbene bis dunkelrotbraune Blätter einen lockeren, länglichen Kopf bilden. Beide Sorten eignen sich für Salate, Letztere wird auch gegrillt oder anderweitig warm zubereitet. In Küchenpapier gewickelt und dann in eine Plastiktüte gesteckt, hält sich Radicchio vier Tage im Kühlschrank frisch.

Schwarzkohl, *cavolo nero*, ist eine Spielart des Grünkohls. Er besitzt schmale, gekräuselte Blätter von sehr dunklem Grün. Sie sollten kräftig gefärbt sein; eine fahle bis gelbliche Tönung weist auf mangelnde Frische hin. Im Gemüsefach des Kühlschranks bleibt Schwarzkohl bis zu drei Tage frisch; bei längerer Lagerung entwickelt er gern einen bitteren Geschmack. Er wird ab Herbst bis Winterende geerntet und findet sich in guten italienischen Feinkost- und Gemüsegeschäften.

Speisekürbis, *zucca*, wird als Winterkürbis im Herbst geerntet und ist aufgrund seiner ausgezeichneten Lagerfähigkeit den ganzen Winter über mühelos zu bekommen. Den Winterkürbis-Sorten gemeinsam sind die harte Schale, das kompakte Fruchtfleisch und die Hohlräume in der Mitte, in denen die harten Kerne sitzen. Eine gute Alternative zum Riesenkürbis, der häufig stückweise angeboten wird, bilden auch Butternuss- und Hubbard-Kürbis mit ihrem zarten Fruchtfleisch. Gute Qualität erkennt man an dem schweren Gewicht und einer festen, intensiv getönten Schale ohne Risse oder weiche Stellen. An einem dunklen, kühlen und gut belüfteten Platz hält sich Winterkürbis etliche Wochen bis Monate. Er hat von September bis März Saison.

FRÜCHTE
Frutta

Orangen, *arance*, sind mit ihrem süßen, saftreichen Fruchtfleisch als Tafelfrüchte ebenso geschätzt wie zur Saftgewinnung. Man unterscheidet Blond- und Blutorangen. Eine eigene Art innerhalb der Zitrusfamilie bildet die Mandarine, deren dünne Schale sich mit zunehmender Reife der Frucht immer leichter von dem sehr süßen, kernreichen Fruchtfleisch lösen lässt. Von der Mandarine stammen die kernlose, besonders süße und mühelos schälbare Klementine sowie die besonders kleine, aber weniger saftige Tangerine ab. Die sehr herben Bitterorangen, auch Pomeranzen genannt, werden zu Marmelade und Orangeat sowie in Likören verarbeitet. Eine gute Orange fühlt sich schwer an, ist gleichmäßig geformt und hat keine Druckstellen. Die Früchte werden immer reif geerntet, daher liefert die Farbe keinen Anhaltspunkt für Qualität. Bei Zimmertemperatur bleiben die Früchte eine Woche frisch, in einer Plastiktüte im Kühlschrank bis zu zwei Wochen. Aufgrund der Sortenvielfalt sind sie ganzjährig erhältlich, am besten schmecken sie jedoch im Spätherbst und Winter.

PANE TOSCANO

OBEN: Pane toscano *ist aus der Küche der Region nicht wegzudenken – ob als Zutat in Suppen oder in der* panzanella, *einem toskanischen Salat mit Tomaten, Basilikum, Essig und Öl, ebenso als Unterlage für* crostini *oder auch für die* fettunta.
GEGENÜBER, OBEN UND UNTEN LINKS: Pane all'anice e alloro, *hier von Janet Hansen gebacken, erinnert in der Form an einen Lorbeerkranz. Anissamen und Lorbeerblätter verleihen ihm ein besonderes Aroma.*
GEGENÜBER, UNTEN RECHTS: Janet backt das toskanische Fladenbrot in zwei Versionen. Die obere, Schiaccia con fricioli, *enthält gewürfelte* pancetta; *für die unten liegende* Schiaccia con ricotta *mischt sie Schafmilch-Ricotta und Fenchelsamen in den Teig. Bevor die Brote in den Ofen kommen, werden sie mit Eigelb bestrichen, damit beim Backen ihre Farbe appetitlich goldbraun wird.*

Brot ist in der Toskana quasi ein Grundnahrungsmittel. *Pane toscano* mit seiner typischen festen Krume bereichert fast jede Mahlzeit. Zum Frühstück genießt man es getoastet mit Butter und Marmelade, beim Abendessen stippt man mit dicken Brocken den letzten köstlichen Suppen- oder Saucenrest aus dem Teller. Dank seiner dicken, harten Kruste hält sich toskanisches Brot etliche Tage. Da es nicht mit Salz gewürzt ist, wird es nicht schwammig weich, sondern bewahrt seine kernige Beschaffenheit und trocknet nur leicht aus, wodurch es Flüssigkeiten noch besser aufnehmen kann. Ungesalzenes Brot muss keineswegs fad schmecken, wie aromatisches, nach Hefe duftendes *pane toscano* beweist. Außerdem sind die toskanischen Speisen, zu denen man es genießt, selbst sehr würzig. Es gibt verschiedene Erklärungen dafür, warum dieses beliebte Brot kein Salz enthält. Einer volkstümlichen Deutung nach, die plausibel scheint und ein Licht auf den Charakter der Toskaner wirft, verzichteten die Bewohner der Toskana – denen gemeinhin große Sparsamkeit nachgesagt wird – vor langer Zeit auf Salz in ihrem Brot, als Steuern auf dieses Würzmittel eingeführt wurden.

Pane toscano kommt in der Küche der Region auf vielerlei Weise zum Einsatz. Sehr beliebt sind etwa die *crostini*, dünne Röstbrotscheiben, die warm oder kalt als Vorspeise gereicht werden. Als Belag eignen sich die unterschiedlichsten Cremes aus Pilzen, Oliven, Artischocken, Bohnen oder Hühnerleber, aber ebenso fein aufgeschnittene Wurst- und Schinkenspezialitäten, verschiedene Käsesorten oder auch Buttermischungen mit Zutaten wie Sardellen, Kapern, frischen Kräutern oder Trüffeln.

Für die *fettunta* – *fetta* bedeutet „Scheibe", *unto* heißt „eingefettet" – wird Toskana-Brot dick aufgeschnitten, dann auf dem Grill geröstet, mit Knoblauch eingerieben, reichlich mit gutem Olivenöl beträufelt und zuletzt mit Meersalz bestreut. In anderen Teilen des Landes als *bruschetta* bekannt, wird die *fettunta* oft als mittäglicher Imbiss serviert. Manchmal ist sie auch zusätzlich mit einer Mischung aus Tomatenwürfeln und Basilikum belegt.

Aus einer schlichten Suppe wird eine sättigende Mahlzeit, wenn man die Teller zunächst mit Scheiben von Toskana-Brot auslegt. Für einen toskanischen Salat namens *panzanella* wird altbackenes Brot eingeweicht, zerpflückt und anschließend mit sonnengereiften Tomaten, frischem Basilikum, Olivenöl und Essig vermischt. Aus Hackfleisch, Käse, Gewürzen und natürlich Brot entstehen herzhafte Füllungen für Fleisch, Geflügel und Gemüse. In Würfel geschnitten und gebraten wird *pane toscano* über Suppen gestreut, und gerieben liefert es besonders kernige Semmelbrösel. Nicht zuletzt macht es sich als Ergänzung des Bestecks nützlich, indem man mit ihm Bissen auf die Gabel schiebt und so zum Schluss den Teller „säubert".

Neben pane toscano *kennen die Toskaner noch eine Reihe anderer herzhafter Brote, Fladen und Brötchen. Von Fall zu Fall wird der Teig mit Olivenöl, Kräutern, Gewürzen oder Oliven, aber auch mit Honig, Trockenfrüchten oder Nüssen angereichert. Andere Sorten erhalten durch Weizenvollkorn-, Kastanien-, Kichererbsen- oder Maismehl, das nach Möglichkeit in einer Steinmühle gemahlen wurde, ihren unverwechselbaren Charakter.*

Mehrere dieser Brotrezepte stammen aus der Maremma, einer Gegend in der Provinz Grosseto ganz im Süden der Region. Hier liegt auch das Bauernhaus, in dem Janet Hansen ihre Kochkurse veranstaltet.

Der toskanische Name für Fladenbrot, schiaccia *oder* schiacciata, *leitet sich von dem italienischen Wort* schiacciare *ab, das „flach drücken" bedeutet. Janets Version aus der Maremma ist oval, hat in der Mitte einen langen Einschnitt und wird vor dem Backen mit Eigelb bestrichen, wodurch es verlockend glänzt. Der Teig für die* Schiaccia con ricotta *enthält neben einer Prise gemahlener Fenchelsamen reichlich Ricotta, wie der Rezeptname schon verrät. Janet verwendet ein Erzeugnis aus Schafmilch, doch eignet sich auch jeder andere gute und vor allem frische Ricotta. Im Winter mengt sie für die* Schiaccia con fricioli *knusprig gebratene gewürfelte* pancetta *unter den Teig.* Pane dei morti, *übersetzt „Brot der Toten", wird der Tradition gemäß an Allerseelen, also am 2. November, gebacken und ist mit Walnüssen, Rosinen und getrockneten Feigen angereichert. Außer den genannten Fladen umfasst Janets Repertoire ein mit Anis und Lorbeer gewürztes Brot. In seiner Form erinnert dieses* Pane all'anice e alloro *an einen Lorbeerkranz.*

Pane toscano

Toskana-Brot

ERGIBT 1 GROSSEN LAIB

Für den Vorteig

5½ TL Trockenhefe

250 ml warmes Wasser (40–45 °C)

180 g plus 2 EL Mehl

Für den Teig

250 ml warmes Wasser

Meersalz

500 g Mehl

Für den Vorteig das warme Wasser in eine große Schüssel geben, die Hefe darüber streuen und rühren, bis sie sich aufgelöst hat. Dann 180 g Mehl hinzufügen und alles zu einer glatten Mischung verrühren. Den Schüsselrand mit einem Teigschaber säubern und den Vorteig mit den 2 EL Mehl bestreuen. Mit einem Küchentuch abdecken und in der Schüssel an einem warmen, zugfreien Ort mindestens 1 Stunde ober über Nacht ruhen lassen.

250 ml warmes Wasser und eine kräftige Prise Meersalz in den Vorteig einrühren. 120 g Mehl hinzufügen und gut untermischen; diesen Vorgang noch zweimal wiederholen. Dann 120 g Mehl auf ein Backbrett oder eine Arbeitsfläche streuen. Den Teig darauf geben und etwa 10 Minuten kneten, bis das gesamte Mehl eingearbeitet ist – der zu Anfang sehr klebrige Teig lässt sich leichter bearbeiten, nachdem er das gesamte Mehl aufgenommen hat.

Den Teig in eine sehr große, gut eingeölte Schüssel geben und darin wenden, bis er gleichmäßig mit Öl überzogen ist. Die Schüssel mit einem Küchentuch abdecken und den Teig an einem warmen, zugfreien Ort 30–45 Minuten ruhen lassen – er soll auf das Doppelte aufgehen.

Den Teig zusammendrücken und auf die leicht bemehlte Arbeitsfläche geben. Das Küchentuch ausbreiten, mit den restlichen 20 g Mehl bestreuen und den Teig 2 Minuten kneten. Einen flachen, breiten Laib von ungefähr 35 cm Länge formen und locker in das Tuch einschlagen, sodass für den Teig genügend Platz zum Aufgehen bleibt. Dann den Teig nochmals an einem warmen, zugfreien Ort 30–45 Minuten ruhen lassen – er soll wieder auf das Doppelte aufgehen.

Unterdessen einen Rost auf der mittleren Schiene in den Backofen schieben und unglasierte Terrakottafliesen oder einen Pizzastein darauf legen, wie im Kasten rechts beschrieben. Den Backofen und die Fliesen oder den Stein 30 Minuten bei 200 °C aufheizen.

Den aufgegangenen Teig vom Tuch direkt auf die Fliesen oder den Stein rollen und auf der Oberseite mit einem scharfen Messer oder einer Rasierklinge einmal oder mehrfach einschneiden. Den Fladen 55–60 Minuten backen. Er ist fertig, wenn er eine kräftige, zart gebräunte Kruste gebildet hat und beim Klopfen gegen die Unterseite hohl klingt. Auf einem Drahtgitter abkühlen lassen und anschließend in ein großes Küchentuch einschlagen, jedoch keinesfalls im Kühlschrank oder in einem Plastikbeutel aufbewahren.

VARIATION: Für *Pane scuro*, also ein dunkles toskanisches Brot, ersetzt man bei der Herstellung des Teigs 250 g Auszugsmehl durch die gleiche Menge Vollkornmehl, das in einer Steinmühle gemahlen wurde. Damit eine gleichmäßige Mehlmischung entsteht, siebt man die beiden Mehlsorten zusammen in die Schüssel und mischt sie dann noch einmal gut durch.

Brot und Pizza wie im Steinofen gebacken

Brot, Pizza und Focaccia lassen sich auf unglasierten Terrakottafliesen in einem herkömmlichen Ofen genauso backen, als ob sie aus dem Steinofen kämen.

Die Fliesen vor dem ersten Gebrauch über Nacht in Wasser legen und dann an der Luft trocknen lassen. Nach dieser Vorbereitung, die sich bei späterer Verwendung erübrigt, kann der Teig nicht an den Fliesen anbacken.

Einen Rost auf der mittleren Schiene in den Backofen schieben und die Fliesen nebeneinander darauf legen. Sie sollen nicht ganz bis zum Rand reichen, damit die Hitze frei zirkulieren kann.

Als Alternative eignet sich auch ein Pizzastein dafür, der nach Anweisung des Herstellers verwendet wird.

Pane all'anice e alloro

Brotkranz mit Anis und Lorbeerblättern

ERGIBT 1 LAIB

Für den Teig

250 ml Wasser

1 TL Anissamen

1 EL Honig

250 ml Milch

7½ TL Trockenhefe

Meersalz

550–600 g Mehl

2 EL (30 ml) natives Olivenöl extra

10 Lorbeerblätter

Zum Bestreichen

1 großes Eigelb

1 TL Wasser

Für den Teig das Wasser mit den Anissamen in einem kleinen Topf aufsetzen, 5 Minuten kochen lassen und dann in eine große Schüssel gießen. Den Honig und die Milch einrühren und die Mischung auf 40–45 °C abkühlen lassen.

Die Hefe und 1 TL Salz über das warme Wasser streuen und rühren, bis sich beides aufgelöst hat. 120 g Mehl hinzufügen und gründlich untermischen. Wieder 120 g Mehl einarbeiten. Auf diese Weise fortfahren, bis man einen weichen Teig erhält. Ein Backbrett oder eine Arbeitsfläche leicht einmehlen und den Teig darauf geben. Ungefähr 10 Minuten kneten und dabei nach Bedarf weiteres Mehl einarbeiten, damit der Teig nicht an der Unterlage klebt – er soll zuletzt glatt und elastisch sein.

Den Teig zu einer Kugel formen, dann in eine große Schüssel geben und gleichmäßig mit dem Olivenöl bestreichen. Mit einem Küchentuch abdecken und an einem warmen, zugfreien Ort 1 Stunde ruhen lassen – er soll auf das Doppelte aufgehen.

Den Backofen auf 200 °C vorheizen. Ein großes Backblech einölen.

Den aufgegangenen Teig auf die Arbeitsfläche legen und 2 Minuten kneten, um das Öl einzuarbeiten und eventuell vorhandene Luftblasen zu entfernen. Leicht einmehlen, in das Tuch einschlagen und noch 5 Minuten ruhen lassen.

Aus dem Teig eine 70 cm lange Rolle formen. Diese mehrmals verdrehen, ringförmig auf das Backblech legen und die Enden schön zusammenfügen. Die Oberfläche in gleichmäßigen Abständen zehnmal schräg einschneiden und in jeden Einschnitt ein Lorbeerblatt stecken. Danach den Teig wieder mit dem Tuch abdecken und 15 Minuten ruhen lassen.

In einer kleinen Schüssel das Eigelb mit dem Wasser verquirlen und den Teig damit bestreichen. Den Brotkranz auf der mittleren Schiene des Backofens in 30–35 Minuten goldbraun backen – er ist fertig, wenn er beim Klopfen gegen seine Unterseite hohl klingt. Auf einem Drahtgitter abkühlen lassen. Vor dem Aufschneiden des Brotes die Lorbeerblätter entfernen.

Schiaccia con ricotta

Toskanisches Fladenbrot mit Ricotta

Um den Teig beim Gehen vor Zugluft zu schützen, gibt man ihn am besten in eine große Schüssel und deckt ihn mit einem Küchentuch ab. Janet Hansen legt zuvor einen langen Holzlöffel über die Schüssel, damit der Stoff nicht auf dem Teig liegt und anklebt.

ERGIBT 1 FLADENBROT

Für den Teig

7½ TL Trockenhefe
250 ml warmes Wasser (40–45 °C)
250 g Ricotta, 15 Minuten auf Zimmertemperatur erwärmt
Meersalz
Prise gemahlene Fenchelsamen
400–450 g Mehl
2 EL (30 ml) natives Olivenöl extra

Zum Bestreichen

1 großes Eigelb
1 TL Wasser

Für den Teig in einer großen Schüssel die Hefe ins warme Wasser einstreuen. Den Ricotta, 1 TL Salz und die Fenchelsamen gründlich einrühren. 120 g Mehl hinzufügen und gründlich untermischen. Wieder 120 g Mehl einarbeiten. Auf diese Weise fortfahren, bis man einen weichen Teig erhält. Ein Backbrett oder eine Arbeitsfläche leicht einmehlen und den Teig darauf geben. Etwa 10 Minuten kneten und dabei nach Bedarf weiteres Mehl einarbeiten, damit der Teig nicht an der Unterlage anklebt – er soll zuletzt glatt und elastisch sein.

Den Teig zu einer Kugel formen, in eine große Schüssel geben und mit dem Olivenöl bestreichen. Dann mit einem Küchentuch abdecken und an einem warmen, zugfreien Ort 1 Stunde ruhen lassen – er soll auf das Doppelte aufgehen.

Den Backofen auf 200 °C vorheizen. Ein großes Backblech einölen.

Den aufgegangenen Teig auf die Arbeitsfläche legen; 2 Minuten kneten, um das Öl einzuarbeiten und etwaige Luftblasen zu entfernen. Einmehlen, in das Tuch einschlagen und 5 Minuten ruhen lassen.

Den Teig mit einem Nudelholz flach drücken, zu einem Oval von etwa 20 x 34 cm formen und auf das Backblech setzen. Mit einem scharfen Messer längs der Mitte 18 cm lang bis aufs Blech einschneiden und den Einschnitt leicht aufspreizen. Mit dem Tuch abdecken und 15 Minuten ruhen lassen.

In einer kleinen Schüssel das Eigelb mit dem Wasser verquirlen und den Teig damit bestreichen. Die *schiaccia* auf der mittleren Schiene des Backofens in 25–30 Minuten goldbraun backen – sie ist fertig, wenn sie beim Klopfen gegen die Unterseite hohl klingt. Auf einem Drahtgitter abkühlen lassen.

VARIATION: Für *Schiaccia con fricioli*, einen Fladen mit knusprigen Speckstückchen, 350 g *pancetta* fein würfeln und in einer großen Pfanne bei mittlerer Temperatur goldbraun und knusprig braten. Den Speck mit einem Schaumlöffel aus der Pfanne nehmen; auf Küchenpapier abtropfen lassen. Die Würfel anstelle des Ricotta in den Teig mischen und nur eine Prise Salz hinzufügen. Dann weiter nach dem Grundrezept verfahren. Da der Speck bei weitem nicht so feucht ist wie der Ricotta, nimmt der Teig weniger Mehl auf.

VARIATION ZWEI: Für *Pane dei morti*, ein Fladenbrot mit Walnüssen, Sultaninen und getrockneten Feigen, den Teig nach dem Grundrezept herstellen und 1 Stunde ruhen lassen, bis er auf das Doppelte aufgegangen ist. Unterdessen 50 g Sultaninen 10 Minuten in heißem Wasser einweichen, abseihen und mit Küchenpapier trockentupfen. 50 g Walnusskerne hacken und 50 g getrocknete Feigen in 1 cm große Stücke schneiden. Den Teig auf die Arbeitsfläche legen, 2 Minuten kneten und zu einem runden Fladen von gut 20 cm Durchmesser formen. Die Hälfte der Trockenfrüchte und Nüsse darauf streuen und leicht andrücken. Den Teig von zwei Seiten zu einem Drittel seiner Größe falten. Einen langen, flachen Streifen formen, mit den restlichen Trockenfrüchten und Nüssen bestreuen und in Längsrichtung aufrollen. Kurz kneten, um die Zutaten gut zu verteilen. Mit dem Tuch abdecken und 5 Minuten ruhen lassen. Dann den Fladen formen. Ei und Wasser verquirlen; den Fladen damit bestreichen und nach dem Grundrezept backen.

FATTORIA DI MONTAGLIARI

Vor den Toren der mittelalterlichen Ortschaft Panzano liegt abseits der Via Chiantigiana, die sich malerisch durch ausgedehnte Weinberge und Olivenhaine im Herzen der Chianti-Zone windet, ein aus Stein errichtetes Gutshaus. Es beherbergt den Landgasthof, der zur Fattoria di Montagliari gehört. Seit über 200 Jahren baut die Familie Cappelli hier Wein an und hat sich mit ihm einen ausgezeichneten Ruf erworben. 1975 eröffnete Giovanni Cappelli die Trattoria, in der die Gäste zu Spezialitäten dieser Gegend der Toskana die Weine der Fattoria kosten können.

Die Trattoria di Montagliari besitzt den rustikalen Charme einer Jagdhütte. Auf der handgeschriebenen *lista del giorno*, der Tageskarte, stehen einfache und handfeste Speisen. Sie spiegeln die Essgewohnheiten eines Menschenschlages, der seit jeher viel und hart im Freien arbeitet. Eine toskanische Mahlzeit beginnt häufig mit einer Auswahl lokaler *salumi*, darunter *prosciutto crudo* und *finocchiona*, eine mit Fenchelsamen gewürzte Salami. Manchmal bekommt man zum Auftakt auch *crostini*, dünne Röstbrotscheiben, die etwa mit Olivenpaste oder pikant abgeschmecktem Tomatenpüree bestrichen, aber auch mit deftiger Wurst belegt sein können. Als *primo piatto*, zum ersten Gang, werden hausgemachte Bandnudeln, wie die besonders breiten *pappardelle* oder die schmaleren *tagliatelle,* oder auch mit Spinat gefüllte Ravioli serviert. Dazu stehen ein herzhaftes toskanisches *ragù*, bereitet aus Fleisch und aromatischem Gemüse, eine Steinpilzsauce oder auch eine der beiden Spezialitäten des Hauses zur Wahl: eine Walnuss- oder eine Rucola-Sauce.

Die Toskana ist für ihr gutes Fleisch bekannt, und so werden auch delikate Fleisch- und Wildgerichte angeboten. Da die Jagdsaison bis in den frühen Winter währt, kommt man in dieser Zeit öfter in den Genuss von *cinghiale* (Wildschwein). Jeden Morgen bindet das Küchenpersonal Bratenstücke und Federwild. Eine Schweinelende, ein Kaninchen und ein Perlhuhn werden kräftig mit Salz, Pfeffer und Knoblauch gewürzt, in einen großen Bräter gelegt, großzügig mit Olivenöl und Weißwein übergossen, mit Rosmarin- und Salbeistengeln besteckt und in den Holzofen geschoben. Über einem Holzkohlengrill braten dicke Steaks, bis sie außen etwas angekohlt, innen aber noch blutig sind, so wie es die Toskaner lieben. Die Steaks stammen von Chianina-Rindern, die weltweit für ihr besonders gutes Fleisch berühmt sind und im nahe gelegenen Chianatal in der Provinz Arezzo gezüchtet werden. Signor Cappelli kauft die Steaks direkt in dem Ort Figline Valdarno. Das übrige Fleisch bezieht er zum größten Teil von der angesehenen Antica Macelleria Falorni, einer in den 1840er Jahren gegründeten Fleischerei.

Ihrer ausgeprägten Vorliebe für Hülsenfrüchte verdanken die Toskaner den Spitznamen *mangiafagioli*. In Montagliari sind Cannellini eine gängige Beilage zu gebratenem oder gegrilltem Fleisch. Die weißen Bohnenkerne kommen entweder einfach nur gekocht auf den Tisch und werden dann noch mit dem guten Olivenöl des Hauses beträufelt oder sie sind mit Tomaten,

OBEN: *Auf seinem toskanischen Weingut erzeugt Giovanni Cappelli ein umfassendes Flaschensortiment. Die Fattoria liegt im DOC-Bereich Chianti, der sich zwischen Florenz im Norden und Siena im Süden erstreckt.*
LINKS: *Rucola-Sauce* – Sugo di Rucola – *gehört zu den Spezialitäten der Trattoria von Montagliari. Die Sauce wird zu Ravioli mit Spinatfüllung oder auch zu hausgemachten Bandnudeln serviert.*

In einem kleinen Laden gegenüber der Trattoria di Montagliari können Besucher die Erzeugnisse des Gutes kaufen. Das Angebot umfasst neben einer ansehnlichen Auswahl an Weinen auch Öle, Essige und Fruchtkonfitüren.

Knoblauch und Salbei geschmort. Auch frisches Gemüse ist hoch geschätzt. Im Winter liefert Signor Cappellis *orto*, der Gemüsegarten, beispielsweise ausreichend *cavolo nero*. Wie Grünkohl entfaltet dieser Schwarzkohl erst nach Frosteinwirkung sein volles Aroma. *Cavolo nero* darf in keiner toskanischen Minestrone fehlen. In Montagliari wird er auch zusammen mit Cannellini-Bohnen auf *fettunta* angerichtet, einer gerösteten oder gegrillten Scheibe Toskana-Brot, die mit Knoblauch eingerieben wurde.

Das kulinarische Angebot der Trattoria umfasst außerdem einige Sorten von hervorragendem Pecorino toscano aus Pienza. Zwar endet eine toskanische Mahlzeit traditionell mit Käse oder frischem Obst, dem golden schimmernden Apfelkuchen von Montagliari aber kann man kaum widerstehen.

Weinliebhaber kommen ebenfalls voll auf ihre Kosten. Neben verschiedenen Jahrgängen von Montagliari Chianti Classico und Chianti Classico Riserva mit DOC-Prädikat umfasst die Liste Chianti Classico, die Giovanni Cappelli unter dem eigenen Etikett La Quercia herausgibt, sowie Brunesco di San Lorenzo, einen vorzüglichen sortenreinen Tropfen aus der Sangiovese-Traube, die den Hauptanteil beim Chianti ausmacht.

Seit langem ein Aushängeschild der Kellerei ist auch ihr *vin santo*, der berühmte italienische Weißwein, den man zum Dessert genießt. Zudem kann sich die Fattoria di Montagliari der größten *vin santeria* im ganzen Chianti-Gebiet rühmen. Hierbei handelt es sich um einen Raum unterm Dach, wo der „heilige Wein“ entsteht und reift. Die Trauben werden zunächst zum Trocknen aufgehängt. Durch Wasserentzug schrumpeln sie wie Rosinen, wobei sich ihr Zuckergehalt und Aroma konzentrieren. Nach etwa zwei Monaten werden nur die besten Trauben gepresst. In *caratelli*, kleinen Fässern aus Eiche oder Kastanienholz, wird der süße Most vergoren. Der dafür erforderliche Hefepilz wird durch die *madre,* die Mutter, weitergegeben. Sie bleibt im alten Fass zurück, in manchen Fässern seit fast einem Jahrhundert, und gibt dem *vin santo* seinen spezifischen Charakter. Bei Führungen durch die *vin santeria*, in der sich beinahe 500 *caratelli* drängen, weist Giovanni Cappelli stets stolz auf das Familienrezept des *vin santo* hin, das von 1769 datiert und an der Wand hängt.

Eine klassische Ergänzung zu diesem Dessertwein sind die *cantuccini di Prato*, harte Mandelplätzchen, die man ins Glas tunkt. Signor Cappelli genießt *vin santo* aber lieber zu dünnen Crackern, bestrichen mit sahnigem Gorgonzola und etwas Feigenkonfitüre.

In einem kleinen Geschäft gegenüber der Trattoria verkauft Giovanni Cappelli Erzeugnisse seines Gutes, von Saucen aus Oliven, Basilikum, Walnüssen oder scharfen roten Chilischoten über Kastanienhonig bis zu Chianti-Weinessig und vorzüglichem nativem Olivenöl extra. Des Weiteren gibt es Konfitüren, darunter eine aus Feigen und Mandeln. Es wird auch *salsa di mosto* hergestellt, ein sirupartiger Essig, der dem bekannten *aceto balsamico* aus Modena vergleichbar ist.

Seit Generationen hält die Familie Cappelli also nicht nur die Winzertraditionen des Chianti, sondern auch die Esskultur dieser Gegend mit der Qualität ihrer Weine und der wunderbar schmackhaften Küche lebendig.

IM UHRZEIGERSINN VON OBEN LINKS: *Vorbereitungen für die* Torta di mele di fattoria, *einen im Holzofen gebackenen Apfelkuchen. Die breiten Bandnudeln,* pappardelle, *werden in Montagliari selbst hergestellt. Ein Tisch nahe am Kamin in der Trattoria di Montagliari. Im Gemüsegarten des Gutes gedeiht* cavolo nero.

Cavolo nero con le fette

Schwarzkohl und Bohnen auf geröstetem Toskana-Brot

Cavolo nero *ähnelt dem Grünkohl, schmeckt aber noch etwas aromatischer. In der Trattoria di Montagliari wird Schwarzkohl zusammen mit weißen Bohnen auf geröstetem und mit Knoblauch eingeriebenem* pane toscano, *einem derben Weißbrot, angerichtet. Man kann dieses Gericht als herzhafte Vorspeise für ein winterliches Menü servieren.*

FÜR 8 PERSONEN

500 g Schwarzkohl oder Grünkohl, von Strünken, Blattstielen und Blattrippen befreit, nach Belieben blanchiert
Meersalz
8 leicht getrocknete Scheiben kerniges Weißbrot (*Pane toscano*, Seite 78), je gut 2 cm dick
1–2 große Knoblauchzehen
650 ml (400 g) gekochte Cannellini (Seite 187), ersatzweise aus der Dose
Natives Olivenöl extra, zum Beträufeln

Die Kohlblätter in 5 cm große Stücke schneiden. In einem Topf 1 l Wasser zum Kochen bringen und Salz nach Geschmack hinzufügen. Den Kohl hineingeben und zugedeckt 15 Minuten simmernd garen; eventuell die Kochzeit verlängern. Den Topf vom Herd ziehen, aber den Kohl nicht herausnehmen.

Den Backofen auf 200 °C vorheizen.

Die Brotscheiben nebeneinander auf ein Backblech legen und 10 Minuten im Ofen rösten, bis sie hellbraun sind. Wenden und von der zweiten Seite in 6 – 8 Minuten leicht bräunen. (Alternativ die Brotscheiben unter dem Elektrogrill rösten.) Das noch heiße Brot von einer Seite mit Knoblauch einreiben und mit dieser Seite nach oben auf einzelne Teller oder eine große Servierplatte legen.

Den Kohl mit einem Schaumlöffel aus dem Topf nehmen und auf den Brotscheiben verteilen, das Kochwasser nicht weggießen. Die Bohnen löffelweise darauf geben und mit 1 – 2 EL des Kohlwassers begießen. Dazu eine Karaffe mit nativem Olivenöl extra zum Beträufeln auf den Tisch stellen.

GEGENÜBER: Cavolo nero con le fette, *auf geröstetem Brot angerichteter Schwarzkohl mit Cannellini-Bohnen.*

Sugo di rucola

Rucola-Sauce

Rucola bekommt nach dem ersten Frost ein noch schärferes Aroma, durch Hitzeeinwirkung vermindert sich dagegen sein pikanter Geschmack. Die Sauce, die außerdem Walnüsse und Pinienkerne enthält, erinnert an den ligurischen pesto. *Beim Vermischen mit der dampfend heißen Pasta erwärmt sie sich und entfaltet dabei eine sanfte Würze.*

In der Trattoria di Montagliari wird Sugo di rucola *mit den besonders breiten Bandnudeln,* pappardelle, *schmaleren* tagliatelle *oder auch mit Ravioli serviert, die mit Spinat gefüllt sind und den* Ventagli di ricotta e spinaci *(Seite 103) ähneln.*

ERGIBT ETWA 400 G

200 g Rucola, geputzt und grob gehackt
30 g Walnusskerne
50 g Pinienkerne
1 kleine Knoblauchzehe
30 g Butter, zimmerwarm
5 EL (75 ml) natives Olivenöl extra
60 g frisch geriebener Pecorino romano
60 g frisch geriebener Parmesan
Meersalz und frisch gemahlener schwarzer Pfeffer

Rucola, Walnüsse, Pinienkerne und Knoblauch zusammen in den Mixer geben und fein zerkleinern. Die Butter und das Olivenöl hinzufügen und alles zu einer cremigen Sauce vermischen.

Die Sauce in eine Schüssel geben. Den Pecorino, den Parmesan sowie Salz und Pfeffer nach Geschmack einrühren. Die Sauce bis zur Verwendung in den Kühlschrank stellen. (In einem fest verschlossenen Gefäß hält sie sich so bis zu 1 Woche.)

HINWEIS: Während die Pasta kocht, die erforderliche Saucenmenge in eine kleine Schüssel geben. 2–3 EL des Pasta-Kochwassers mit einem Schneebesen einrühren, sodass die Sauce die Konsistenz weicher Schlagsahne erhält. Die fertig gegarte Pasta abseihen, in eine Servierschüssel füllen und mit der Sauce übergießen. Gründlich vermischen und sogleich servieren.

Sugo di noci

Walnuss-Sauce

Zu frischen Eiernudeln passt diese Sauce ebenso wie zu weißen oder auch grünen Kartoffelklößchen (Seite 42).

ERGIBT ETWA 500 ML

200 g Walnusskerne
1 kleine Knoblauchzehe
4 mittelgroße Basilikumblätter, grob gehackt
60 g frisch geriebener Pecorino romano
60 g frisch geriebener Parmesan
40 g Butter, zimmerwarm
4 EL (60 ml) natives Olivenöl extra
80 ml Crème double
Meersalz und frisch gemahlener schwarzer Pfeffer

Walnüsse, Knoblauch und Basilikum in den Mixer geben und zusammen sehr fein hacken. Pecorino, Parmesan, Butter und Olivenöl hinzufügen und weiter mixen, bis man eine glatte Paste erhält.

Die Mischung in eine Schüssel füllen und die Crème double einrühren. Die Sauce mit Salz und Pfeffer würzen und in den Kühlschrank stellen. (In einem verschlossenen Gefäß hält sie sich 1 Woche.)

HINWEIS: Während die Pasta kocht, die erforderliche Saucenmenge in eine Schüssel geben. 2–3 EL des Pasta-Kochwassers mit dem Schneebesen einrühren, sodass die Sauce die Konsistenz weicher Schlagsahne erhält. Die fertig gegarte Pasta abseihen, in eine Servierschüssel füllen und mit der Sauce übergießen. Vermischen und sogleich servieren.

Sugo di carne della Fiammetta

Herzhafte Fleischsauce mit Gemüse

Seit beinahe 50 Jahren sammelt Giovanni Cappelli bei Verwandten und Bauernfamilien aus dem Chianti Kochrezepte. Über 1500 hat er inzwischen zusammengetragen, die acht Ordner füllen. Jede Zubereitung wurde vor der Aufnahme in seine Sammlung von ihm selbst erprobt. Diese gehaltvolle Fleisch- und Gemüsesauce ist eine Spezialität seiner Frau Fiammetta. Sie ist deftiger als ein traditionelles toskanisches ragù, *denn sie enthält neben aromatischem Gemüse grob gewürfeltes Rind- und Schweinefleisch sowie Wurst. Dieser* sugo di carne *schmeckt köstlich zu* pappardelle *mit frisch geriebenem Parmesan.*

FÜR 6 PERSONEN

4 EL (60 ml) natives Olivenöl extra
30 g Butter
2 mittelgroße Zwiebeln, in gut 1 cm große Stücke geschnitten
1 mittelgroße Möhre, geschält, in gut 1 cm große Stücke geschnitten
1½ Stangen Bleichsellerie, in gut 1 cm große Stücke geschnitten
5 Stengel glatte Petersilie, nur die Blätter grob gehackt
450 g Rindfleisch ohne Knochen (Hüfte oder Kugel)
350 g Schweinefleisch ohne Knochen (Nacken oder Schulter)
250 g milde italienische Kochwurst ohne Fenchelsamen, enthäutet (siehe Hinweis)
Meersalz und frisch gemahlener schwarzer Pfeffer
250 ml trockener Rotwein, möglichst Chianti
1 EL Tomatenmark
500–750 ml Fleischbrühe, hausgemacht (Seite 187) oder instant

Das Olivenöl mit der Butter in einer großen, schweren Kasserolle bei niedriger bis mittlerer Temperatur erhitzen. Das Gemüse mit der Petersilie hineingeben und etwa 20 Minuten braten, bis es richtig gar ist; dabei gelegentlich umrühren.

Unterdessen das Fleisch und die Wurst in gut 1 cm große Würfel schneiden und zum Gemüse in den Topf geben. Die Stücke bei mittlerer Temperatur unter häufigem Rühren anbraten, bis sie eben ihr rohes Aussehen verlieren. Mit Salz und Pfeffer nach Geschmack würzen, den Rotwein angießen und diesen bei hoher Temperatur um die Hälfte einkochen.

In einer kleinen Schüssel das Tomatenmark mit 1½ EL Fleischbrühe verrühren. Die Mischung mit weiteren 125 ml Brühe in den Topf geben. Die Fleischsauce 1½ Stunden köcheln lassen, dabei wiederholt 125 ml Brühe hinzufügen, damit die Sauce nicht zu dick wird und am Topfboden ansetzt – unter Umständen wird nicht die gesamte Brühe benötigt. Den *sugo die carne* zuletzt nochmals mit Salz und Pfeffer abschmecken.

HINWEIS: Schweinenacken ist etwas fetter als Schweineschulter, wodurch das Fleisch beim Garen besonders saftig bleibt. Als Wurst empfiehlt sich in jedem Fall ein italienisches Erzeugnis, das jedoch keine Fenchelsamen enthalten sollte. Für dieses Rezept eignet sich beispielsweise *luganega*, da sie vornehmlich mit Salz und Pfeffer gewürzt ist.

Coniglio imporchettato di montagliari

Kaninchenbraten mit Rosmarin und Fenchel

Imporchettato *bedeutet „gebraten wie Schweinefleisch nach toskanischer Art", das heißt mit Rosmarin, Knoblauch und Fenchelsamen gewürzt. Das entbeinte Kaninchen wird aufgerollt und in Schweinenetz gewickelt. Hierbei handelt es sich um Eingeweidehaut des Bauchfells aus feinem Fettgewebe, das beim Braten zum größten Teil schmilzt, wodurch das Fleisch einerseits saftig bleibt und andererseits eine goldbraune Kruste erhält.*

FÜR 5 ODER 6 PERSONEN

1 Kaninchenleber
1 große Knoblauchzehe
1 Rosmarinzweig, nur die Blättchen
½ TL Fenchelsamen
Meersalz und frisch gemahlener schwarzer Pfeffer
1 Kaninchen (1,4 kg), im Ganzen entbeint
100 g *prosciutto* in dünnen Scheiben
60 g Schweinenetz (nach Belieben, siehe Hinweis)
2 EL (30 ml) natives Olivenöl extra
250 ml trockener Weißwein

Den Backofen auf 200 °C vorheizen.

Kaninchenleber, Knoblauch, Rosmarinblättchen und Fenchelsamen auf ein Schneidbrett geben und hacken, bis man eine feine Paste erhält. Mit ¼ TL Salz und 1 Messerspitze Pfeffer würzen.

Das Kaninchen mit dem Rücken nach unten auf eine Arbeitsfläche legen, mit der Leberpaste bestreichen und mit dem Prosciutto belegen. Vom Halsende aufrollen, in das Schweinenetz wickeln und wie einen Braten mit Küchengarn binden.

Das Olivenöl in einem kleineren Bräter bei mittlerer bis hoher Temperatur erhitzen. Den Braten hineinlegen und von allen Seiten gleichmäßig anbräunen. Mit dem Wein begießen und diesen zum Kochen bringen. Dann den Braten für 50–60 Minuten in den Backofen schieben, bis er appetitlich gebräunt ist und das Fleischthermometer 70 °C anzeigt.

Den fertigen Braten auf ein Fleischbrett legen, mit Alufolie abdecken und 10 Minuten ruhen lassen. Den Fond durch ein Sieb geben und, falls er zu dickflüssig ist, mit 1–2 EL kochendem Wasser verlängern. Zuletzt mit Salz und Pfeffer abschmecken. Den Braten ohne die Schnur fein aufschneiden, mit der Sauce beträufeln und servieren.

HINWEIS: Das Schweinenetz muss eventuell beim Fleischer vorbestellt werden. Zur leichteren Handhabung sollten Sie es zuvor 10 Minuten in warmem Wasser einweichen. Wird kein Schweinenetz verwendet, den Braten alle 20 Minuten mit dem Fond begießen.

VARIATION: Anstelle eines Kaninchens eignet sich auch eine ausgelöste Schweinelende von 1,2–1,4 kg. Falls Sie ein Schweinenetz verwenden, die äußere Fettschicht vom Fleisch ganz abschneiden. Andernfalls eine dünne Fettschicht am Braten lassen, die ihn saftig hält – das Fett kann vor dem Servieren entfernt werden. Knoblauch, Rosmarin und Fenchel fein hacken, mit ¼ TL Salz und 1 Messerspitze Pfeffer würzen und mit Olivenöl zu einer Paste verrühren. Das Fleisch mit der Fettseite nach unten ausbreiten, mit Paste bestreichen und mit den Schinkenscheiben belegen. Aufrollen, eventuell in Schweinenetz wickeln und binden. Für 60–65 Minuten in den Ofen schieben; das Fleischthermometer soll 70 °C anzeigen. FÜR 4 ODER 5 PERSONEN.

LINKS: Ein Besuch der Trattoria di Montagliari gibt Gelegenheit, verschiedene Weine von Giovanni Cappelli zu kosten.

RECHTS: Morgens wird in der Küche zuerst der Holzofen angezündet. Er kommt ebenso beim Braten von Fleisch und Wild zum Einsatz wie zum Backen des herrlichen Apfelkuchens, den die Trattoria von Montagliari serviert.

Cacciucco di pollo

Toskanischer Hühnertopf

Liebhabern der italienischen Küche ist cacciucco *vielleicht als üppiger Fischeintopf bekannt. In Montagliari bereitet man diese toskanische Spezialität mit einem fleischigen, aber nicht zu fetten Huhn zu. Das Zerlegen sollte möglichst der Fleischer vornehmen, um die Gefahr von Knochensplittern auszuschließen.*

Für 4 Personen

5 EL (75 ml) natives Olivenöl extra
1 Huhn (etwa 1,8 kg) aus Freilandhaltung, in 18 Stücke zerlegt
2 mittelgroße Knoblauchzehen, in feine Scheiben geschnitten, dazu 1 ganze Zehe
30 kleine frische Salbeiblätter
2 kleine, scharfe rote Chilischoten
Meersalz
250 ml trockener Rotwein, möglichst Chianti
600 ml Hühnerbrühe, hausgemacht (Seite 187) oder instant
500 g Dosentomaten mit Saft
4 leicht getrocknete Scheiben kerniges Weißbrot (*Pane toscano,* Seite 78), je gut 2 cm dick

Das Olivenöl bei mittlerer Temperatur in einem Schmortopf erhitzen, in dem die Hühnerteile gut nebeneinander Platz haben. Die Hälfte davon hineingeben und ringsum goldbraun anbraten. Herausnehmen und den Rest genauso anbraten. Das gesamte Fleisch mit Knoblauch, Salbei und Chilischoten wieder in den Topf geben; weiter braten, bis der Knoblauch goldgelb ist. Mit Salz nach Geschmack würzen; den Wein angießen und bei hoher Temperatur um die Hälfte einkochen.

Die Hühnerbrühe in einem kleinen Topf zum Sieden bringen. Die Tomaten in den Schmortopf zum Fleisch geben, mit einem Holzlöffel in kleine Stücke teilen und alles 5 Minuten köcheln lassen. Die Brühe dazugießen, einen Deckel auflegen und den Eintopf 30 Minuten köcheln lassen; gelegentlich umrühren. Den Deckel abnehmen und alles noch 5 Minuten kochen lassen, bis die Sauce leicht eindickt.

Den Backofen auf 200 °C vorheizen.

Die Brotscheiben halbieren. Nebeneinander auf ein Backblech legen und in 10 Minuten im Ofen hellbraun rösten. Wenden und von der zweiten Seite 6–8 Minuten leicht bräunen. Das noch heiße Brot von einer Seite mit der ganzen Knoblauchzehe einreiben.

Den *cacciucco* auf einer Servierplatte mit breitem Rand anrichten und mit den Brotscheiben umlegen. Bei Tisch das Röstbrot auf die Teller verteilen und den Eintopf darüber geben.

Fagioli all'uccelletto

Weiße Bohnen mit Tomaten und Salbei

Für 6 Personen

2 kleine Knoblauchzehen, in feine Scheiben geschnitten
3 EL (45 ml) natives Olivenöl extra
500 g Dosentomaten mit Saft
2 TL grob gehackte frische Salbeiblätter oder ¾ TL getrockneter Salbei
Meersalz und frisch gemahlener schwarzer Pfeffer
1 l (650 g) gekochte Cannellini (Seite 187), ersatzweise aus der Dose

In einer großen, schweren Kasserolle den Knoblauch im Olivenöl bei mittlerer Temperatur braten, bis er Farbe annimmt. Die Tomaten mit dem Salbei sowie Salz und Pfeffer nach Geschmack hinzufügen und 5 Minuten bei hoher Temperatur kochen lassen; dabei die Tomaten mit einem Holzlöffel in größere Stücke zerteilen.

Die Bohnen mit 375 ml ihres Kochwassers dazugeben. Alles 30 Minuten ohne Deckel köcheln lassen; gelegentlich rühren. Falls die Mischung zu dick wird, weitere Flüssigkeit der Bohnen hinzufügen.

Variation: Zusammen mit den Bohnen 700 g *luganega*, eine milde italienische Kochwurst ohne Fenchelsamen, wie oben garen.

Finocchi montagliari

Fenchel mit Tomaten geschmort

Für 4 Personen

4 EL (60 ml) natives Olivenöl extra
2 Fenchelknollen, geputzt, längs halbiert und in 1cm dicke Scheiben geschnitten
4 Stengel glatte Petersilie, nur die Blätter, fein gehackt
2 kleine Knoblauchzehen, fein gehackt
175 ml Dosentomaten ohne Saft, gehackt
Meersalz und frisch gemahlener schwarzer Pfeffer

Das Olivenöl in eine mittelgroße, schwere Kasserolle geben. Fenchel, Petersilie, Knoblauch und Tomaten hinzufügen. Mit Salz und Pfeffer nach Geschmack würzen und 125 ml Wasser angießen. Einen Deckel auflegen und bei niedriger Temperatur unter gelegentlichem Rühren 25–30 Minuten köcheln lassen, bis der Fenchel gar ist.

RECHTS: Langsam gegart, entfalten Zwiebeln ein verlockend süßes Aroma. Die in Olivenöl gedünsteten Cipolline in umido *passen gut zu gebratenem Schweine- oder Kalbfleisch und zu Kaninchen.*

LINKS: Der Apfelkuchen der Fattoria di Monatagliari schimmert wie mit Karamell überzogen.

Cipolline in umido

Geschmorte Zwiebelchen

Cipolline, *plattrunde Zwiebeln mit trockener, goldgelber Außenhaut und einem Durchmesser von nur etwa 3–4 cm, gehören auf italienischen Märkten zum Standardangebot. Bei uns sieht man sie allerdings nur selten. Sanft geschmort, entwickeln sie einen honigsüßen Geschmack. Ersatzweise eignen sich junge Speisezwiebeln etwa gleicher Größe. Damit sie beim Garen nicht auseinanderfallen, den Wurzelansatz nur ganz knapp abschneiden.* Cipolline in umido *sind eine delikate Beilage zu Schweine- und Kalbsbraten oder zu Kaninchen.*

FÜR 6 PERSONEN

700 g *cipolline* (siehe Rezepteinleitung), geschält
4 EL (60 ml) natives Olivenöl extra
4 EL (60 ml) Tomatenmark
Meersalz und frisch gemahlener schwarzer Pfeffer

Die Zwiebeln mit dem Olivenöl in einen kleinen, schweren Topf geben. Das Tomatenmark in 125 ml warmem Wasser verrühren und angießen. Mit Salz und Pfeffer nach Geschmack würzen. Einen Deckel auflegen und die Zwiebeln unter gelegentlichem Rühren bei niedriger Temperatur 45 Minuten schmoren, bis sie weich sind und die Sauce leicht eingedickt ist. Heiß oder zimmerwarm servieren.

Torta di mele di fattoria

Apfelkuchen nach Bauernart

Mit seinem knackigen Fruchtfleisch und dem zarten Vanille-Aroma ist der Golden Delicious vorzüglich für Kuchen und Tartes geeignet. Diese torta di mele *hat eine saftige, puddingähnliche Konsistenz. Mit etwas Schlagsahne oder einer kleinen Kugel Vanilleeis serviert, ist sie ein unwiderstehlicher Genuss.*

FÜR 8 PERSONEN

5 Äpfel, möglichst Golden Delicious
2 große Eier
250 g Zucker
60 g Mehl, dazu etwas mehr für die Form
125 ml Milch
100 g Butter, zerlassen, dazu etwas mehr für die Form
1 TL Vanille-Essenz
2 TL Backpulver
Puderzucker zum Bestäuben

Den Backofen auf 190 °C vorheizen. Eine Obstkuchen- oder Springform von 28 cm Durchmesser buttern und mit Mehl ausstreuen.

Die Äpfel schälen, vierteln und vom Kerngehäuse befreien. Die Stücke quer in sehr dünne Scheiben schneiden.

Eier und Zucker in einer sehr großen Schüssel mit einem Schneebesen verquirlen, bis sich der Zucker aufgelöst hat. Das Mehl einrühren. Milch, Butter und Vanille-Essenz hinzuzufügen und alles gründlich vermischen. Dann rasch das Backpulver unterziehen und die Äpfel unterheben.

Die Mischung in die vorbereitete Form füllen. Den Kuchen zunächst auf der untersten Schiene 10 Minuten und anschließend auf der Mittelschiene 50–55 Minuten backen, bis er appetitlich gebräunt und gar ist – ein in die Mitte eingestochenes kleines, glattes Messer muss beim Herausziehen sauber bleiben. Die *torta di mele* auf einem Drahtgitter abkühlen lassen und warm oder auf Zimmertemperatur abgekühlt servieren. Zuvor mit Puderzucker bestäuben.

BAFFO

Ganz im Norden der Lombardei liegt die Valtellina – das Veltlin. In diesem Tal der oberen Adda, das östlich der Nordspitze des Comer Sees beginnt und sich bis zur Schweizer Grenze hinzieht, werden die kulinarischen Traditionen sorgsam gehütet. Die Küche entspricht den Bedürfnissen hart arbeitender Menschen, die gelernt haben, in einer rauen Gebirgslandschaft zu überleben. Zwar gibt der Boden nicht viel her, die begrenzten Möglichkeiten aber werden kreativ genutzt. Das Veltlin wird im Norden von der Bernina-Gruppe und im Süden von den Bergamasker Alpen begrenzt. Durch Anlegen von Terrassen schuf man selbst auf steilstem Gefälle kleine Anbauflächen. Auf den sonnigen, gegen Nordwinde geschützten Hängen der Bernina-Gruppe gedeihen Rebstöcke, die vermutlich von den Etruskern erstmals hier angepflanzt wurden. In einer Höhe von 600 bis 800 Metern über dem Meeresspiegel erstreckt sich eines der bedeutendsten Weinbaugebiete Italiens. Chiavennasca lautet der Veltliner Name für die Nebbiolo-Traube, aus der in Piemont der berühmte Barolo entsteht und die auch hier vorzügliche Tropfen, wie Grumello, Inferno, Valgella, Sassella und Sfursàt, erbringt.

Wie in vielen alpinen Gegenden wird auch im Veltlin Getreide kultiviert, das eigentlich in größeren Höhen nicht oder nur schwer gedeiht. Roggen, Mais, Hirse, Gerste und vor allem der getreideähnliche Buchweizen werden zu den traditionellen herzhaften und kernigen Broten, aber ebenso zu Polenta und Pasta verarbeitet. Viehzucht stellt dort, wo kein Anbau möglich ist, einen wichtigen Erwerbszweig dar. Kühe, Schafe und Ziegen liefern die Milch für Butter und Käsespezialitäten. In kleinen Gärten wächst in begrenztem Umfang Gemüse, während Äpfel, Birnen, Walnüsse, Wildbeeren, Pilze und Kastanien geradezu im Überfluss reifen.

In dieser kargen Gebirgswelt liegt das Ristorante Baffo. Sein Name bedeutet übersetzt „Schnauzbart" und spielt auf das beeindruckend buschige Exemplar an, das Emilio Gianni ziert, einen Mann mit feinem Sinn für Humor. Er gründete seinerzeit gemeinsam mit seiner Frau das Restaurant in Sondrio, dem Hauptort des Veltlin. Es liegt an der größten Straße, der Via Stelvio, über die man direkt in die nahen Bergdörfer und die zahlreichen Skizentren des Alpentals gelangt. Heute wird Baffo von Emilios Sohn Mario geleitet. Er führt in der Küche Regie, während Bruder Fabrizio den Speiseraum betreut. Mit seiner ursprünglichen Veltliner Küche stellt Baffo einen beliebten Anziehungspunkt für Einheimische dar und wird auch viel von Gästen besucht, die geschäftlich in der Gegend zu tun haben oder hier ihren Urlaub verbringen.

Mario kümmert sich morgens meist als Erstes um das Geflügel – Hühner, Truthähne und Gänse – und um die Kaninchen. Dann sieht er in im *orto* nach dem Rechten, dem Gemüsegarten, der sich hinter dem Restaurant bis zu seinem Haus erstreckt. Die meisten Zutaten für die Küche zieht Mario selbst, den Rest liefern kleine Erzeuger aus der Umgebung. Berühmt ist das

OBEN: *Jeden Morgen stellt Mario Gianni in der großen Küche seines Restaurants Baffo frische* pizzoccheri *her. Die Menge muss für 60 bis 70 Portionen reichen, denn die Veltliner Buchweizennudeln werden gern gegessen.* GEGENÜBER: *Die Alpengipfel liefern eine spektakuläre Kulisse für die Rebhänge.*

Baffo vor allem für seine *pizzoccheri*, die bekannteste Spezialität des Veltlin. Hierbei handelt es sich um schmale, kurze Bandnudeln aus Buchweizen- und Weizenmehl, die zusammen mit Kartoffeln und Kohl gekocht und anschließend mit gebräunter Butter und Käse vermischt werden. Nach dem Originalrezept von Mutter Rosa bereitet und schneidet Mario jeden Morgen so viel von dem dunklen, kernigen Teig, dass 60 bis 70 Portionen herauskommen. „Ohne die *pizzoccheri* wäre Baffo nicht das, was es ist", meint Mario. Die Kartoffeln und der Kohl für diese Delikatesse stammen natürlich aus dem eigenen Garten und den Käse liefert ein *caseificio* im nahe gelegenen Ort Chiuro.

Käse ist ein Grundelement der Veltliner Küche. Der Casera Valtellina beispielsweise, ein gereifter Käse aus teilentrahmter Kuhmilch, ist sowohl bei *pizzoccheri* als auch bei *sciatt* als Zutat kaum zu ersetzen. Für Letztere werden Käsewürfel in einen Teig aus Buchweizen- und Weizenmehl getaucht und dann knusprig ausgebacken. Der Name dieses traditionellen Antipasto ist dem lokalen Dialekt entlehnt: *sciatt* bedeutet „Schwänzchen" und spielt auf die Backteigzipfel dieser kleinen Krapfen an. Mario reicht dazu einen gemischten grünen Salat.

Aus magerem Rinderfilet, das gepökelt und anschließend in der klaren Bergluft getrocknet wird, entsteht *bresaola*, ein wichtiges Produkt des Veltlin. Es wird gern fein aufgeschnitten als Vorspeise serviert. Mit ein wenig Olivenöl, einem Spritzer Zitronensaft und frisch gemahlenem schwarzem Pfeffer ist *bresaola* ein delikater Genuss. Manchmal streut Mario auch gehobelten Grana padano, einen Parmesan-ähnlichen Reibkäse mit nussigem Aroma, und gehackte marinierte Pilze darüber.

Wie geschaffen für das hiesige oft kalte Klima und daher vom Speisezettel der Einheimischen nicht wegzudenken ist Polenta. Oft wird sie als *polenta mischiata* – mit einer Mischung aus Maisgrieß und Buchweizenmehl – zubereitet. In dieser besonders herzhaften Version bildet sie eine passende Beilage zu Fleisch oder Geflügel, das in Wein der Region geschmort wurde. Großzügig mit Grana padano bestreut, kommt die *polenta mischiata* auch als *primo piatto* auf den Tisch. Für eine weitere Variante namens *polenta taragna* werden gewürfelter Casera und ein Stück Butter in den heißen Brei eingerührt.

Früher war das Abendessen, *la cena*, für die Veltliner die wichtigste Mahlzeit des Tages. Um zu ihren Feldern, Weiden und Weinbergen zu gelangen, mussten die Bauern meist einen steilen Anstieg bewältigen, sodass es sich für sie nicht lohnte, mittags nach Hause zurückzukehren. Daher nahmen sie oft nur einen einfachen Imbiss mit hinaus. Eine deftige Mahlzeit am Abend ließ die Mühen des Tages vergessen. Man genoss sie im Kreis der Familie neben dem Herd, der eine wohlige Wärme verbreitete.

Die Welt hat sich auch im Veltlin verändert und viele überlieferte Speisen werden zu Hause nicht mehr gekocht. Im Familienrestaurant Baffo aber hält Mario Gianni die Traditionen der *cucina valtellinese* aufrecht.

GANZ OBEN: *Als Kind liebte Mario die* fügascia, *eine süße Form der* focaccia. *Vor dem Backen wird sie mit Butterflöckchen belegt und mit Zucker bestreut, der karamellisiert.*
OBEN: *Bis heute tragen die Bauern im Winter das Heu in der* gierla, *einer Kiepe aus Zweigen, auf die Weiden.*

GEGENÜBER: *Für* pizzoccheri *werden Kartoffeln, Wirsing und Buchweizennudeln zusammen gekocht.*

Bresaola al carpaccio

Bresaola mit Grana padano und marinierten Pilzen

Mario Gianni richtet bresaola *– luftgetrocknetes Rinderfilet – wie* carpaccio *an und streut Grana padano sowie gehackte marinierte Steinpilze darüber. Statt Pilzen passen auch in Scheiben geschnittene eingelegte Artischocken.*

FÜR 6 PERSONEN

180 g *bresaola,* in sehr dünne Scheiben geschnitten
24 kleine marinierte Zucht- oder Wildpilze, grob gehackt
1 EL fein gehackte glatte Petersilie
Grana padano
Frisch gemahlener schwarzer Pfeffer
Natives Olivenöl extra zum Beträufeln
1 unbehandelte Zitrone, in Achtel geschnitten

RECHTS: Mario Gianni beim Ausbacken der sciatt, *für die Würfel von Casera Valtellina in einen nussig duftenden Teig aus Buchweizenmehl getaucht werden.*

LINKS: Bresaola al carpaccio *wird im Restaurant Baffo mit* pane di segole *serviert. Diese flachen Kringel aus Roggenmehl wurden früher in den mit Holz befeuerten Herden gebacken und dann an den Deckenbalken zum Trocknen aufgehängt. Man kann sie durch Roggen- oder anderes Vollkornbrot mit knuspriger Kruste ersetzen.*

Die *bresaola*-Scheiben leicht überlappend auf einen großen Teller legen, mit den Pilzen und anschließend mit der Petersilie bestreuen. Mit einem Käsehobel oder Gemüseschäler feine Späne von Grana padano darüber hobeln. Das Ganze mit frisch gemahlenem Pfeffer nach Geschmack würzen und mit Olivenöl beträufeln.

Mit Zitronenachteln garnieren und servieren.

Sciatt

Knusprige Käsekrapfen

Man genießt die Appetithappen in einem Teigmantel aus Buchweizenmehl, solange sie heiß sind und der Käse noch geschmolzen ist. Dazu gibt es bei Mario einen gemischten grünen Salat aus milden und kräftigen Salatsorten, die er im eigenen Garten zieht.

FÜR 8 PERSONEN

Für den Ausbackteig
60 g Mehl
60 g Buchweizenmehl
1 EL frisch geriebener Grana padano
2 EL Semmelbrösel
Meersalz
250 ml kohlensäurehaltiges Mineralwasser
60 ml Grappa

450 g Casera Valtellina, in 2 cm große Würfel geschnitten
Sonnenblumenöl zum Braten

Für den Ausbackackteig die beiden Mehlsorten, den Grana padano, die Semmelbrösel und eine Prise Salz in eine große Schüssel geben und gut vermengen. Das Mineralwasser hinzufügen und die Mischung mit einem Schneebesen glatt rühren. Dann den Grappa gründlich unterrühren, die Schüssel abdecken und den Teig mindestens 1 Stunde ruhen lassen.

Eine große Pfanne mit hohem Rand etwa 3 cm hoch mit Sonnenblumenöl füllen. Bei mittlerer Temperatur erhitzen. Die Käsewürfel einzeln durch den Teig ziehen und portionsweise goldbraun ausbacken. Mit einem Schaumlöffel die Käsekrapfen aus dem Öl nehmen und auf Küchenpapier abtropfen lassen.

Die *sciatt* auf einer großen Platte anrichten und mit etwas Meersalz bestreuen. Sogleich servieren, solange der Käse noch heiß und geschmolzen ist.

Pizzoccheri alla Baffo

Buchweizennudeln mit Kartoffeln und Wirsing

Pizzoccheri, *kurze Veltliner Bandnudeln aus Buchweizen- und Weizenmehl, werden meist zusammen mit Kartoffeln und Wirsing oder einem anderen Gemüse gekocht und zum Schluss mit zerlassener Butter und Käse vermischt.*

FÜR 6 PERSONEN

Für die Buchweizennudeln
250 g Mehl
250 g Buchweizenmehl
250 ml lauwarmes Wasser
Meersalz

150 g frisch geriebener Grana padano
200 g Casera Valtellina oder Fontina d'Aosta, in gut 1 cm große Würfel geschnitten
350 g vorwiegend fest kochende Kartoffeln, geschält, in Viertel und diese in 1 cm dicke Scheiben geschnitten
450 g Wirsing, Strunk und dicke Blattrippen entfernt, die Blätter in gut 2 cm große Stücke geschnitten
125 g Butter
10 frische Salbeiblätter
4 Knoblauchzehen

Beide Mehlsorten in einer großen Schüssel gut vermischen. Nach der Anleitung auf Seite 188 aus Mehl, Wasser und einer Prise Salz einen Teig bereiten; etwa 10 Minuten mit den Händen kneten, bis er glatt und fest ist. Möglicherweise wird nicht das gesamte Mehl benötigt – zu viel macht den Teig trocken und zäh. (Den Rest beim Ausrollen und Schneiden der Pasta verwenden.) Den Teig zuletzt mit Mehl bestäuben, in Klarsichtfolie wickeln und 10 Minuten ruhen lassen.

Auf der Arbeitsfläche 2 große Küchentücher ausbreiten und leicht mit der Mehlmischung bestreuen. Den Teig in 2 gleiche Portionen teilen. Während der Verarbeitung der ersten Portion die andere in Klarsichtfolie einschlagen. Ein Backbrett oder die Arbeitsfläche mit restlicher Mehlmischung bestäuben und den Teig darauf 3 mm dick ausrollen. Das Teigblatt auf eines der Tücher legen und etwas trocknen lassen, dabei gelegentlich wenden – der Teig soll sich zuletzt trocken anfühlen, aber noch geschmeidig sein. Die zweite Portion genauso ausrollen und trocknen lassen.

Die Teigblättter in 10 cm breite Streifen schneiden, diese von beiden Seiten leicht einmehlen und jeweils 3 aufeinander legen. Jeden Stapel in 5 mm breite Nudeln schneiden und diese auf die Küchentücher geben. Mit Mehl bestäuben und vorsichtig auflockern.

In einer Schüssel 120 g geriebenen Grana mit den Käsewürfeln vermischen. In einem sehr großen Topf mit mindestens 8 l Fassungsvermögen reichlich Wasser zum Kochen bringen und Salz nach Geschmack hinzufügen. Die Kartoffeln und den Wirsing unter Rühren dazugeben. Einen Deckel auflegen, bis das Wasser erneut kocht. Den Deckel wieder abnehmen und das Gemüse 5 Minuten garen.

Unterdessen die Butter mit dem Salbei und Knoblauch in einem kleinen, schweren Topf bei niedriger bis mittlerer Temperatur erhitzen, bis sie leicht gebräunt ist und der Knoblauch Farbe annimmt.

Nach 5 Minuten Garzeit die *pizzoccheri* zum Gemüse geben und den Deckel auflegen; zum Kochen bringen. Ohne Deckel 5 Minuten kochen lassen, bis die Nudeln *al dente* sind, danach abseihen. In eine große Schüssel ein Drittel der Käsemischung geben, dann ein Drittel der Nudel-Gemüse-Mischung darauf verteilen. Auf diese Weise auch den Rest einfüllen. Das Ganze mit den restlichen 30 g Grana padano bestreuen, mit der gebräunten Butter übergießen und 1 Minute ruhen lassen. Durchmischen, bis die Butter gleichmäßig verteilt und der Käse völlig geschmolzen ist. Sogleich servieren.

Polenta mischiata

Polenta aus Maisgrieß und Buchweizenmehl

Diese dunkle Polenta ist im Veltlin sehr verbreitet. Sie passt zu Fleisch und Geflügel. Mario serviert sie auch mit Grana padano bestreut als primo piatto.

FÜR 8 PERSONEN

220 g grober gelber Maisgrieß (Polenta)
180 g Buchweizenmehl
Meersalz

Die beiden Mehlsorten in einer großen Schüssel vermischen. In einem großen, schweren Topf 2,5 l Wasser zum Kochen bringen; Salz nach Geschmack hizufügen. Die Mehlmischung langsam und gleichmäßig aus der Hand in den Topf rieseln lassen, dabei ständig rühren. Sobald das gesamte Mehl im Topf ist, die Hitze reduzieren und die Polenta 45 Minuten köcheln lassen. Dabei zunächst gelegentlich und später, wenn die Polenta cremig eindickt, häufiger rühren.

Eine große Schüssel oder 8 Förmchen von je 250 ml Inhalt mit Wasser ausspülen. Die Polenta einfüllen, glatt streichen und 10 Minuten ruhen lassen, danach stürzen.

Tzigonier

Gegrilltes Rindfleisch am Stock

Heute ist dieses alpine Gericht im Veltlin weitgehend in Vergessenheit geraten. Mario serviert dazu Ofen- oder Bratkartoffeln und gemischten grünen Salat.

FÜR 6 PERSONEN

Natives Olivenöl extra zum Einreiben der Stöcke und Fleischscheiben
500 g Rindfleisch (Roastbeef oder Hüfte), in sehr dünne Scheiben geschnitten
Frisch gemahlener schwarzer Pfeffer
¾ TL gehackte Rosmarinblättchen
Meersalz

Mehrere Stunden vor der Zubereitung 6 Holzstöcke von etwa 2 cm Dicke und 60 cm Länge mit Olivenöl einreiben. Das Öl ins Holz einziehen lassen und den Vorgang drei- bis viermal wiederholen.

Die Fleischscheiben spiralförmig so um die Stöcke wickeln, dass sich die Windungen knapp überlappen. Dabei an beiden Enden der Stöcke 5–8 cm Holz frei lassen und mit Alufolie überziehen. Das Fleisch dünn mit Olivenöl einreiben, großzügig mit schwarzem Pfeffer würzen und mit gehacktem Rosmarin bestreuen. Die Stöcke auf einen heißen Grill legen und das Fleisch von allen Seiten leicht bräunen. Zuletzt mit Salz würzen. Jeder Stock ergibt 1 Portion.

Für Tzigonier, *ein traditionelles Gericht aus dem Alpenraum, schiebt Mario die Glut im Kamin zusammen und stellt dann einen Eisenrost darüber. Auf ihm werden dünne Scheiben Rindfleisch gegrillt, die zuvor um einen langen Stock gewickelt wurden.*

Tacchino alla cacciatore

Truthahngeschnetzeltes aus dem Ofen

Helles und dunkles Truthahnfleisch wird mit Gemüse in einer Sauce aus Tomaten und Weißwein geschmort. Patate arrosto *(Seite 97) oder* Polenta mischiata *(Seite 95) bilden eine schmackhafte Ergänzung.*

FÜR 6 PERSONEN

25 g getrocknete Steinpilze
1,2 kg enthäutete und entbeinte Truthahnbrust und -keulen
2 EL (30 ml) natives Olivenöl extra
50 g Butter
1 kleiner Rosmarinzweig
1 Knoblauchzehe, in feine Scheiben geschnitten
1 Lorbeerblatt
2 mittelgroße Zwiebeln, in gut 2 cm große Stücke geschnitten
4 mittelgroße Möhren, in gut 2 cm große Stücke geschnitten
2 Stangen Bleichsellerie, in gut 2 cm große Stücke geschnitten
¼ TL getrockneter Majoran
¼ TL getrockneter Salbei
¼ TL getrockneter Thymian
Meersalz und frisch gemahlener schwarzer Pfeffer
2 EL Mehl
250 ml trockener Weißwein
400 ml Dosentomaten, grob gehackt
Etwa 250 ml Fleischbrühe, hausgemacht (Seite 187) oder instant

Den Backofen auf 200 °C vorheizen. Die Steinpilze 15 Minuten in 150 ml warmem Wasser einweichen. Herausnehmen und das Wasser durch ein doppelt gelegtes Mulltuch seihen. Die Pilze von etwaigen Erdpartikeln befreien und grob hacken.

Das Truthahnfleisch in Stücke von 5 x 8 cm schneiden. Olivenöl und Butter in einer großen, ofenfesten Kasserolle bei mittlerer bis hoher Temperatur erhitzen. Die Fleischstücke mit dem Rosmarinzweig hineingeben und anbräunen. Knoblauch und Lorbeerblatt hinzufügen und braten, bis der Knoblauch Farbe annimmt. Zwiebeln, Möhren und Sellerie dazugeben. Umrühren, mit den Kräutern bestreuen und mit Salz und Pfeffer nach Geschmack würzen. Mehl darüber stäuben und gut verrühren. Wein, Tomaten, Pilze mit Einweichwasser und die Hälfte der Brühe einrühren. Alles einmal aufkochen lassen. Dann im Ofen ohne Deckel 35–40 Minuten schmoren, bis das Fleisch gar ist. Falls die Sauce zu sehr eindickt, Brühe hinzufügen. Vor dem Servieren Lorbeerblatt und Rosmarin entfernen.

Patate arrosto

Kartoffeln aus dem Ofen

Die knusprigen Kartoffeln mit einem Hauch Rosmarin werden auf dreierlei Weise gegart: gekocht, gebraten und schließlich gebacken.

Für 4 Personen

800 g vorwiegend fest kochende Kartoffeln, geschält und in 2,5 x 4 cm große Stücke geschnitten
Meersalz und frisch gemahlener schwarzer Pfeffer
30 g Butter
2 EL (30 ml) natives Olivenöl extra
1 Rosmarinzweig
1 EL feine getrocknete Semmelbrösel

Den Backofen auf 200 °C vorheizen.

Die Kartoffeln in einem großen Topf 5 cm hoch mit kaltem Wasser bedecken. Das Wasser zum Kochen bringen und Salz hinzufügen. Die Kartoffeln 2 Minuten garen, danach abgießen.

Butter, Olivenöl und Rosmarin in eine große, schwere ofenfeste Pfanne geben, in der die Kartoffeln gut nebeneinander Platz haben. Bei mittlerer bis hoher Temperatur erhitzen, bis die Butter geschmolzen ist. Die Kartoffeln darin unter Wenden braten, bis sie beginnen zu bräunen. Mit Salz und Pfeffer nach Geschmack würzen, mit den Semmelbröseln bestreuen und durchmischen. Die Pfanne auf der mittleren Schiene in den Ofen schieben. 35–40 Minuten backen, bis die Kartoffeln außen knusprig und innen cremig weich sind, dabei gelegentlich durchmischen. Heiß servieren.

Fügascia

Focaccia mit Karamellkruste

Für Mario ist diese Art der focaccia, *die seine Tante bei ihren Besuchen aus Ponte Valtellina mitbrachte, eine süße Kindheitserinnerung. Die* panetteria, *aus der die* fügascia *damals stammte, backt sie so auch heute noch im Holzofen.*

Für 6 bis 8 Personen

2 TL Trockenhefe
250 ml warmes Wasser (40–45 °C)
200 g Weizenmehl
200 g Roggenmehl
Meersalz
50 g Butter, gekühlt, in Flöckchen
75 g Zucker

In eine kleine Schüssel 50 ml Wasser geben, die Hefe darüber streuen und rühren, bis sie sich aufgelöst hat. Die beiden Mehlsorten dreimal zusammen durchsieben, um sie gründlich zu vermischen. 100 g der Mischung beiseite stellen, den Rest in eine große Schüssel häufen.

In die Mitte eine Mulde drücken und das Wasser mit der Hefe, die restlichen 200 ml Wasser und ¼ TL Salz hineingeben. Diese Zutaten mit einem Holzlöffel verrühren und dann allmählich das Mehl einarbeiten, bis schließlich ein grober und klebriger Teig entsteht. Ein Backbrett oder eine Arbeitsfläche leicht einmehlen. Den Teig darauf geben und 5–10 Minuten kneten, bis er glatt und weich ist. Dabei nur so viel weiteres Mehl einarbeiten, dass der Teig nicht mehr klebt. Den Teig in eine große, gut eingeölte Schüssel geben und darin wenden, bis er gleichmäßig überzogen ist. Die Schüssel mit einem Küchentuch abdecken und den Teig an einem warmen, zugfreien Ort 1 Stunde ruhen lassen – er soll auf das Doppelte aufgehen.

Den aufgegangenen Teig auf eine leicht bemehlte Arbeitsfläche geben und 2 Minuten kneten, um etwaige Luftblasen zu entfernen. Wieder mit dem Tuch abdecken und 5 Minuten ruhen lassen.

Einen Springform- oder Flan-Ring von 25 cm Durchmesser auf ein Backblech (möglichst aus Stahl) setzen und beides einölen. Den Teig in die Form geben und gleichmäßig flach drücken, bis er die gesamte Fläche bedeckt. Wieder mit dem Tuch abdecken und 30 Minuten ruhen lassen – er soll um die Hälfte aufgehen.

Unterdessen einen Rost auf der mittleren Schiene in den Backofen schieben und unglasierte Terrakottafliesen oder einen Pizzastein darauf legen, wie auf Seite 78 beschrieben. Den Backofen auf 220 °C vorheizen – es dauert etwa 30 Minuten, bis die Fliesen oder der Stein die erforderliche Temperatur erreicht haben.

Mit den Fingerspitzen oder Knöcheln in den aufgegangenen Teig gleichmäßige kleine Mulden drücken. Die Butterflöckchen auf dem Teig verteilen und den Zucker darüber streuen. Das Backblech auf den heißen Stein oder die Fliesen setzen. Die *fügascia* 30 Minuten backen, bis sie goldbraun ist und die Butter in den Mulden köchelt.

Das Blech aus dem Backofen nehmen und den Grill einschalten. Den Rost auf die oberste Schiene setzen und die *fügascia* für 20–30 Sekunden unter den Grill schieben, bis der Zucker geschmolzen und karamellisiert ist – eventuell zwischendurch drehen, damit dies gleichmäßig geschieht. Die *fügascia* aus dem Ofen nehmen und ohne den Ring auf einem Drahtgitter etwas abkühlen lassen. Noch warm oder auf Zimmertemperatur abgekühlt servieren.

OBEN: *Zypressen flankieren die Straße, über die man La Suvera in der beschaulichen Ortschaft Pievescola di Casole d'Elsa erreichen kann.*
GEGENÜBER: *Der Marchese und die Marchesa blicken aus einem Fenster über dem Restaurant Oliviera. Es befindet sich, ebenso wie mehrere Gästesuiten, in der ehemaligen Ölmühle des Gutes.*

LA SUVERA

Kilometerweit führt die Straße im Westen Sienas an Feldern vorbei, bevor sie den kleinen, geruhsamen Ort Pievescola di Casole d'Elsa erreicht. Hier befindet sich La Suvera, ein herrschaftliches Gut mit bewegter Geschichte. Das einst durch die Republik Siena von den Chigi, einer berühmten Sieneser Bankiersfamilie, erworbene Anwesen ging im Jahr 1507 zur Besiegelung der Allianz zwischen Siena und dem Kirchenstaat als Geschenk an Papst Julius II. della Rovere. Seit 1970 ist es nun der Landsitz des Marchese Ricci Paracciani Bergamini und seiner Ehefrau, der Marchesa Eleonora Maria, Principessa Massimo, die La Suvera der Öffentlichkeit zugänglich gemacht haben.

Durch das mit dem Hoheitswappen von La Suvera geschmückte Eisentor gelangt man in den Innenhof, in dem neben einer kleinen Kirche, einem Gutshaus und den ehemaligen Ställen die Villa steht. Mit aufwendigen Restaurierungsmaßnahmen wurde das Anwesen hergerichtet und wo erforderlich modernisiert, sodass es sich jetzt nicht nur als standesgemäßes Domizil für eine noble Familie, sondern zugleich auch als vornehmes Fünfsternehotel präsentiert. Die Gebäude wurden zu Unterkünften für die Gäste umgestaltet. Außerdem hat man einen formalen italienischen Garten, einen Olivenhain und beinahe acht Hektar Rebflächen angelegt. Hier entstehen nach den Richtlinien des biologischen Anbaus der Rango Rosso, ein gereifter typischer Rotwein der Toskana, weiterhin der körperreiche Vino Bianco La Suvera sowie ein erfrischender Schaumwein mit dem Namen Cuvée Italienne Brut.

Jenseits des Tores befindet sich die *frantoio* genannte alte Ölmühle. Das Erdgeschoss beherbergt heute ein Restaurant, dessen Name Oliviera noch daran erinnert, dass hier einst Oliven gepresst wurden. Als Chefköchin herrscht hier Gigliola Papa. Sie stammt aus dem Ort selbst und ist den kulinarischen Traditionen ihrer toskanischen Heimat eng verbunden, wobei sie mit ihren Gerichten durchaus auch eigene, reizvolle Akzente setzt. Gigliola, die auf einem Bauernhof aufgewachsen ist, erlebt auch heute noch den Rhythmus der Jahreszeiten besonders intensiv. Dies spiegelt sich unverkennbar in ihrer Wahl der Zutaten und Speisen. Gleich hinter der rückseitigen Küchentür liegt ein kleiner Garten, in dem die meisten Kräuter und viele der Gemüsesorten wachsen, die sie benötigt. Oft bringt sie zusätzlich Wildkräuter und Feldfrüchte von zu Hause mit. Das Öl liefern die Olivenbäume von La Suvera und alle übrigen Zutaten stammen von Erzeugern aus der Gegend.

Aus Gigliolas täglich wechselnden Menüs spricht nicht nur der Sinn für Qualität, der die toskanische Küche überhaupt prägt, sondern zugleich auch der erlesene Geschmack der Familie Ricci, die bei ihren häufigen Aufenthalten in La Suvera gern im Ristorante Oliviera speist und sich wie die anderen Gäste mit Gigliolas Spezialitäten verwöhnen lässt.

Von Kindheit an ist Gigliola Papa mit der toskanischen Küche vertraut. Eine Zeit lang war sie im Ristorante Oliviera als Gehilfin tätig und fiel dabei durch ihre große Begabung und Einsatzfreude auf. Nach kurzer Tätigkeit im Cordon Bleu in Florenz wurde ihr von der Familie Ricci die Leitung der Restaurantküche übertragen. Mit einem fünfköpfigen Team kocht sie nun allabendlich für etwa 50 Gäste.

IM UHREZEIGERSINN VON RECHTS: *Gigliola stellt ihre fächer- oder halbmondförmigen* ventagli *mit einem praktischen Teigtaschenformer her. Das Ristorante Oliviera befindet sich in einer ehemaligen Ölmühle. Für* Canestrini *formt Gigliola Kartoffelpüree zu Körbchen und füllt diese mit Pilzen. Die* Minestra di ceci, *eine toskanische Kichererbsensuppe, enthält als Einlage kleine, viereckige Eiernudeln.*
GEGENÜBER: *Gigliolas gefülltes Brathuhn duftet herrlich nach Thymian, Majoran, Rosmarin und Salbei.*

Canestrini

Kartoffelkörbchen mit Steinpilzfüllung

Im Herbst und frühen Winter, wenn noch frische Steinpilze auf dem Markt sind, schmeckt dieser Antipasto am besten.

FÜR 8 PERSONEN

700 g vorwiegend fest kochende Kartoffeln, geschält
Meersalz
1½ EL Butter, zimmerwarm
4 große Eigelb
¼ TL frisch geriebene Muskatnuss
30 g Mehl

Für die Steinpilzfüllung
180 g frische Steinpilze (siehe Hinweis)
2 EL (30 ml) natives Olivenöl extra
1 Knoblauchzehe, zerdrückt
Meersalz und frisch gemahlener schwarzer Pfeffer

2 große Eier, leicht verquirlt
75 g feine getrocknete Semmelbrösel
Sonnenblumenöl zum Ausbacken

Die Kartoffeln in einem großen Topf 5 cm hoch mit kaltem Wasser bedecken. Das Wasser zum Kochen bringen und Salz nach Geschmack hinzufügen. Die Kartoffeln 20–30 Minuten garen, bis sie sich mit einem scharfen Gemüsemesser leicht einstechen lassen, dann abgießen. Den mittelfeinen Einsatz in das Passiergerät einsetzen und die Kartoffeln pürieren. Ersatzweise einen Kartoffelstampfer verwenden.

Das Püree in den Topf geben und bei mittlerer Temperatur trockenrühren. Sobald es am Topfboden leicht ansetzt, die Butter hinzufügen und unterrühren, bis sie geschmolzen ist. Das Püree in einer großen Schüssel abkühlen lassen.

Eigelb und Muskatnuss unter das abgekühlte Kartoffelpüree mischen. Die Masse in 8 gleiche Portionen teilen und diese zu Kugeln formen. In Mehl wälzen und den Überschuss abschütteln. In die Mitte jeder Kugel vorsichtig ein Schnapsglas drücken, sodass die Kugeln eine Vertiefung erhalten und zugleich etwas flacher werden. Die Kartoffelkörbchen für mindestens 1 Stunde in den Kühlschrank stellen.

Die Steinpilze mit einem trockenen Backpinsel von etwaigen Erdpartikeln säubern und bei Bedarf mit einem feuchten Tuch abreiben, jedoch auf keinen Fall waschen. Die trockenen Stielenden abschneiden und die Pilze grob hacken. Das Olivenöl in einer Pfanne bei mittlerer Temperatur erhitzen und den Knoblauch darin braten, bis er Farbe annimmt. Die Pilze hinzufügen und unter häufigem Rühren garen, bis die gesamte austretende Flüssigkeit verdampft ist. Mit Salz und Pfeffer nach Geschmack würzen und die Knoblauchzehe entfernen.

Die fest gewordenen Kartoffelkörbchen einzeln ins verquirlte Ei tauchen und anschließend in den Semmelbröseln wälzen. Bis zum Ausbacken in den Kühlschrank stellen.

Eine große, schwere Pfanne mit hohem Rand 4 cm hoch mit Sonnenblumenöl füllen und dieses bei mittlerer Temperatur erhitzen. Die Hälfte der Kartoffelkörbchen mit der Vertiefung nach oben hineingeben und goldbraun ausbacken; einmal wenden. Mit einem Schaumlöffel herausnehmen und auf Küchenpapier abtropfen lassen. Die restlichen Kartoffelkörbchen genauso ausbacken. Unterdessen die Steinpilzfüllung aufwärmen. Die Kartoffelkörbchen mit Salz bestreuen und die Steinpilzfüllung darin verteilen. Sofort servieren.

HINWEIS: Anstatt mit frischen Steinpilzen lässt sich die Füllung auch mit 150 g anderen Zucht- oder Wildpilzen und dazu 15 g getrockneten Steinpilzen zubereiten. Die frischen Pilze nach der Rezeptanleitung säubern und hacken. Die getrockneten Steinpilze 15 Minuten in 80 ml warmem Wasser einweichen, danach herausnehmen und das Wasser aufbewahren. Die Steinpilze von etwaigen Erdpartikeln säubern und grob hacken, das Einweichwasser durch ein doppelt gelegtes Mulltuch seihen. Die frischen Pilze braten, wie im Rezept beschrieben. Sobald sie gar sind, die getrockneten Steinpilze mit ihrem Einweichwasser einrühren. Die Flüssigkeit verkochen lassen und nach der Rezeptanleitung weiter verfahren.

Durch die Gartenanlagen von La Suvera gelangt man zu einem Olivenhain und den beinahe acht Hektar Rebflächen.

Ventagli di ricotta e spinaci

Teigtaschen mit Ricotta-Spinat-Füllung

Gigliola stellt die fächer- oder halbmondförmigen Ravioli mit klassischer Spinatfüllung mit Hilfe eines Teigtaschenformers her, wie er auf Seite 101 zu sehen ist.

FÜR 6 PERSONEN

Für die Ricotta-Spinat-Füllung
225 g Ricotta
1 kg Spinat, entstielt und gründlich gewaschen (Seite 141)
Meersalz und frisch gemahlener schwarzer Pfeffer
60 g frisch geriebener Parmesan
¼ TL frisch geriebene Muskatnuss
2 große Eigelb, leicht verquirlt

Für die Teigtaschen
650 g Mehl
4 große Eier
4 große Eigelb

125 g Butter
12 kleine, frische Salbeiblätter
125 g frisch geriebener Parmesan

Falls der Ricotta sehr feucht ist, diesen in einem Sieb über einer Schüssel 3 Stunden oder über Nacht im Kühlschrank abtropfen lassen.

Den Spinat ohne Zugabe von Flüssigkeit – an den Blättern haftendes Wasser genügt – in einen großen, schweren Topf geben und mit ½ TL Salz würzen. Zugedeckt bei mittlerer Temperatur 8–10 Minuten dämpfen, bis er zusammenfällt, dabei häufig rühren. Dann den Spinat abseihen, abschrecken und gut abtropfen lassen. Kräftig ausdrücken, mit Küchenpapier trockentupfen und fein hacken.

In einer großen Schüssel Spinat, Ricotta, Parmesan und Muskatnuss vermischen. Salz und Pfeffer nach Geschmack hinzufügen. Eigelb unterziehen und die Mischung kalt stellen, bis der Teig fertig ist.

Aus Mehl, Eiern und Eigelb nach der Anleitung auf Seite 188 den Teig herstellen. Die Nudelmaschine vorbereiten. 2 Tabletts oder Backbleche mit Küchentüchern auslegen und mit Mehl bestäuben.

Den Teig in 4 gleiche Portionen teilen und mit Hilfe der Nudelmaschine kneten, wie auf Seite 188 beschrieben.

Nach der dortigen Anleitung weiter verfahren: Die Teigportionen einzeln ausrollen, bis die feinste Einstellung der Maschine erreicht ist. Sobald ein Teigblatt fertig ist, wird es sogleich verarbeitet. Die Teigblätter mit einem gewellten Teigrädchen in Quadrate von 12 cm Kantenlänge schneiden.

Wenn die Teigtaschen mit einem Teigtaschenformer hergestellt werden, die Presse aufklappen und mit Mehl bestäuben. Ein Teigquadrat darauflegen und 1 gehäuften Teelöffel der Füllung in die Mitte setzen. Dabei beachten, dass sich bei einer zu großen Menge Füllung die Teigränder nicht richtig versiegeln lassen. Einen Backpinsel in Wasser tauchen, den Teig rings um die Füllung leicht anfeuchten und die Presse zusammenklappen. Fest drücken, um die Teigränder gut zu verschließen. Überstehenden Teig mit einem scharfen Gemüsemesser abschneiden – die Stückchen können als Einlage für eine Brühe verwendet werden. Die Presse aufklappen, die Teigtasche auf eines der vorbereiteten Tabletts geben und mit einem Küchentuch abdecken, bis alle *ventagli* hergestellt sind.

Falls kein Teigtaschenformer vorhanden ist, aus den Teigblättern Kreise von 8–10 cm Durchmesser ausstechen. In die Mitte jeweils einen kleinen Löffel der Füllung setzen. Die Kreise einmal zusammenlegen und die Ränder von Hand oder mit einem Teigkneifer fest zusammendrücken.

In einem großen Topf mit mindestens 8 l Fassungsvermögen reichlich Wasser zum Kochen bringen und Salz nach Geschmack hinzufügen. Die Ravioli vorsichtig ins kochende Wasser gleiten lassen. Den Deckel auflegen, bis das Wasser erneut aufwallt. Deckel abnehmen und die *ventagli* in 4–5 Minuten *al dente* garen; gelegentlich umrühren.

Unterdessen in eine Pfanne mit hohem Rand, die für die *ventagli* ausreichend Platz bietet, die Butter und die Salbeiblätter geben. Die Butter zerlassen, aber nicht bräunen. Die fertig gegarten *ventagli* mit einem großen Schaumlöffel oder Sieb aus dem Wasser heben, gut abtropfen lassen und in die Salbeibutter legen. Mit Parmesan bestreuen und bei niedriger Temperatur vorsichtig vermischen, bis der Käse geschmolzen ist. Auf einer großen Platte anrichten und servieren.

VARIATION: Gigliola serviert die *ventagli* gelegentlich mit einer Sauce aus Brennnesseln. Da bei nicht mehr ganz jungen Exemplaren die gesamte Pflanze mit Brennhaaaren besetzt ist, die durch ihr Nesselgift Juckreiz auslösen, sollte man bei der Vorbereitung Handschuhe tragen. Die Wirkung verliert sich erst beim Kochen. Für die Sauce 300 g Brennnesselblätter gründlich waschen und in reichlich kochendem gesalzenem Wasser etwa 10 Minuten garen. Abseihen und mit dem Passiergerät, bestückt mit dem mittelfeinen Einsatz, oder im Mixer grob pürieren. In einem Topf 60 g Butter bei niedriger Temperatur zerlassen und 1 gehackte Knoblauchzehe darin anbraten. Brennnesselpüree und 180 ml Crème double hinzufügen. Gründlich rühren, die Sauce mit Salz würzen und 5 Minuten köcheln lassen. Die *al dente* gekochten *ventagli* damit übergießen und sogleich servieren.

Minestra di ceci

Kichererbsensuppe mit hausgemachten Fleckerln

Gigliolas toskanische Kichererbsensuppe spendet in den kalten Wintermonaten wohltuende Wärme. Kleine hausgemachte Fleckerln verleihen der Minestra di ceci *noch mehr Gehalt. Anstelle dieser* quadretti, *so genannt nach ihrer quadratischen Form, eignen sich auch fertig gekaufte kurze Röhrennudeln wie zum Beispiel* ditalini *(Fingerhüte). Die Kichererbsen dürfen keinesfalls zu alt sein, damit sie beim Kochen schön weich werden.*

FÜR 4 PERSONEN

Für die Kichererbsensuppe
550 ml gekochte Kichererbsen (Seite 187), abgetropft und das Wasser aufgefangen
3 EL (45 ml) natives Olivenöl extra, dazu mehr zum Beträufeln
3 mittelgroße Knoblauchzehen, zerdrückt
1 großer Rosmarinzweig
80 ml Tomatenpüree aus der Dose
1,5–1,75 l Gemüse- oder Fleischbrühe, hausgemacht (Seite 187) oder instant, nach Bedarf mehr
Meersalz und frisch gemahlener schwarzer Pfeffer

Für die Fleckerl
90 g Mehl
1 großes Ei
¾ TL natives Olivenöl extra
Prise Meersalz

Für die Suppe die Hälfte der Kichererbsen abmessen, in den Mixer geben und grob pürieren. Eine kleine Menge des Kochwassers zum Püree geben und weiter mixen, bis eine dicke, glatte Paste entstanden ist.

In einer großen, schweren Kasserolle das Olivenöl bei mittlerer Temperatur erhitzen. Die Knoblauchzehen mit dem Rosmarinzweig hineingeben und braten, bis der Knoblauch Farbe annimmt. Tomatenpüree hinzufügen und 2–3 Minuten köcheln lassen. 1,5 l Brühe sowie die pürierten und die ganzen Kichererbsen einrühren. Die Suppe mit Salz und Pfeffer nach Geschmack würzen und ohne Deckel 1 Stunde köcheln lassen. Falls sie zu dickflüssig wird, weitere Brühe zufügen.

Für die Fleckerl aus Mehl, Ei, Olivenöl und Salz nach der Anleitung auf Seite 188 einen Teig herstellen. Die Nudelmaschine vorbereiten. Ein Tablett oder Backblech mit einem Küchentuch auslegen und leicht mit Mehl bestäuben.

Den Teig mit Hilfe der Nudelmaschine kneten, wie auf Seite 188 beschrieben.

Nach der dortigen Anleitung weiter verfahren: Den Teig ausrollen, bis die feinste Einstellung der Maschine erreicht ist. Das Teigblatt mit einem gewellten Teigrädchen in 15 cm lange Stücke schneiden. Diese nebeneinander auf das eingemehlte Tuch legen und etwas trocknen lassen, dabei gelegentlich wenden. Der Teig soll sich zuletzt nicht mehr klebrig, aber noch nicht starr anfühlen.

Die Schneidewalze für *tagliatelle* oder *fettuccine* in die Nudelmaschine einsetzen. Die gleichmäßig getrockneten Teigblätter einzeln durch die Maschine drehen. Die dabei entstehenden langen Teigbänder nebeneinander auf ein Schneidbrett legen und mit einem großen Kochmesser quer in kleine Vierecke schneiden. Die *quadretti* auf das eingemehlte Küchentuch geben, mit Mehl bestäuben und behutsam durchmischen.

Die Knoblauchzehen und den Rosmarinzweig aus der Suppe entfernen und diese einmal aufkochen lassen. Die Fleckerl hineingeben und bei verminderter Temperatur unter häufigem Rühren 15–20 Sekunden garen, bis sie weich sind und die Suppe eingedickt ist. Die Suppe in flache Schalen verteilen und vor dem Servieren 2 Minuten ruhen lassen. Über jede Portion 2 TL Olivenöl träufeln oder weiteres Olivenöl in einer kleinen Karaffe dazu reichen.

Pollo ripieno alla Suvera

Brathuhn mit würziger Fleischfüllung

Am Abend vor der Zubereitung wird das nach der „Umstülpmethode" entbeinte Huhn gesalzen und großzügig mit Zitronensaft beträufelt. Durch das Marinieren gewinnt das Fleisch noch an Zartheit und Geschmack. Am folgenden Tag wird das Huhn mit einer würzigen Fleischfarce gefüllt, gebunden und knusprig braun gebraten.

Für 6 Personen

1 Huhn aus Freilandhaltung (1,2–1,4 kg), nach der „Umstülpmethode" entbeint, ohne Schenkel und Flügel abzutrennen (siehe Hinweis)
Meersalz
Saft von 3 Zitronen

Für die Fleischfüllung
2 leicht getrocknete Scheiben kerniges Weißbrot (*Pane toscano,* Seite 78), je gut 1 cm dick
250 ml Milch

1 Schalotte, grob gehackt
1 mittelgroße Knoblauchzehe, grob gehackt
1 großer Thymianzweig, nur die Blättchen
1 Majoranstengel, nur die Blättchen
1 Rosmarinzweig, nur die Blätttchen
1 Salbeistengel, nur die Blättchen
450 g mageres Hackfleisch vom Rind
350 g Schweinelende, Fett entfernt, Fleich in 1 cm große Würfel geschnitten
100 g frisch geriebener Parmesan
Meersalz und frisch gemahlener schwarzer Pfeffer
50 g schwarze Oliven in Salzlake, entsteint und in Scheiben geschnitten

2 Rosmarinzweige
2 Salbeistengel
3 EL (45 ml) natives Olivenöl extra
125 ml trockener Weißwein

Am Abend vor der Zubereitung das umgestülpte Huhn in eine Glas- oder Steingutschüssel legen, mit Salz bestreuen und mit dem Zitronensaft übergießen. Mehrmals darin wenden und abgedeckt über Nacht in den Kühlschrank stellen. Das Huhn während des Marinierens mindestens einmal wenden.

Am folgenden Tag den Backofen auf 240 °C vorheizen.

Für die Füllung das Brot fein zerpflücken und in der Milch gründlich einweichen. Die Milch abgießen und das Brot kräftig ausdrücken. Schalotte, Knoblauch, Thymian, Majoran, Rosmarin und Salbei auf ein Schneidbrett geben und alles zusammen sehr fein hacken. Das Hackfleisch und die Fleischwürfel in einer großen Schüssel mit dem Brot, der gehackten Kräutermischung und dem Parmesan gründlich vermischen. Mit Salz und Pfeffer nach Geschmack würzen und zuletzt die Oliven unterziehen.

Das Huhn aus der Marinade nehmen. Mit Küchenpapier trockentupfen, umstülpen und die nun außen befindliche Haut ebenfalls trockentupfen. Die vorbereitete Farce einfüllen, dann die Öffnung sowie den Hals mit starkem Knopflochgarn zunähen. Das Huhn mit Küchengarn in Abständen von 4 cm wie einen Braten binden. Rosmarinzweig und Salbeistengel behutsam unter die Fäden schieben.

Das Huhn mit der Brustseite nach oben in einen eingeölten Bräter legen und mit dem Olivenöl beträufeln. 30 Minuten im Ofen braten, danach das Huhn wenden, sodass die Brustseite nach unten zeigt. Das Huhn mit dem Bratensatz begießen und noch 15 Minuten braten, danach die Brustseite wieder nach oben drehen. Den Bratensatz mit einem großen Löffel entfetten. Dann das Huhn mit dem Wein begießen und nochmals für 15 Minuten in den Ofen schieben. Die Temperatur auf 210 °C reduzieren. Das Huhn mit dem Fond begießen und noch 10 Minuten braten, bis ein Fleischthermometer in der Mitte des Bratens 70 °C anzeigt.

Das Huhn auf eine Servierplatte legen und die Fäden entfernen. Danach den Fond durchseihen, entfetten und mit Salz und Pfeffer abschmecken. Das Huhn aufschneiden, mit der Sauce übergießen und sofort servieren.

Hinweis: Das Entbeinen von Geflügel setzt einige Erfahrung und Geschicklichkeit voraus. Bei rechtzeitiger Vorbestellung übernehmen die meisten Fleischer oder Geflügelhändler diese Aufgabe.

Radicchi grigliati

Gegrillter Radicchio

Traditionsgemäß verwendet man für dieses Rezept den in länglichen Köpfen gewachsenen Radicchio di Treviso mit seiner besonders ausgeprägten bitteren Note. Er ist vornehmlich im Herbst und Winter auf dem Markt. Gegrillter Radicchio passt gut zu gebratenem Fleisch oder Geflügel.

Für 6 Personen

3 mittelgroße Köpfe Radicchio di Treviso (etwa 500 g), gründlich gewaschen, abgetropft und längs halbiert
Natives Olivenöl extra zum Beträufeln
Meersalz

Den Backofengrill einschalten oder im Gartengrill 15 Minuten vor der Zubereitung ein Feuer entfachen.

Bei der Zubereitung im Backofen die Radicchio-Hälften mit der Schnittseite nach unten in eine flache Grillpfanne oder auf einen Grillrost legen, der über der Grillpfanne sitzt. Leicht mit Olivenöl beträufeln. Pfanne oder Rost 10–13 cm unterhalb der Hitzequelle in den Ofen schieben und den Radicchio etwa 5 Minuten grillen, bis er leicht gebräunt ist. Wenden, wieder mit Olivenöl beträufeln und von der zweiten Seite ebenfalls 5 Minuten leicht bräunen. Bei der Zubereitung auf dem Gartengrill den Radicchio auf der Schnittseite leicht mit Olivenöl beträufeln und mit dieser Seite nach unten 10–13 cm über der Glut etwa 5 Minuten grillen. Die Hälften auf der Oberseite ebenfalls leicht mit Öl beträufeln, wenden und von dieser Seite ebenfalls etwa 5 Minuten leicht bräunen.

Den Radicchio auf einer großen Platte anrichten, mit Salz bestreuen und sofort servieren.

Torta di cioccolata con la spuma d'arancia

Schokoladenkuchen mit Orangenschaum

Der Schokoladenkuchen enthält kein Mehl, sondern nur gemahlene Mandeln. Er wird mit abgeriebener Orangenschale aromatisiert.

ERGIBT 12 STÜCKE

Für den Schokoladenkuchen
350 g Halbbitterschokolade, gehackt
300 g Butter
8 große Eier, getrennt
250 g Puderzucker
300 g gemahlene Mandeln
Abgeriebene Schale von 2 unbehandelten Orangen
Prise Meersalz

Für den Orangenschaum
300 ml Milch
1 Streifen fein abgeschälte unbehandelte Zitronenschale
1 Streifen fein abgeschälte unbehandelte Orangenschale, dazu abgeriebene Schale von 1 unbehandelten Orange
4 große Eigelb
50 g Zucker
3 EL Mehl
2 EL (30 ml) Grand Marnier
250 ml Crème double

Für den Orangensirup
50 g Zucker
2½ EL Wasser
Fein abgeschälte Schale von ½ Orange, in Julienne geschnitten

Den Backofen auf 200 °C vorheizen. Eine runde Kuchenform von 24 cm Durchmesser mit starker Alufolie auskleiden, die Kanten über den Rand legen und die Folie mit Butter einfetten.

Schokolade und Butter in eine Metallschüssel geben und über einen Topf mit simmerndem Wasser setzen; der Schüsselboden soll das Wasser nicht berühren. Schokolade und Butter unter Rühren schmelzen, dann auf Zimmertemperatur abkühlen lassen.

Die Schokoladenmischung in eine große Schüssel füllen. Die Eigelbe mit einem Handrührgerät einzeln auf kleiner Stufe einrühren. Den Puderzucker in die Schüssel sieben und einrühren. Die gemahlenen Mandeln und die abgeriebene Orangenschale unterziehen. Danach in einer zweiten Schüssel das Eiweiß mit dem Salz steif schlagen. Ein Viertel des Eischnees unter die Schokoladenmischung heben, dann den Rest unterziehen. Die Masse in die Form füllen und 40 Minuten backen. Auf einem Drahtgitter abkühlen lassen, dann kalt stellen.

Für den Orangenschaum die Milch mit den Zitrusschalenstreifen in einem kleinen, schweren Topf bei niedriger bis mittlerer Temperatur zum Sieden bringen. Eigelb und Zucker in einer großen Schüssel mit dem Schneebesen verquirlen. Das Mehl gründlich einrühren. Langsam ein Drittel der heißen Milch unter ständigem Rühren dazugießen. Restliche Milch hinzufügen und alles gründlich vermischen. Wieder in den Topf geben und etwa 5 Minuten rühren, bis die Mischung eindickt. Vom Herd nehmen, die Zitrusschalenstreifen entfernen und den Grand Marnier sowie die abgeriebene Orangenschale einrühren. Die Orangenmasse in eine Schüssel füllen, mit einem Teigschaber glatt streichen und mit gebuttertem Pergamentpapier abdecken, damit sich keine Haut bildet. Abkühlen lassen, dann in den Kühlschrank stellen.

Für den Orangensirup den Zucker in einem kleinen, schweren Topf bei mittlerer Temperatur ohne Rühren erhitzen. Sobald er beinahe geschmolzen ist, rühren, bis man einen glatten, walnussbraunen Sirup erhält. Den Topf vom Herd nehmen. Für den nächsten Schritt die Hände unbedingt mit Ofenhandschuhen schützen. Das Wasser zum Sirup gießen und sogleich rühren. Die Orangenschalenstreifen dazugeben. Topf wieder auf den Herd stellen und den Sirup 1 Minute köcheln lassen, bis er leicht eingedickt ist. Vom Herd nehmen und völlig abkühlen lassen. Der Sirup sollte dabei gießfähig bleiben, daher nach dem Abkühlen eventuell mit einigen Tropfen Wasser verlängern.

Den kalten Kuchen an der überhängenden Folie aus der Form heben. Dies sollte rechtzeitig vor dem Servieren geschehen, damit die *torta* wieder Zimmertemperatur annimmt. Auf eine Kuchenplatte gleiten lassen, dafür eventuell einen breiten Spatel zur Hilfe nehmen.

Die Crème double steif schlagen und unter die Orangenmasse ziehen. Neben jedes Kuchenstück etwas Orangenschaum geben, mit Orangensirup beträufeln und mit Orangen-Julienne garnieren.

Vor der alten Kirche und dem Gutshaus von La Suvera steht im Innenhof ein filigranes eisernes Vogelhaus.

Insalata di gallina

Geflügelsalat

Feine Stifte von Knollensellerie in Kombination mit gemahlenen Walnüssen machen diesen Piemonteser Geflügelsalat zu einem ganz besonderen Genuss. Statt des Knollenselleries kann man auch in dünne Streifen geschnittenen Bleichsellerie verwenden.

FÜR 6 PERSONEN

1 große ganze Hühnerbrust (etwa 700 g)
Meersalz
1 kleine Knolle Sellerie, geschält und in 5 mm dicke Stifte geschnitten
4 TL frisch gepresster Zitronensaft
100 g gemahlene Walnüsse
6 EL (90 ml) natives Olivenöl extra
350 g Rucola, geputzt, gründlich gewaschen, gut abgetropft und in feine Streifen geschnitten

Die Hühnerbrust in einem großen Topf 3 cm hoch mit kaltem Wasser bedecken und Salz nach Geschmack hinzufügen. Das Wasser zum Kochen bringen und dann 15–20 Minuten simmern lassen, bis das Fleisch gar ist. Die Hühnerbrust auf eine Platte geben und abkühlen lassen.

Den Sellerie in einer großen Schüssel mit 2 TL Zitronensaft vermischen.

Die Hühnerbrust enthäuten, danach das Fleisch von den Knochen lösen und in 5 mm breite Streifen schneiden. Zusammen mit den gemahlenen Walnüssen und 3 EL (45 ml) Olivenöl zum Sellerie geben. Den Geflügelsalat mit Salz nach Geschmack würzen und behutsam durchmischen.

In einer großen Schüssel mit den restlichen 3 EL (45 ml) Olivenöl und den verbliebenen 2 TL Zitronensaft sowie Salz und Pfeffer nach Geschmack das Dressing zubereiten. Die Rucola darin wenden. Auf 6 Teller verteilen, dann den Geflügelsalat darauf anrichten und servieren.

Risotto alla contadina

Risotto nach Bauernart

Dieser gehaltvolle toskanische Risotto ergibt eine sättigende Hauptmahlzeit.

FÜR 4 PERSONEN

1 mittelgroße Zwiebel, gehackt
1 mittelgroße Möhre, gehackt
1 Stange Bleichsellerie, gehackt
1 mittelgroße Stange Lauch, geputzt, gründlich gewaschen und gehackt
2 l Hühner- oder Fleischbrühe, hausgemacht (Seite 187) oder instant
4 EL (60 ml) natives Olivenöl extra
250 g Hackfleisch vom Kalb
225 g Carnaroli- oder Arborio-Reis
Meersalz
80 g frisch geriebener Parmesan, dazu mehr zum Servieren

Zwiebel, Möhre, Bleichsellerie und Lauch auf ein Schneidbrett geben und alles zusammen sehr fein hacken.

Die Brühe in einem großen Topf erhitzen, bis sie zu simmern beginnt.

Das Olivenöl in einer mittelgroßen Kasserolle bei niedriger bis mittlerer Temperatur erhitzen. Das Gemüse darin etwa 10 Minuten dünsten, bis es gar ist.

Das Hackfleisch in die Kasserolle zu der Gemüsemischung geben, mit einer Gabel zerkrümeln und bei mittlerer Temperatur unter häufigem Rühren braten. Sobald das Fleisch sein rohes Aussehen verloren hat, den Reis dazugeben und ständig rühren, bis er glasig wird. 1 Schöpflöffel der Brühe hinzufügen und rühren, bis die Flüssigkeit vom Reis völlig aufgenommen ist. Weiter schöpflöffelweise Brühe dazugeben, bis der Reis nach etwa 25–30 Minuten beinahe gar ist. Den Risotto mit Salz nach Geschmack würzen. Den Herd abschalten und den Parmesan unterziehen.

Den Risotto sogleich servieren und in einer kleinen Schüssel weiteren Parmesan dazu reichen.

Zuppa di Zucca

Kürbissuppe

Auf ein sehr altes Piemonteser Rezept geht diese herzhafte Kürbissuppe zurück, die Ester Carnero für das Restaurant La Luna e i Falò in Canelli (Seite 37) zubereitet. Sie verwendet dafür eine Winterkürbis-Art, die in der Konsistenz wie auch in ihrem Geschmack an den Butternusskürbis erinnert.

FÜR 4 PERSONEN

90 g Butter
650 g Winterkürbis, in gut 1 cm große Würfel geschnitten
2 mittelgroße Möhren, geschält und in gut 1 cm große Würfel geschnitten
1 mittelgroße Zwiebel, in gut 1 cm große Würfel geschnitten
1 große Stange Bleichsellerie, in gut 1 cm große Würfel geschnitten
1 l Hühnerbrühe, hausgemacht (Seite 187) oder instant
Meersalz
100 g Schweizer Emmentaler, in 1 cm große Würfel geschnitten
4 TL frisch geriebener Parmesan

Die Butter in einem kleinen Topf zerlassen. Kürbis, Möhren, Zwiebel und Sellerie bei mittlerer bis hoher Temperatur braten; dabei häufig rühren, bis die Zwiebel nach etwa 7 Minuten Farbe angenommen hat. Die Brühe angießen und mit Salz nach Geschmack würzen. Zum Kochen bringen, dann bei verminderter Temperatur 1 Stunde ohne Deckel köcheln lassen.

Die Suppe in 4 Schalen füllen. Über jede Portion 2 EL der Emmentaler-Würfel und 1 TL Parmesan streuen. Vor dem Servieren noch 5 Minuten ruhen lassen.

VARIATION: Manchmal serviert Ester die *zuppa* mit selbst gemachten Croûtons. Dafür 1 leicht getrocknete Scheibe kerniges Weißbrot in Würfel schneiden und diese in Sonnenblumenöl goldbraun braten. Die Croûtons auf Küchenpapier abtropfen lassen und über die Suppe streuen.

FRÜHLING

GEMÜSE
Verdure

Artischocken, *carciofi*, sind die Blütenknospen einer Gartendistel. Der fleischige Blütenboden, der von Feinschmeckern besonders geschätzt wird, ist mit harten, spitz zulaufenden Hüllblättern umgeben, von denen nur die fleischigen Verdickungen am Ansatz essbar sind. Im Inneren der Knospe befinden sich neben dem ungenießbaren, flaumigen Heu zarte, blassgelbe Blätter. Die verbreiteten großen, kugeligen Artischocken sind nur eine von rund 50 Sorten, die weltweit angebaut werden. Artischocken guter Qualität sind fest und schwer; ihre tief getönten Außenblätter sollten starr und fest geschlossen sein und dürfen keine braunen Verfärbungen aufweisen. Ungewaschen und abgedeckt halten sie sich im Kühlschrank bis zu zwei Tage. Im Frühjahr und ein zweites Mal im Herbst haben Artischocken Hauptsaison.

Dicke Bohnen, *fave*, sind auch als Sau- oder Puffbohnen bekannt. Sie reifen in langen, grünen Hülsen. Nach dem Enthülsen müssen die Kerne – mit Ausnahme ganz junger Exemplare – abgezogen werden, denn die dicke Haut entwickelt unangenehme Gerbstoffe. Wählen Sie mittelgroße Hülsen, die kleinere Kerne mit feinerem Geschmack enthalten als große Exemplare. Blasse, schrumpelige oder teils schwarz verfärbte Hülsen sind Anzeichen für mindere Qualität. Zugedeckt lassen sich die ganzen Hülsen im Kühlschrank bis zu zwei Tage aufbewahren. Frische Dicke Bohnen sind vom späten Frühjahr bis in den Frühsommer auf dem Markt, getrocknet gibt es sie ganzjährig.

Erbsen, *piselli*, gehören zu den klassischen Frühjahrsboten. Halten Sie Ausschau nach festen, mittelgroßen Schoten von saftigem Grün, durch deren schimmernde Haut sich die runden Samen abzeichnen. Übergroße Exemplare mit allzu dicken Erbsen sind ebenso zu vermeiden wie schrumpelige oder stellenweise gelbe Hülsen. Erbsen sollte man möglichst bald nach der Ernte zubereiten, da sich ihr Zucker schnell in Stärke umwandelt, was einen mehligen Geschmack zur Folge hat. Einen Tag bleiben nicht gepalte Erbsen zugedeckt im Kühlschrank frisch; die Kälte verzögert die Zuckerumwandlung. Frische Erbsen bekommt man vom Frühjahr bis in den Frühsommer. Auf Bauernmärkten erhält man sie erntefrisch aus der näheren Umgebung.

Frühlingszwiebeln, *cipollotti*, sind kleine, vorzeitig geerntete Speisezwiebeln mit langen, grünen Blättern. Hinter ihrer dünnen, feuchten Haut verbirgt sich weiches, saftiges Fruchtfleisch, dessen liebliches Aroma deutlich milder ist als bei reifen Zwiebeln. Die Form ist rundlich oder länglich, das Farbspektrum reicht von Weiß bis Rosa. Frühlingszwiebeln eignen sich zum Rohverzehr, sind aber auch leicht gegrillt delikat. Feste Zwiebeln mit saftig grünen, knackigen Blättern sind Kennzeichen frischer Qualität. Bis zu zwei Wochen lassen sich Frühlingszwiebeln, lose abgedeckt, im Kühlschrank aufbewahren. Sie sind vom mittleren Frühjahr bis in den Frühsommer erhältlich.

Rucola lautet inzwischen auch der gängige deutsche Name für das Kraut, das früher einmal als Rauke bekannt war. Es gehört derselben botanischen Familie an wie etwa Kohl, Brunnenkresse und Radieschen. Die dunkelgrünen, stark gezahnten Blätter mit teils kräftigen Stielen besitzen in der Jugend einen aromatischen, leicht pikanten Geschmack, der mit der Zeit an Schärfe zunimmt. Kaufen Sie keine welken Blätter. Frisch angeschnitten, in ein Glas Wasser gestellt und durch einen Plastikbeutel geschützt, bleibt Rucola im Kühlschrank zwei Tage frisch. Vor der Zubereitung verlesen und gut waschen. Vom zeitigen Frühjahr bis Winterbeginn ist Rucola erhältlich.

Spargel, *asparagi*, kann bleistiftdünn bis daumendick sein. Allerdings liefert der Durchmesser keinen Hinweis auf Alter oder Qualität der Spargelstangen, sondern vielmehr auf das Alter der Beete, in denen sie jährlich neu sprießen. Neben dem nach wie vor besonders begehrten weißen Spargel gewinnt der im Mittelmeerraum sehr verbreitete grüne Spargel auch hierzulande zunehmend an Ansehen. Er hat ein herzhafteres Aroma, ist preisgünstiger und muss zudem meist nicht geschält werden. Grundsätzlich sollten Spargelstangen fest und knackig sein, geschlossene Köpfe haben und keine verfärbten Stellen aufweisen. Ein annähernd gleicher Durchmesser der Stangen garantiert gleichmäßiges Garen. In einem feuchten Tuch kann man sie im Kühlschrank zwei Tage lagern. Geerntet wird zwischen Anfang Mai und Ende Juni.

FRÜCHTE
Frutta

Erdbeeren, *fragole*, werden wegen ihres süßen, aromatischen Dufts und Geschmacks geschätzt. Warten Sie möglichst, bis es zwischen Mai und Juli Erdbeeren aus einheimischer Ernte gibt. Denn die Früchte sind sehr empfindlich und werden daher, wenn sie längere Transportwege vor sich haben, unreif geerntet. Den besten Genuss versprechen feste, pralle, glänzende Beeren mit gleichmäßig roter Farbe und intensivem Duft. Ein Indiz ist auch die Frische der Kelchblätter. Grüne Fruchtspitzen oder weiße Stellen bedeuten mangelnde Reife hin. Ungewaschen nebeneinander auf einen Teller gelegt und lose abgedeckt, halten sich Erdbeeren im Kühlschrank ohne größere Einbußen einen Tag.

PECORINO TOSCANO

Als Till Gelpke gerade eben sechs Jahre alt war, kam ein sardischer Schäfer mit seiner kleinen Herde nach San Casciano in Val di Pesa. Dort, unweit von Florenz, hatte Tills Vater zwei benachbarte Gehöfte gekauft. Beeindruckt von der landschaftlichen Schönheit des Chianti und seinen kulturellen Schätzen, hatte er mit seiner Familie die Schweizer Heimat verlassen und in der Toskana neue Wurzeln geschlagen.

Till half begeistert bei der Landarbeit mit. Er lernte schnell, die Olivenbäume zu beschneiden, beteiligte sich voll Eifer an der Weinbergpflege und der Traubenlese und freundete sich vor allem mit dem Schäfer an, der den Achtjährigen das Melken lehrte. Till war knapp über zwölf, als der Schäfer mit seinen Tieren weiterzog. Er ließ dem Jungen jedoch einige Schafe zurück, um die er sich von nun an alleine kümmerte. Mit 16 Jahren war sich Till seiner Sache dann ganz sicher: Er reiste nach Sardinien und kehrte mit 150 wertvollen Zuchtschafen zurück.

Inzwischen umfasst seine Herde 500 Tiere, die ihm mit ihrer Milch den Rohstoff für sein zwar kleines, aber umso feineres Käsesortiment liefern. Noch bis vor kurzem verkaufte er die Milch an Käsereien in Nachbarorten. Einer seiner Abnehmer, ein Meister der Zunft, gab sein Fachwissen und seine Erfahrungen bereitwillig an Till weiter, der daraufhin mit seiner eigenen Produktion begann. Zu Anfang beschränkte er sich auf den klassischen Pecorino toscano. Dieser überall in der Toskana hergestellte Käse – dessen Name sich von *pecora* ableitet, dem italienischen Namen für Schaf – besitzt einen eigenen, ganz unverwechselbaren Geschmack.

Till stellte Pecorino toscano zunächst in den Varianten *fresco* (ungereift) und *stagionato* (gereift) sowie Ricotta di pecora (Schafmilch-Ricotta) her. Mit wachsendem Know-how erweiterte er jedoch seine Produktlinie und entwickelte auch ungewöhnlichere Sorten mit Rosmarin und Knoblauch sowie zwei pikante Kreationen – die eine mit Chilischoten und die andere außerdem mit Petersilie und Knoblauch. Einer seiner größten Verkaufsschlager heißt wegen des schrumpeligen Aussehens *buccia di rospo*, übersetzt „Krötenhaut". Ursprünglich war diese Variante eine Fehlproduktion und wurde wegen ihres absonderlichen Äußeren billig abgegeben. Doch dann löste dieser Pecorino eine so rege Nachfrage aus, dass Till ihn fest in sein Programm aufnahm.

Heute beliefert Till Gelpke mehrere namhafte Restaurants und *enoteche* (Weinlokale) in Florenz. Darüber hinaus berät er als Experte für Pecorino toscano und für das bei seiner Herstellung entstehende Nebenprodukt, den köstlichen Ricotta di pecora, eine Anzahl von Chefköchen und Gastronomen.

Pecorino toscano e miele al forno

Gebackener Pecorino toscano mit Honig

Ideal für diese Delikatesse sind ein junger, noch weicher, aber aromatischer Pecorino toscano und ein mildwürziger Honig. Begleitet von knusprigem, kernigem Weißbrot wie *Pane toscano* (Seite 78) und einem Glas Chianti Classico, ist dies eine köstliche Nachspeise.

Den Pecorino in 1 cm dicke Scheiben schneiden und diese dachziegelartig in einer Lage in eine Gratinform geben. Mit dem Honig beträufeln und 6–7 Minuten im vorgeheizten Ofen bei 230 °C backen, bis der Käse weich wird und Blasen bildet, aber noch nicht gebräunt ist. Sogleich servieren.

Die für Pecorino toscano verwendete Schafmilch enthält viel Fett und ergibt einen entsprechend gehaltvollen Käse. Der junge Pecorino ist mittelweich und erinnert geschmacklich an frische Sahne. Nach einer gewissen Reifezeit entwickelt er eine festere Konsistenz und ein intensiveres Aroma. Viele italienische Feinkostgeschäfte und gute Käseläden führen inzwischen mehrere Sorten von Pecorino toscano in verschiedenen Reifegraden. Eine kleine Kostprobe erleichtert die Entscheidung. Pecorino toscano ist nicht zu verwechseln mit Pecorino romano, einem gereiften, leicht salzigen Käse, der meist gerieben verwendet wird. Wie jeder Käse sollte auch der Pecorino toscano beim Servieren Zimmertemperatur haben.

LA CASCINA POMERA

Selbst die Aussicht, dass sich in zwei Stunden mehrere Dutzend Personen in ihrem modernen Landgasthof einfinden, kann Gabriella Trisoglio nicht davon abhalten, zwischendurch in den Beeten hinter dem Haus etwas Unkraut zu jäten oder Holz für den Herd zu hacken. Selbstbewusst und geschickt bewältigt sie mehrere Aufgaben zugleich. Nachdem ihre Küche bei den Gästen gut angekommen war, hatte sie ihren Restaurantbetrieb erweitert – von ursprünglich zwölf Plätzen an einem einzigen Tisch auf mehr als 60 in zwei großen Speiseräumen.

Vignale Monferrato ist ein kleiner Ort im Basso Monferrato, einer Weinbauzone Piemonts gleich im Nordosten von Asti. Hier, wo Gabriella und ihr Ehemann Eugenio Baiano sich kennen lernten und einen Großteil ihres Lebens verbrachten, errichteten sie ein Bauernhaus und machten einen *agriturismo*-Betrieb auf: La Cascina Pomera. Der italienische Begriff *agriturismo* steht für das Konzept der „Ferien auf dem Bauernhof". Die Gäste finden eine zwanglose, heimelige Atmosphäre, wie sie kein Stadthotel bietet, und erhalten Einblick in das Leben auf einem italienischen Bauernhof, einem Land- oder Weingut. Manchmal können sie sich sogar aktiv beteiligen, indem sie bei der Oliven- oder Traubenernte helfen, beim Einmachen von Obst und Gemüse zur Hand gehen oder sich um das Kleinvieh kümmern. Die meisten *agriturismo*-Betriebe bieten ein einfaches italienisches Frühstück, andere auch Halb- oder Vollpension. Manche servieren Hausmannskost, die alle Gäste gemeinsam mit den Wirtsleuten und ihrer Familie einnehmen; andere dagegen bieten ihren Gästen den Rahmen eines kleinen Restaurants auf dem Land.

La Cascina Pomera gab Gabriella die Gelegenheit, ihre Kochkünste endlich richtig zu entfalten. Erste Erfahrungen auf diesem Gebiet hatte sie, wie die meisten Italienerinnen, unter der Anleitung ihrer Mutter erworben. Es war die traditionelle Küche des Monferrato, die sie dabei kennen lernte. Während sie später für ihre große Familie und Freunde kochte, regte sich die Idee, dies für einen größeren Kreis zu tun.

Menüs sind in La Cascina Pomera nicht vorgesehen. Bei Antipasti und einer Karaffe Barbera, der in dieser Gegend Piemonts erzeugt wird, können sich die Gäste geruhsam auf das Essen einstimmen. Zum Einstieg bietet Gabriella im Frühjahr beispielsweise in einem kleinen Napf etwas Sardellenbutter zu gerösteten Brotscheiben an. Oder es gibt aufgeschnittenen *fior di latte*, einen Kuhmilch-Mozzarella, den sie mit einer grünen Sauce aus Kopf- oder Blattsalat, Zwiebeln, Essig und Öl anrichtet. Natürlich hat sie das Gemüse dafür in ihrem *orto* gleich hinter dem Haus eben erst geerntet. Dann kommt plötzlich ein ganzer Schwung von Vorspeisen – mitunter bis zu zehn verschiedene – auf den Tisch, darunter oft eine Quiche mit Gemüse der Saison wie Spargel, Spinat oder Zuckererbsen. Des Weiteren umfasst das Repertoire eine luftig-leichte Käse-Mousse in Begleitung knusprig braun gebratener Polentaschnitten, zarte Mangoldkroketten, die

OBEN: *Gabriella und Eugenio, die in dem kleinen Ort Vignale Monferrato einen* agriturismo-*Betrieb aufgezogen haben, stammen beide aus Bauernfamilien.*
GEGENÜBER: *Durch eine Fensteröffnung zwischen Speiseraum und Küche sieht man Gabriella bei der Arbeit.*

GANZ OBEN: *Ein Kirschbaum im Monferrato.*
OBEN: Torta di Asparagi.
GEGENÜBER IM UHRZEIGERSINN VON OBEN LINKS: *Gabriellas Geschirrsammlung. Frische Schnittlauchröllchen als Garnierung für* Polenta con formaggio alla cipollina. *Hochzeits-, Geburts- und Todestage der Familienmitglieder werden auf der Tür eines alten Geschirrschranks festgehalten. Auf Wunsch bereitet Gabriella für ihre Gäste alles vor, was man für ein gelungenes Picknick braucht.*

Gabriella *fricciolini* nennt, sowie ein oder zwei Salate mit einem Stück ihrer *torta* – aufeinander geschichtete Crêpes mit Zwischenlagen aus Béchamelsauce, geschmolzenem Käse und Stückchen von gekochtem Schinken.

Zwischen Speiseraum und Küche gibt eine große, unverglaste Wandöffnung den Gästen die Chance, Gabriella ein paar ihrer geschickten Handgriffe abzuschauen. Umgekehrt hat sie auch die meisten Tische im Blick und kann so die Zubereitung ihrer Köstlichkeiten optimal einteilen. Sie genießt es, vor einem aufmerksamen Publikum ihre kulinarischen Fertigkeiten unter Beweis zu stellen. Im Handumdrehen walzt sie Pastateig zu langen Blättern aus, füllt und schneidet Ravioli oder stellt eine Quiche her. Jeder einzelne Griff sitzt, während sie eine verlockende Speise nach der anderen herrichtet.

Immer ist Pasta dabei, selbstverständlich hausgemacht und zubereitet mit dem Besten, was die jeweilige Saison zu bieten hat. Dazu gehört im Frühjahr fraglos der Spargel, ob als Zutat in einer Raviolifüllung oder, in Stücke geschnitten, in eine Pastasauce gemischt. Meist folgt als Hauptgang oder *secondo piatto* ein traditioneller Schmorbraten. Dazu reicht Gabriella als Beilage einen Salat, wie er frischer nicht sein könnte: Sie hat ihn erst kurz vor Ankunft der Gäste im Garten geerntet und das klassische italienische Dressing aus nativem Olivenöl extra, einem Schuss Weiß- oder Rotweinessig und einer Prise Salz im letzten Moment untergemischt.

Sohn Lorenzo ist zwar noch ein Teenager, aber schon ein erstklassiger Bäcker. Nach Gabriellas eigenem Rezeptbuch zaubert er so manches Dessert, wobei die *Torta di mais* bei den Gästen besonderen Anklang findet. Im Frühling mundet dieser goldbraune Maiskuchen zu frischen Erdbeeren, im Herbst zu warmem Apfelkompott.

Zwischen den Küchenarbeiten hilft Gabriella, die von Kindesbeinen an im Umgang mit landwirtschaftlichen Geräten und Maschinen geübt ist, Eugenio bei der Bewirtschaftung ihrer 24 Hektar Grund. Inzwischen vermieten die beiden darüber hinaus mehrere Zimmer und kleine Apartments in einem eben renovierten Bauernhaus gleich neben einer Scheune. Diese beherbergt zahlreiche alte Gegenstände – Geräte, Werkzeuge, Möbel, Küchenutensilien und Kleidung –, die einst für die Bauernfamilien der Umgebung typisch waren. Gabriella hat diese stattliche Sammlung zusammengetragen, um mit ihnen einmal ein Museum einzurichten.

Ein anderes Zukunftsprojekt hat sie vor einigen Jahren bereits realisiert: Sie pflanzte einen Obstgarten mit über 300 Apfelbäumen an, insgesamt 49 alte Sorten, die früher im Monferrato wuchsen. Alle Bäume tragen die Namen von Stiftern – Freunden, Familienmitgliedern oder Gästen –, die La Cascina Pomera wieder besuchen sollen, um an der Ernte teilzuhaben. Die ersten Früchte reiften 1999 pünktlich zur Jahrtausendwende, genau wie Gabriellas Plan es vorsah. Da sie rechtzeitig begonnen hatte, Apfelrezepte zu sammeln, würde es nicht wundern, wenn sie ihre Vorratskammer bereits mit den verschiedensten Apfelkonserven gefüllt hätte. Übrigens entstammt der Name Cascina Pomera dem Dialekt des Monferrato und bedeutet schlicht „Apfelfarm“. So gesehen passt hier nun wirklich alles zusammen.

Pane di rosmarino

Rosmarinzopf

Mehrmals pro Woche stellt Gabriella Brotteig in größeren Mengen her. Sie verarbeitet ihn zu Fladenbrot und einem langen Brotzopf, der mit frischem Rosmarin gewürzt ist. Der Teig ist schwer und braucht deshalb lange zum Gehen.

Ergibt 1 Zopf
1½ TL Trockenhefe
250 ml warmes Wasser (40–45 °C)
450–500 g Mehl
1½ TL Meersalz
4 EL (60 ml) natives Olivenöl extra
1 EL grob gehackte frische Rosmarinblättchen

In einer kleinen Schüssel die Hefe in 50 ml warmem Wasser verrühren, bis sie sich aufgelöst hat.

Für die Teigherstellung von Hand 250 g Mehl in eine große Schüssel geben. In die Mitte eine Mulde drücken und das Wasser mit der Hefe sowie die restlichen 200 ml Wasser, das Salz und das Olivenöl hineingeben. Diese Zutaten mit einem Holzlöffel verrühren und dann allmählich das Mehl einarbeiten, bis man einen sehr dicken Teig erhält. Auf ein Backbrett oder eine Arbeitsfläche geben und 10 Minuten kneten. Dabei weiteres Mehl einarbeiten, bis der Teig glatt und weich wird und nicht mehr klebt.

Für die Teigherstellung in einer leistungsstarken Küchenmaschine 350 g Mehl, die aufgelöste Hefe, das restliche Wasser, das Salz und das Olivenöl in die Rührschüssel geben. Alles mit den Rührbesen bei niedriger Geschwindigkeit vermischen. Die Knethaken einsetzen und die Maschine bei niedriger Geschwindigkeit weiter laufen lassen, dabei langsam Mehl hinzufügen, bis der Teig nicht mehr klebt. Noch 8 Minuten kneten, bis er ganz glatt ist.

Den Teig in eine große, gut eingeölte Schüssel geben und darin wenden, bis er gleichmäßig eingefettet ist. Die Schüssel mit einem Küchentuch abdecken und den Teig an einem warmen, zugfreien Ort 2 Stunden ruhen lassen – er soll auf das Doppelte aufgehen.

Den Teig auf die leicht bemehlte Arbeitsfläche geben und etwas flach drücken. Die Hälfte des Rosmarins aufstreuen, in den Teig drücken und diesen zweimal zusammenfalten. Wieder flach drücken, den restlichen Rosmarin aufstreuen und den Teig zusammenfalten. Sanft kneten, um den Rosmarin gleichmäßig zu verteilen, leicht mit Mehl bestäuben, in das Tuch einschlagen und 10 Minuten ruhen lassen.

Ein großes Backblech einölen. Den Teig in 3 gleiche Portionen teilen und jede zu einer 55 cm langen Rolle formen. Die Rollen direkt nebeneinander auf die Arbeitsfläche legen und zu einem Zopf flechten. Die Teigenden zusammendrücken, den Zopf auf das Backblech legen und die Enden sauber unterschieben. Den Zopf mit dem Tuch abdecken und 1–1½ Stunden ruhen lassen – er soll auf das Doppelte aufgehen.

30 Minuten vor Ende der Ruhezeit den Backofen auf 190 °C vorheizen.

Den Zopf auf der mittleren Schiene 25–30 Minuten backen, bis er hellbraun ist – er ist fertig, wenn er beim Klopfen gegen die Unterseite hohl klingt. Auf einem Drahtgitter abkühlen lassen.

Variation: Für *Panini di Rosmarino* (Rosmarinstangen) den Teig herstellen und mit Rosmarin würzen, wie im Rezept beschrieben. Nach der 10-minütigen Ruhezeit in 8 gleiche Portionen teilen und jede zu einer 40 cm langen Rolle formen. Dann die Rollen einmal zusammenlegen und zweimal verdrehen. Mit 5 cm Abstand auf ein großes, eingeöltes Backblech geben, mit einem Küchentuch abdecken und 1 Stunde ruhen lassen – sie sollen auf das Doppelte aufgehen. Im vorgeheizten Backofen 20–25 Minuten nach dem Rezept backen.

Focaccia al formaggio

Käse-Fladenbrot

Diese focaccia *ist eine Spezialität aus Recco, einem Küstenort in Ligurien. Gabriella stellt sie im Voraus her und serviert sie zimmerwarm. Traditionsgemäß verwendet man als Belag Stracchino, einen lombardischen Frischkäse aus Kuhmilch, der nach dem Abkühlen des Fladens weich bleibt. Ersatzweise eignet sich Taleggio beziehungsweise, wenn die* focaccia *heiß serviert wird, beinahe jede andere Käsesorte, etwa Mozzarella, Fontina d'Aosta oder Schweizer Emmentaler. Nach Belieben können Sie den Fladen mit Parmesan bestreuen und etwas Olivenöl darüber träufeln.*

Ergibt 2 Fladenbrote

1 Rezept *Pane di rosmarino* (linke Spalte), ohne Rosmarin
700 g Stracchino, in feine Scheiben geschnitten

Den Brotteig herstellen und 2 Stunden ruhen lassen, wie im Rezept links beschrieben.

Den Backofen auf 260 °C vorheizen. Zwei runde Pizzaformen von 35 cm Durchmesser einölen.

Den Teig auf einer leicht bemehlten Arbeitsfläche 2 Minuten kneten, um etwaige Luftblasen zu entfernen. Mit Mehl bestäuben, in ein

Küchentuch wickeln und an einem warmen, zugfreien Ort noch 10 Minuten ruhen lassen.

Den Teig in 2 gleiche Portionen teilen. Die eine mit dem Tuch abdecken, die andere zu einem Kreis von 35 cm Durchmesser ausrollen. In eine der Formen legen und die Hälfte des Stracchino darauf verteilen. 10–12 Minuten backen, bis der Käse Blasen bildet und die Unterseite goldbraun ist. Unterdessen die zweite *focaccia* wie beschrieben vorbereiten und backen. Heiß oder zimmerwarm servieren.

HINWEIS: Falls Sie die beiden Fladenbrote zusammen backen möchten, schieben Sie sie auf verschiedenen Höhen mit größerem Abstand in den Ofen und vertauschen Sie die Roste nach 8 Minuten.

Salsa di lattuga

Sauce aus grünem Salat

Zarter Kopf- oder Blattsalat liefert die Grundlage für eine milde grüne Sauce, die Gabriella über zart aromatischen aufgeschnittenen Käse gibt. Fior di latte, *ein Kuhmilch-Mozzarella, ist ihre erste Wahl für diesen Antipasto. Manchmal verwendet sie auch einen der milden frischen Ziegenkäse, die in Piemont hergestellt werden. Dazu serviert sie reichlich knuspriges Brot.*

ERGIBT 500 ML

1 mittelgroßer Kopfsalat oder entsprechende Menge Blattsalat, zerpflückt
3 EL gehackte Zwiebel
2 TL Aceto balsamico
1½ TL Meersalz
180 ml natives Olivenöl extra

Salat und Zwiebelstücke im Mixer fein hacken. Essig, Salz und Olivenöl hinzufügen und mixen, bis man eine glatte Sauce erhält.

Die Sauce mindestens 1 Stunde vor dem Servieren herstellen. In einem verschlossenen Gefäß hält sie sich im Kühlschrank 1 Woche.

Torta di asparagi

Spargel-Quiche

Gabriella bereitet diese knusprige Quiche, sobald im Frühjahr der Spargel reift. Sie mundet, warm oder auf Zimmertemperatur abgekühlt, als Vorspeise ebenso wie als leichte Hauptmahlzeit, zu der man dann einen grünen Salat reicht.

FÜR 6 PERSONEN

Für den Teig
160 g Mehl
60 g Butter, zimmerwarm
1 großes Ei, leicht verquirlt
3 EL Milch
Meersalz

Für die Spargelfüllung
400 g grüner Spargel, geputzt und gründlich gewaschen
Meersalz
30 g Butter
2 EL Mehl
250 g Ricotta
¼ TL frisch geriebene Muskatnuss
3 große Eier, leicht verquirlt

Für den Teig das Mehl in eine große Schüssel häufen und in die Mitte eine Mulde drücken. Butter, Ei, Milch und eine Prise Salz hineingeben und diese Zutaten mit einer Gabel verrühren – die Butter darf leicht klumpig bleiben. Allmählich das Mehl einarbeiten. Den Teig auf der Arbeitsfläche sanft kneten, bis er eine Kugel bildet. In Alufolie wickeln und mindestens 1 Stunde im Kühlschrank ruhen lassen.

Den Backofen auf 200 °C vorheizen.

Für die Füllung in einem großen Topf reichlich Wasser zum Kochen bringen und Salz nach Geschmack hinzufügen. Den Spargel darin 3–6 Minuten kochen, bis er eben gar ist. Herausnehmen und in kaltem Wasser abkühlen lassen. Abseihen und gut abtropfen lassen.

Die Butter in einem kleinen Topf bei mittlerer Temperatur zerlassen. Das Mehl einstreuen und rühren, bis die Mischung aufschäumt. Vom Herd nehmen und die Mehlschwitze abkühlen lassen.

Die Spargelköpfe abtrennen und beiseite legen. Die Stangen in 2 cm lange Stücke schneiden und in einer Schüssel mit dem Ricotta, der Mehlschwitze und Muskatnuss vermengen. Die Füllung mit Salz nach Geschmack würzen und die Eier unterziehen.

Auf der leicht bemehlten Arbeitsfläche zwei Drittel des gekühlten Teigs zu einem 28 cm großen Kreis von 3 mm Stärke ausrollen. Eine Springform von 24 cm Durchmesser damit auskleiden und den Teigboden mit einer Gabel mehrmals einstechen. Die Spargelfüllung in die Form geben, die Spargelköpfe darüber verteilen. Den restlichen Teig zu einem kleineren Kreis von 3 mm Stärke ausrollen. Mit einem gewellten Teigrädchen in 2 cm breite Streifen schneiden und diese gitterförmig über die Füllung legen. Die Quiche in 25–30 Minuten goldbraun backen. Auf einem Drahtgitter 10 Minuten abkühlen lassen.

Polenta con formaggio alla cipollina

Polenta mit Käse-Mousse

Diese Mousse schmeckt auch vorzüglich in Bleichsellerie gefüllt oder löffelweise in Endivienblätter gewickelt. Gabriella serviert sie gern zu gebratener Polenta, wobei sie im Winter den Schnittlauch durch geröstete Walnüsse ersetzt.

FÜR 8 PERSONEN

Für die Polenta
150 g grober gelber Maisgrieß
Meersalz

Für die Käse-Mousse
250 g Mascarpone
300 g Robiola piemonte
125 g Gorgonzola dolce
Meersalz und frisch gemahlener schwarzer Pfeffer
4 TL frische Schnittlauchröllchen

Sonnenblumenöl zum Braten

Die Polenta am Vortag oder zumindest einige Stunden im Voraus zubereiten. Dafür in einem großen, schweren Topf 950 ml Wasser zum Kochen bringen. Den Maisgrieß langsam und gleichmäßig aus der Hand in den Topf rieseln lassen und dabei ständig rühren. Sobald der gesamte Maisgrieß im Topf ist, die Hitze reduzieren und die Polenta unter ständigem Rühren 25–30 Minuten köcheln lassen, bis man einen sehr dicken Brei erhält, der sich vom Topfrand löst. Mit Salz abschmecken und vom Herd nehmen. Die Polenta in eine mit Wasser ausgespülte Kastenform von 12 x 24 cm füllen und mit einem Teigschaber glatt streichen. Völlig abkühlen lassen und zugedeckt über Nacht oder, zumindest bis sie erstarrt ist, in den Kühlschrank stellen.

Für die Käse-Mousse Mascarpone, Robiola und Gorgonzola in einer großen Schüssel mit dem Handrührgerät verquirlen, bis man eine luftige Mischung erhält. Mit Salz und Pfeffer abschmecken, den Schnittlauch unterrühren und die Mousse kalt stellen. (15 Minuten vor dem Servieren aus dem Kühlschrank nehmen.)

Eine schwere Pfanne mit hohem Rand gut 2 cm hoch mit Sonnenblumenöl füllen und dieses bei mittlerer Temperatur erhitzen. Die Polenta aus der Form stürzen, in etwa 1,5 cm dicke Scheiben schneiden und diese diagonal halbieren. Mehrere Stücke gleichzeitig ins heiße Öl geben und von beiden Seiten knusprig goldbraun braten. Auf Küchenpapier abtropfen lassen. Auf einer großen Servierplatte anrichten und die Käse-Mousse in einer Schüssel dazu reichen.

GEGENÜBER: Pollo in carpione.

Pollo in carpione

Gebratene und marinierte Hühnerbrust

Der Begriff in carpione *bezeichnet eine alte Konservierungsmethode, die sich auch für Fisch und Zucchini anwenden lässt. Als es noch keine Kühlschränke gab, wurden die so eingelegten Speisen in einem kühlen Keller oder einer kleinen Nische in einem Brunnen aufbewahrt.*

FÜR 6 PERSONEN

4 halbe Hühnerbrüste (etwa 500 g), enthäutet und entbeint
3 große Eier, leicht verquirlt
150 g feine getrocknete Semmelbrösel
Sonnenblumenöl zum Braten
Meersalz
3 mittelgroße Knoblauchzehen, gehackt
1 EL grob gehackte Salbeiblätter, nach Belieben mehr
1 kleine Möhre, geraspelt
6 EL (90 ml) Rot- oder Weißweinessig

Die Hühnerbrüste quer in feine Scheiben schneiden, ins Ei tauchen und in den Semmelbröseln wenden.

Eine schwere Pfanne mit hohem Rand gut 2 cm hoch mit Sonnenblumenöl füllen und dieses bei mittlerer Temperatur erhitzen. Mehrere Fleischscheiben gleichzeitig ins heiße Öl geben und, ohne zu wenden, braten, bis sie von beiden Seiten goldbraun sind. Mit einem Schaumlöffel herausnehmen, auf Küchenpapier abtropfen lassen und zuletzt mit Salz nach Geschmack bestreuen. Die restlichen Fleischscheiben genauso verarbeiten und in eine große Schüssel aus Glas, Steingut oder Porzellan geben. Das Öl in der Pfanne abkühlen lassen.

250 ml des Öls in einen kleinen Topf gießen und bei mittlerer Temperatur erhitzen. Knoblauch, Salbei, Möhre und etwas Salz einrühren. Sobald der Knoblauch Farbe annimmt, den Essig dazugießen und die Marinade 10 Sekunden kochen lassen. Das gebratene Fleisch damit übergießen und durchmischen. Vor dem Servieren mindestens 1 Stunde ziehen lassen; gelegentlich wenden. In einem fest verschlossenen Gefäß hält sich das Fleisch im Kühlschrank bis zu 4 Tage.

Ravioli con asparagi

Ravioli mit Spargelfüllung

Junger Spargel verbindet sich in diesem Rezept mit Ricotta zu einer feinen Füllung für Ravioli, die je zur Hälfte aus grünem und weißem Teig hergestellt werden. Reizvoll für das Auge wie für den Gaumen sind auch die Spargelstückchen, die in Knoblauchbutter geschwenkt und zuletzt unter die Ravioli gemischt werden.

Stellen Sie die Füllung vor dem Pastateig her, denn da zu trockener Teig nicht gut klebt, muss er sofort gefüllt werden, sobald er ausgerollt ist. Während Sie eine Teigportion verarbeiten, sollte der übrige Teig gut abgedeckt sein. In der Regel benutzt Gabriella ein Ravioli-Blech. Mit diesem Hilfsmittel lassen sich mehrere Ravioli auf einmal gleichmäßig füllen und schneiden.

FÜR 8 PERSONEN

Für die Spargelfüllung
250 g Ricotta
Meersalz und frisch gemahlener schwarzer Pfeffer
250 g plus 400 g grüner Spargel, geputzt und gründlich gewaschen
60 g frisch geriebener Grana padano
¼ TL frisch geriebene Muskatnuss
1 großes Ei, leicht verquirlt.

Für den weißen Pastateig
300 g Mehl
3 große Eier
1½ TL Wasser
Prise Meersalz

Für den grünen Pastateig
240 g Mehl
2 große Eier
1 TL Wasser
Prise Meersalz
1 EL gehackter gekochter Spinat, abgetropft und ausgedrückt

125 g Butter
¼ TL fein gehackter Knoblauch
125 g frisch geriebener Grana padano

Falls der Ricotta sehr feucht ist, ein Sieb in eine Schüssel hängen und den Käse darin 2–3 Stunden oder über Nacht im Kühlschrank abtropfen lassen.

OBEN: Gabriella verteilt die Ravioli-Füllung mit einem Spritzbeutel. RECHTS: Mit dem Teigrädchen werden die Ravioliränder sauber beschnitten. UNTEN: Zuletzt müssen die Ravioli kurz trocknen. UNTEN RECHTS: Fertige Ravioli.

In einem großen Topf reichlich Wasser zum Kochen bringen und Salz nach Geschmack hinzufügen. 250 g Spargel hineingeben und 3–6 Minuten kochen, bis er weich ist. Mit einem großen Schaumlöffel herausheben – das Kochwasser nicht weggießen – und in einer Schüssel mit kaltem Wasser völlig abkühlen lassen. Abseihen und auf einem Küchentuch gründlich abtropfen lassen. Den Spargel fein hacken und in einer großen Schüssel mit dem Ricotta, dem Grana padano und Muskatnuss vermischen. Die Füllung mit Salz und Pfeffer abschmecken und zuletzt das Ei unterziehen. Für mindestens 1 Stunde in den Kühlschrank stellen.

Das Spargelwasser wieder zum Kochen bringen und die restlichen 400 g Spargel in 3–6 Minuten bissfest garen. Mit einem großen

Schaumlöffel herausheben und in einer Schüssel mit kaltem Wasser völlig abkühlen lassen. Abseihen, auf einem Küchentuch abtropfen lassen und in gut 1 cm lange Stücke schneiden. Beiseite stellen.

Den weißen und den grünen Pastateig aus den angegebenen Zutaten separat herstellen, wie auf Seite 188 beschrieben. Die Nudelmaschine vorbereiten. 3 Tabletts oder Backbleche mit Küchentüchern auslegen und mit Mehl bestäuben.

Den weißen Teig in 3, den grünen Teig in 2 gleich große Portionen teilen. Den Teig mit der Maschine kneten, wie auf Seite 188 beschrieben. Nach der dortigen Anleitung weiter verfahren: Die Teigportionen einzeln ausrollen, bis die feinste Einstellung der Maschine erreicht ist. (Bei Verwendung eines Ravioli-Blechs sollten die Teigblätter idealerweise doppelt so lang wie das Blech sein.) Sobald ein Teigblatt fertig ist, wird es sogleich verarbeitet.

Das Teigblatt längs zur Hälfte auf das leicht bemehlte Ravioli-Blech legen, die andere Hälfte des Teigblatts liegt auf der Arbeitsfläche. Den Teig vorsichtig in die Form drücken. In jede Mulde ¾ TL der Spargelfüllung setzen. Einen Backpinsel in Wasser tauchen und den Teig rings um die Füllungen leicht anfeuchten. Die freie Hälfte des Teigblatts über das Blech schlagen. Mit einem Nudelholz mehrmals darüber rollen, um die Teigränder gründlich zu versiegeln und die Ravioli voneinander zu trennen. Die Ravioli aus der Form nehmen – die abgeschnittenen Teigreste können bei anderer Gelegenheit als Suppeneinlage verwertet werden –, auf ein vorbereitetes Tablett legen und mit einem Küchentuch abdecken, bis auch die restlichen Teigportionen verarbeitet sind. (Falls kein Ravioli-Blech zur Verfügung steht, ein Teigblatt auf die bemehlte Arbeitsfläche legen. Auf die eine Hälfte in gleichmäßigem Abstand Häufchen aus ¾ TL der Spargelfüllung setzen. Den Teig um die Füllungen anfeuchten. Die andere Teigblatthälfte behutsam darüber legen und den Teig um die Füllungen andrücken. Mit einem Teigrädchen die Ravioli ausschneiden.)

In einem sehr großen Topf mit mindestens 8 l Fassungsvermögen reichlich Wasser zum Kochen bringen und Salz nach Geschmack hinzufügen. Die Ravioli vorsichtig hineingleiten lassen. Einen Deckel auflegen, bis das Wasser erneut aufwallt. Den Deckel wieder abnehmen und die Ravioli in 4–5 Minuten *al dente* garen, dabei gelegentlich vorsichtig umrühren.

Unterdessen in einer Pfanne, die für die Ravioli ausreichend Platz bietet, die Butter zerlassen. Den Knoblauch darin anbraten. Die Spargelstücke dazugeben und in der Butter unter Rühren erhitzen.

Die fertig gegarten Ravioli mit einem großen Schaumlöffel aus dem Wasser heben, gut abtropfen lassen und in die Pfanne geben. Mit dem Grana padano bestreuen und alles bei niedriger Temperatur vorsichtig durchmischen, bis der Käse geschmolzen ist. Die Ravioli auf einer großen Platte anrichten und sogleich servieren.

Maiale al latte

Schweinebraten in Milch

Bei diesem Rezept schmort der Braten langsam in Milch und Wein. Dieser Piemonteser Klassiker ist ein fester Bestandteil von Gabriellas Repertoire.

FÜR 4 PERSONEN

1,5 kg Schweinelende ohne Knochen
4 EL (60 ml) natives Olivenöl extra
1 Rosmarinzweig
1 Salbeistengel
1 Lorbeerblatt
2 Wacholderbeeren, zerdrückt
1 Knoblauchzehe, gehackt
Meersalz und frisch gemahlener schwarzer Pfeffer
125 ml trockener Weißwein
750 ml Milch

Den Backofen auf 180 °C vorheizen.

Die Schweinelende mit Küchengarn wie einen Braten binden, sofern dies nicht bereits der Fleischer getan hat. Das Olivenöl in einer großen, schweren, ofenfesten Kasserolle bei mittlerer Temperatur erhitzen. Das Fleisch mit dem Rosmarin, dem Salbei, dem Lorbeerblatt und den Wacholderbeeren hineingeben und ringsum anbräunen, dann den Knoblauch hinzufügen. Das Fleisch mit Salz und Pfeffer nach Geschmack würzen. Sobald der Knoblauch Farbe annimmt, den Weißwein über den Braten gießen und bei hoher Temperatur zur Hälfte verkochen lassen. Danach die Milch darüber gießen und bis zum Siedepunkt erhitzen. Nun die Kasserolle zugedeckt auf der mittleren Schiene in den Ofen schieben. Den Braten 1½–2 Stunden schmoren, dabei alle 20 Minuten wenden, bis das Fleisch ganz zart ist und wie auch der Fond eine nussbraune Farbe angenommen hat.

Den Braten aus der Kasserolle nehmen und auf einem Fleischbrett mit Alufolie abdecken. Den Fond durch ein Sieb geben, entfetten und wieder in den Topf gießen. Bei mittlerer bis hoher Temperatur leicht einkochen lassen, dann nochmals abschmecken. Den Braten aufschneiden, mit etwas Sauce überziehen und servieren.

Torta di mais

Maiskuchen

Dass Gabriellas goldgelbe Torta di mais *im Geschmack und in der Konsistenz leicht an Nusskuchen erinnert, liegt an dem groben, in der Steinmühle gemahlenen Maismehl. Der Kuchen ist im Nu gemacht, zumal die Form nicht gebuttert und eingemehlt werden muss. Sie kann nach Belieben rund, eckig oder kastenförmig sein – manchmal nimmt Gabriella sogar eine Rehrückenform.*

Im Frühjahr und Sommer bilden frisch gepflückte, süße Beeren eine wunderbare Ergänzung, während Gabriella ihre torta *im Herbst mit warmem Apfelkompott serviert. Dafür dünstet sie geschälte und gehackte Äpfel in einem verschlossenen Topf mit 1–2 EL Wasser und einem Streifen Zitronenschale, bis sie gerade eben weich sind. Zuletzt kommt etwas Zucker darüber. Sobald er sich aufgelöst hat, ist das Kompott fertig.*

FÜR 6 PERSONEN

180 g Mehl
180 g grob gemahlenes Maismehl
150 g Zucker
2 TL Backpulver
1 großes Ei, leicht verquirlt
180 ml Milch
6 EL (90 ml) Sonnenblumenöl

Den Backofen auf 200 °C vorheizen. Eine Kastenform von 12 x 24 cm mit Pergamentpapier auskleiden – es soll an den Rändern mindestens 3 cm überstehen.

Mehl, Maismehl, Zucker und Backpulver in einer großen Schüssel gründlich vermengen. In einer zweiten Schüssel Ei, Milch und Öl verrühren und zur Mehlmischung geben. Mit einem Teigspatel die flüssigen und trockenen Zutaten vermischen, jedoch keinesfalls zu lange rühren. Den Teig in die vorbereitete Form gießen.

Den Kuchen auf der mittleren Schiene in 50–55 Minuten goldbraun backen – er ist fertig, wenn ein in die Mitte eingestochener Zahnstocher sauber herauskommt. Die Form 10 Minuten auf einem Drahtgitter abkühlen lassen. Den Kuchen am überstehenden Papier aus der Form heben und auf dem Gitter erkalten lassen. Die Papierhülle erst vor dem Servieren abnehmen.

VARIATION: Manchmal mischt Gabriella zuletzt noch 50 g Korinthen oder Sultaninen in den Teig. Sie werden zuvor 10 Minuten in einer kleinen Schüssel mit heißem Wasser eingeweicht, abgeseiht und mit Küchenpapier trockengetupft.

Gabriellini

Zarte Butterplätzchen

Die Plätzchen sind so leicht und zart, dass sie auf der Zunge zergehen.

ERGIBT ETWA 50 PLÄTZCHEN

4 große Eier, zimmerwarm
200 g Mehl
150 g Kartoffelstärke
80 g Puderzucker, dazu etwas mehr zum Bestäuben (nach Belieben)
125 g Butter, zimmerwarm

Die Eier in einem mittelgroßen Topf 5 cm hoch mit kaltem Wasser bedecken. Einmal aufkochen und dann bei verminderter Temperatur 9 Minuten simmern lassen. Mit einem Schaumlöffel aus dem Topf nehmen und in einer Schüssel mit Eiswasser abkühlen lassen. Schälen, halbieren, das Eigelb herauslösen und durch ein Sieb streichen – das Eiweiß für eine anderweitige Verwendung beiseite legen.

Mehl, Kartoffelstärke und Puderzucker dreimal zusammen durchsieben. In eine große Schüssel häufen und in die Mitte eine Mulde drücken. Die Butter hineinschneiden, das Eigelb dazugeben und beide Zutaten mit den Fingerspitzen vermischen. Dann die Mehlmischung einarbeiten. Den Teig auf ein Backbrett oder eine Arbeitsfläche legen und vorsichtig kneten, bis er sehr glatt ist. Etwas flach drücken, in Klarsichtfolie wickeln und 1 Stunde im Kühlschrank ruhen lassen.

Den Backofen auf 180 °C vorheizen. 3 Backbleche mit Pergament- oder Backpapier auslegen.

Das Backbrett oder die Arbeitsfläche leicht mit Mehl bestreuen. Den Teig in 4 gleiche Portionen teilen und diese nacheinander 5 mm dick ausrollen. Plätzchen in einer beliebigen Form von etwa 5 cm Durchmesser ausstechen und mit einem Metallspatel in Abständen von 3 cm auf die Backbleche legen. Die Teigreste nochmals verkneten und ausrollen. Die Bleche einzeln auf der mittleren Schiene für 12–14 Minuten in den Ofen schieben, bis die Plätzchen am Rand goldbraun sind. Die Plätzchen auf Drahtgittern abkühlen lassen und zuletzt nach Belieben mit Puderzucker bestäuben.

GEGENÜBER: Torta di mais, *in verschiedenen Formen gebacken.*

CASTELLO IL CORNO

Contessa Maria Giulia Frova entspricht ganz dem Bild einer jungen italienischen Frau der heutigen Zeit. Man kann sie durchaus als karrierebewusst bezeichnen; sie ist unabhängig und dynamisch – eine moderne Gräfin, die am liebsten einfach nur Giulia genannt wird. Zugleich aber fühlt sie sich auch den alten Traditionen ihrer Familie eng verbunden. Giulia lebt und arbeitet in San Casciano in Val di Pesa. Hier, in einem besonders malerischen Teil des Chianti, liegt das Gut ihrer Familie. Das Castello Il Corno ist ein vornehmer, im Stil der Renaissance erbauter toskanischer Herrensitz mit nicht weniger als 50 Räumen. Die Anlage umschließt den Turm eines Kastells, das im 13. Jahrhundert von der Familie del Corno errichtet wurde.

Das Besitztum wurde im Jahr 1911 von den Frova erworben und kam an Giulias Großmutter, Contessa Paula Aroni di Arona, als diese schon in jungen Jahren Witwe wurde. Sehr couragiert und pflichtbewusst übernahm sie nun selbst die Verwaltung des großen Gutes, das damals von Halbpächtern, sogenannten *mezzadri*, bewirtschaftet wurde. Zur gleichen Zeit baute sie aber auch eine Privatklinik in Florenz auf, die sie zudem noch persönlich führte. Voll Bewunderung erinnert sich Giulia an ihre Großmutter, die eine für die damalige Zeit ungewöhnliche Frau war.

Heute ist das Castello Il Corno mit seinen mehr als 200 Hektar Grund ein stattliches Weingut. Die Leitung haben Giulias Vater und ihre Tante, Conte Antonio und Contessa Maria Teresa Frova, gemeinsam inne, während Giulia mit den kaufmännischen Angelegenheiten betraut ist. Neben typischen Weinen der Chianti-Zone wird auf Il Corno auch ein ganz vorzügliches Olivenöl abgefüllt, das man noch nach traditioneller toskanischer Methode aus den handgepflückten Früchten von beinahe 10 000 Olivenbäumen gewinnt. Eine weitere Einnahmequelle bilden die inzwischen geschaffenen Unterkünfte für Übernachtungsgäste, die auch ein Frühstück bekommen.

Nach dem Vorbild ihrer Großmutter, die sehr gesellig war und gutes Essen ebenso zu schätzen wusste wie feinen Wein, lädt Giulia trotz ihrer zahlreichen Aufgaben und Verpflichtungen oft Verwandte und Freunde ein. Dabei wählt sie in der Regel ein spezielles Thema, nach dem sie die Einladung gestaltet, etwa den Abschluss der *vendemmia,* der Weinlese, das erste Abfüllen des köstlichen neuen Olivenöls oder die sogenannte *primizie,* die erste Ernte des jungen Gemüses und Obstes der jeweiligen Jahreszeit. Giulia versteht sich sehr gut darauf, aus diesen saisonalen Ereignissen ein kleines oder großes Fest für ihre Gäste zu machen, bei dem auch immer die traditionelle toskanische Küche eine wichtige Rolle spielt.

OBEN: *Contessa Maria Giulia schneidet die grünen Tomaten für ihre* Marmellata di pomodori verdi. GEGENÜBER: *Zu Pecorino toscano bildet diese Marmelade eine aparte Ergänzung.*

IM UHRZEIGERSINN VON OBEN LINKS:
Eine Straße auf dem Gutsgelände. Salvia fritta – *gebratene Salbeiblätter mit Sardellenfüllung. Suppe von Hülsenfrüchten und Getreide mit Garnelen. Giulia mit Freunden bei der Zubereitung von Frühlingspizzas. Ein Stück* Pizza di stagione.

LINKS: *Wer auf dem Gut jagen will, braucht dafür eine Genehmigung.*

RECHTS: *Das Castello Il Corno kann auf eine lange, stolze Geschichte zurückblicken.*

Salvia fritta

Gebratene Salbeiblätter mit Sardellenfüllung

FÜR 6 PERSONEN

36 große Salbeiblätter
9 Sardellen in Salz, filetiert (Seite 14)
1 großes Ei
Natives Olivenöl extra zum Braten
Meersalz

Die Hälfte der Salbeiblätter mit der Unterseite auf ein Tablett oder Backblech legen. Je 1 Sardellenfilet auf jedes dieser Salbeiblätter geben. Die restlichen Salbeiblätter mit der Oberseite nach unten darauf legen und fest andrücken. Die Salbeipäckchen mit einem zweiten Backblech beschweren. 15 Minuten ruhen lassen.

Das Ei in einer flachen Schüssel leicht verquirlen und die Hälfte der Salbeipäckchen hineingeben.

Eine große, schwere Pfanne gut 1 cm hoch mit Olivenöl füllen und bei mittlerer Temperatur erhitzen. Die Salbeipäckchen einzeln aus dem Ei nehmen, über dem Teller abtropfen lassen und ins heiße Öl geben. Knusprig goldbraun braten, dabei nur einmal wenden. Unterdessen die zweite Hälfte der Salbeipäckchen ins verquirlte Ei legen. Die fertigen Salbeipäckchen auf Küchenpapier abtropfen lassen und die zweite Hälfte genauso braten. Nach Belieben mit Salz bestreuen und sogleich servieren.

Insalata di fave

Salat von Dicken Bohnen und Pecorino toscano

Ganz junge Dicke Bohnen sind so zart, dass die Toskaner sie am liebsten roh essen. Kombiniert mit Pecorino toscano, dem Schafkäse dieser Region, ergeben sie einen leckeren Salat.

FÜR 4 PERSONEN

300 g Rucola, gewaschen und zerpflückt
300 g grüner oder roter Kopf- oder Eichblattsalat, zerpflückt
125 g junger Pecorino toscano, in feine Scheiben geschnitten
700 g zarte, junge Dicke Bohnen, ausgepalt
Meersalz und frisch gemahlener schwarzer Pfeffer
4 EL (60 ml) natives Olivenöl extra

Rucola und Salat in einer großen, flachen Schüssel behutsam vermischen und bis zur Verwendung in den Kühlschrank stellen.

Den Pecorino auf den Salat geben und die Bohnenkerne darauf verteilen. Mit Salz nach Geschmack würzen, reichlich schwarzen Pfeffer darüber mahlen und das Ganze mit Olivenöl beträufeln. Vorsichtig durchmischen und sogleich servieren.

VARIATION: Im Herbst und Winter lässt sich der Salat gut mit dünnen Apfelschnitzen anstelle von Dicken Bohnen zubereiten. Wählen Sie einen knackigen, leicht säuerlichen Apfel. Dazu passt etwa 6 Monate gereifter Pecorino toscano mit einer schon etwas pikanteren Note. Da Äpfel schnell dunkel anlaufen, den Salat sogleich servieren.

Pizza di stagione

Frühlingspizzas

Als Giulia in Florenz zufällig Alessandro Masini traf, beschloss sie spontan, für den nächsten Mittag ein Essen mit einigen Freunden zu organisieren. Alessandro, der in der Stadt eine Pizzabäckerei betreibt, versprach zu kommen und Frühlingspizzas zu machen. Giulia steuerte Wein und Olivenöl von Il Corno bei. Was sonst noch benötigt wurde, brachte Alessandro mit. Da der Sommer vor der Tür stand, gab es schon saftige, aromatische Strauchtomaten. Alessandro backte zunächst alle Pizzaböden und ließ sie abkühlen. Weicher Schafkäse-Ricotta, Tomatenstücke und eine Hand voll frisches Basilikum kamen auf eine der Pizzas. Eine andere wurde mit frischem Mozzarella, Tomaten und fein aufgeschnittenem Speck belegt – magerer Räucherspeck aus Südtirol ist inzwischen in ganz Italien zum beliebten Pizzabelag avanciert – und darauf häufte

Alessandro noch grob gehackte Rucola. Zuletzt wurden die Pizzas mit Olivenöl beträufelt und wie eine Torte aufgeschnitten. Da alle beim Belegen halfen, kamen verschiedene Kompositionen heraus, und die Party wurde ein voller Erfolg.

Ergibt zwei Pizzas

Für den Pizzateig
4 TL Trockenhefe
3 TL Zucker
500 ml warmes Wasser (40 – 45 °C)
700 g Mehl
2 TL Meersalz
60 g festes Pflanzenfett (Backfett)
1 TL natives Olivenöl extra

Für den Tomaten-Ricotta-Belag
4 mittelgroße Tomaten, die Samen entfernt und das Fruchtfleisch in 2 cm große Stücke geschnitten
300 g Ricotta
Meersalz und frisch gemahlener schwarzer Pfeffer
15 g Basilikumblätter, grob gehackt
Natives Olivenöl extra zum Beträufeln

Für den Speck-Rucola-Belag
450 g frischer Mozzarella, in feine Scheiben geschnitten
3 mittelgroße Tomaten, die Samen entfernt und das Fruchtfleisch in feine Scheiben geschnitten
Meersalz und frisch gemahlener schwarzer Pfeffer
2 TL fein gehackter frischer Oregano oder 1 TL getrockneter Oregano
100 g Südtiroler Speck, in sehr dünne Scheiben geschnitten
150 g Rucola, gewaschen und zerpflückt
Natives Olivenöl extra zum Beträufeln

Den Backofen auf 220 °C vorheizen. Zwei runde Pizzaformen von 35 cm Durchmesser einölen.

In einer kleinen Schüssel die Hefe und den Zucker in 100 ml warmem Wasser verrühren, bis beides aufgelöst ist. 600 g Mehl auf eine Arbeitsfläche oder ein Backbrett häufen und in die Mitte eine Mulde drücken. Das Wasser mit der Hefe, die restlichen 400 ml Wasser, das Salz, das Pflanzenfett und das Olivenöl hineingeben. Diese Zutaten mit den Fingerspitzen gründlich vermischen – das Fett darf leicht klumpig bleiben. Allmählich so viel Mehl einarbeiten, dass man einen weichen, zusammenhängenden Teig erhält. Das übrige Mehl beiseite schieben. Den Teig 5 Minuten kneten, bis er glatt und geschmeidig ist. Falls er sich noch klebrig anfühlt, etwas mehr Mehl einarbeiten.

Den Teig in eine große, gut eingeölte Schüssel legen und darin wenden, bis er gleichmäßig eingefettet ist. Die Schüssel mit einem Küchentuch abdecken und den Teig an einem warmen, zugfreien Ort 15 Minuten ruhen lassen. Den Teig zusammenschlagen, auf die leicht bemehlte Arbeitsfläche geben und 1 Minute kneten, um etwaige Luftblasen zu entfernen. In das Tuch einschlagen; 5 Minuten ruhen lassen.

Den Teig in 2 gleich große Portionen teilen. Die eine mit dem Tuch abdecken, die andere zu einem Kreis von 35 cm Durchmesser ausrollen. In eine Pizzaform legen und gleichmäßig mit einer Gabel einstechen. Die Pizza 15 Minuten backen, bis sie hellbraun ist; auf einem Drahtgitter abkühlen lassen. Inzwischen die zweite Pizza vorbereiten und backen. Die Pizzas erst kurz vor dem Servieren belegen.

Für den Tomaten-Ricotta-Belag die Tomatenstücke gleichmäßig auf die eine Pizza geben. Den Ricotta zerkrümeln und darüber verteilen. Mit Salz und Pfeffer nach Geschmack würzen, mit gehacktem Basilikum bestreuen und mit Olivenöl beträufeln.

Auf die zweite Pizza dachziegelartig die Mozzarella-Scheiben und darauf die Tomatenscheiben legen. Mit Salz und Pfeffer nach Geschmack würzen; Oregano darüber streuen. Das Ganze mit Speck belegen und die Rucola darauf verteilen. Mit Olivenöl beträufeln.

Dicke Bohnen und Pecorino toscano, angerichtet auf Rucola und Blattsalat.

Zuppa alla Giulia

Suppe von Hülsenfrüchten und Getreide mit Garnelen

Giulia gibt ungeschälte Garnelen verschiedener Größe an ihre herzhafte Suppe aus mehreren Sorten Bohnen und Getreide. Unter anderem enthält sie Dinkel, eine sehr alte Kulturform des Weizens. Die Garnelenschalen verleihen der Suppe zusätzlichen Geschmack und verhindern zugleich, dass das zarte Fleisch austrocknet. Diese Vorzüge machen die kleine Mühe, die Garnelen bei Tisch zu schälen, allemal wett.

FÜR 8 PERSONEN

Je 75 g getrocknete Cannellini, getrocknete Borlotto-Bohnen, getrocknete Kichererbsen, getrocknete Linsen und Dinkel, in einzelnen Schüsseln 3 cm hoch mit kaltem Wasser bedeckt und über Nacht eingeweicht
60 g Perlgraupen, 3 cm hoch mit kaltem Wasser bedeckt und über Nacht eingeweicht
6 EL (90 ml) natives Olivenöl extra, dazu mehr zum Beträufeln
2 kleine Frühlingszwiebeln, geputzt und grob gehackt
2 mittelgroße Knoblauchzehen, in Scheiben geschnitten
1 kleine, scharfe rote Chilischote
3 EL trockener Weißwein
3 große Dosentomaten, grob gehackt
1,25 l Fleisch- oder Gemüsebrühe, hausgemacht (Seite 187) oder instant
Meersalz und frisch gemahlener schwarzer Pfeffer
250 g vorwiegend fest kochende Kartoffeln, geschält und in gut 1 cm große Würfel geschnitten
2 mittelgroße Möhren, in 1 cm große Würfel geschnitten
500 g sehr kleine, kleine und mittelgroße Garnelen, möglichst ungeschält
1 EL gehackte glatte Petersilie

Alle Bohnen- und Getreidesorten in einem großen Durchschlag abtropfen lassen. Das Olivenöl in einem großen Topf bei niedriger Temperatur erhitzen. Frühlingszwiebeln mit Knoblauch und Chilischote braten, bis die Zwiebeln glasig sind. Den Wein hinzufügen und bei mittlerer Temperatur fast ganz reduzieren. Die Tomaten dazugeben und 2 Minuten garen. Bohnen und Getreide, Brühe, 1,25 l Wasser, eine Prise Salz und Pfeffer nach Geschmack hinzufügen. Alles einmal aufkochen und ohne Deckel 1 Stunde köcheln lassen, dabei gelegentlich rühren. Kartoffeln und Möhren in den Topf geben und die Suppe noch 1 Stunde köcheln lassen, bis Hülsenfrüchte, Getreide und das gesamte Gemüse richtig gar sind und die Suppe eingedickt ist. Mit Salz abschmecken und die Chilischote entfernen.

Unmittelbar vor dem Servieren die Suppe wieder zum Kochen bringen. Die mittelgroßen Garnelen hineingeben und zugedeckt 2 Minuten garen. Dann die kleinen Garnelen und nach weiteren 2 Minuten die sehr kleinen Garnelen hinzufügen. Nach 2 Minuten die Petersilie einrühren und die Suppe sogleich servieren. Eine Karaffe mit nativem Olivenöl extra zum Beträufeln auf den Tisch stellen.

Baccalà alla Livornese

Stockfisch mit Tomaten und Basilikum

Gesalzener und an der Luft getrockneter Kabeljau ist als Stockfisch (eigentlich Klippfisch) im Handel. Er muss ausgiebig gewässert und entsprechend rechtzeitig eingekauft werden. Giulia bereitet ihn nach einem überlieferten Rezept zu.

FÜR 6 PERSONEN

700 g Stockfisch, 24 Stunden in kaltes Wasser gelegt, das häufig erneuert werden muss
Natives Olivenöl extra zum Braten, plus 3 EL (45 ml) für die Sauce
Mehl nach Bedarf
3 mittelgroße Knoblauchzehen
750 ml Dosentomaten, abgetropft und der Saft aufgefangen
1 kleine, scharfe rote Chilischote
Meersalz und frisch gemahlener schwarzer Pfeffer
8 mittelgroße Basilikumblätter, in Hälften zerpflückt, dazu ganze Basilikumblätter zum Garnieren (nach Belieben)

Den Stockfisch mit Küchenpapier trocken tupfen und in 6 x 8 cm große Stücke schneiden. Eine große Pfanne gut 1 cm hoch mit Olivenöl füllen und bei mittlerer Temperatur erhitzen. Die Fischstücke einzeln in Mehl wenden und portionsweise im heißen Öl von beiden Seiten knusprig goldbraun braten. Mit einem Schaumlöffel herausnehmen und auf Küchenpapier abtropfen lassen.

Den Backofen auf 200 °C vorheizen.

In einem großen Schmortopf 3 EL Olivenöl erhitzen und den Knoblauch braten, bis er Farbe annimmt. Tomaten, Chilischote sowie Salz und Pfeffer nach Geschmack hinzufügen. Alles 15 Minuten köcheln lassen, dabei die Tomaten mit einem Holzlöffel zerdrücken. Falls die Sauce zu dick wird und am Topfboden ansetzt, etwas vom Tomatensaft dazugeben; die zerpflückten Basilikumblätter unterrühren.

Die Fischstücke nebeneinander in einen etwa 22 x 30 cm großen Bräter legen. Mit der Sauce überziehen und 25 Minuten backen. Nach Belieben mit ganzen Basilikumblättern garnieren. Sofort servieren.

Im Frühjahr blühen und reifen die Erbsen im Gemüsegarten des Castello Il Corno.

Piselli in padella

Erbsen mit Frühlingszwiebeln und Speck

Der in Erbsen enthaltene Zucker verwandelt sich nach der Ernte rasch in Stärke. Daher sollte man Erbsen, um in den vollen Genuss ihres lieblichen Geschmacks zu kommen, möglichst erntefrisch zubereiten. Giulias Tante, Contessa Maria Teresa Frova, dünstet die zarten Erbsen mit Frühlingszwiebel, Knoblauch und pancetta *in Olivenöl.*

FÜR 6 PERSONEN

1 mittelgroße Frühlingszwiebel, geputzt und gehackt
1 mittelgroße Knoblauchzehe, in feine Scheiben geschnitten
20 g *pancetta*, gehackt
4 EL (60 ml) natives Olivenöl extra
1,5 kg Erbsen, gepalt (ohne Hülsen 500 – 600 g)
¼ TL Zucker
Meersalz

Frühlingszwiebel, Knoblauch und *pancetta* mit dem Olivenöl in eine mittelgroße Pfanne geben. Bei niedriger Temperatur braten, bis die Zwiebel weich ist. Die Erbsen mit 100 ml Wasser, dem Zucker und Salz nach Geschmack hinzufügen. Ohne Deckel garen und dabei häufig rühren, bis die Erbsen nach etwa 10 Minuten fertig sind.

Marmellata di pomodori verdi

Marmelade von grünen Tomaten

Mit ihrem interessanten süß-herben Geschmack passt Giulias Marmelade von grünen Tomaten zu jungem Pecorino toscano genauso wie zu reiferem Käse, schmeckt aber auch zum Frühstück auf Toastbrot. Grüne Tomaten kommen ab Mitte, Ende Frühjahr auf den Markt. Wählen Sie feste, unreife Exemplare, die sich noch nicht verfärbt haben.

ERGIBT 6 GLÄSER MIT ETWA 250 ML INHALT

1 unbehandelte Zitrone
2 kg unreife grüne Tomaten, halbiert, die Samen entfernt und das Fruchtfleisch in 1 cm dicke Scheiben geschnitten
900 g Zucker
60 ml Honig

6 Gläser mit Schraubdeckel von etwa 250 ml Inhalt in warmem Wasser mit etwas Spülmittel reinigen. Ein Drahtgitter in einen weiten, großen Topf legen und die Gläser sowie die Deckel darauf geben. Alles 3 cm hoch mit kochendem Wasser bedecken und 10 Minuten im sprudelnden Wasser sterilisieren. Gläser und Deckel mit einer Greifzange herausnehmen und umgedreht auf einem Drahtgitter völlig trocknen lassen.

Die Zitronenschale in langen Streifen fein abschälen und in Julienne schneiden. Die Zitrone längs halbieren, entkernen und in 5 mm dicke Scheiben schneiden.

Tomaten, Zitronenscheiben und -schale, Zucker und Honig mit 250 ml Wasser in einen großen, schweren Topf aus säurefestem Material (beispielsweise Edelstahl) geben. Das Ganze einmal aufkochen und 1¼ – 1½ Stunden köcheln lassen, dabei häufig umrühren, bis die Mischung eindickt. Falls sie am Topfboden ansetzt, die Temperatur herunterschalten. Der Gelierpunkt ist erreicht, sobald ein Häufchen Marmelade, auf einem kleinen Teller in den Kühlschrank gestellt, nach 5 Minuten eine Haut bildet. Die Gelierprobe in regelmäßigen Abständen wiederholen.

Die fertige Marmelade mit einem großen Löffel bis 1,5 cm unter dem Rand in die Gläser füllen. Mit einem sauberen, feuchten Tuch den Innenrand der Gläser abwischen. Die Marmelade völlig abkühlen lassen und erst dann die Gläser fest verschließen. Im Kühlschrank hält sich die Marmelade 2 Monate.

HINWEIS: Bei der Herstellung von Konserven müssen alle Arbeitsflächen und Geräte absolut sauber sein.

DRÉ CASTÉ

Im Frühjahr zieht es die italienischen Städter aufs Land. Das Objekt ihrer Begierde sind die *primizie*, das erste Frühlingsgemüse und Frühobst. Man bekommt sie häufig in Landgasthöfen, wo sie auf ebenso schlichte wie schmackhafte Art zubereitet werden. In einer Villa aus dem 18. Jahrhundert befindet sich in dem Piemonteser Ort Vignale Monferrato das gemütliche Restaurant Dré Casté. Geleitet wird es von Carlo Santopietro und seinem Bruder Roberto. Auf der Speisekarte, die sich täglich ändert, stehen die altüberlieferten Gerichte dieser Gegend, wie sie oft auch von der Mutter der beiden zubereitet wurden, die anfangs sogar in der Küche mithalf.

Auf einem Gut ganz in der Nähe erzeugten die Brüder Santopietro zunächst zwei typische Rotweine der Region, einen Barbera und einen Grignolino. Dann entwickelten sie auf der Grundlage von Familienrezepten und traditionellen regionalen Zubereitungen eine Reihe kulinarischer Spezialitäten, die sie unter dem Namen ihres Gutes, Il Mongetto, auf den Markt brachten und schon bald mit großem Erfolg verkauften. Ihre Erzeugnisse enthalten nur beste Zutaten aus einheimischer Produktion und werden in kleinen Mengen mit größter Sorgfalt hergestellt.

Von Mailand und Turin ist Dré Casté quasi nur einen Katzensprung entfernt und daher ein beliebtes Ausflugsziel für Familien und alle Erholungssuchenden, die am Wochenende die Hektik des Großstadtlebens vergessen möchten. Bäuerliche Antiquitäten, schöne Vasen voll duftender Zentifolien und eine sanfte Beleuchtung schaffen die perfekte Kulisse für ein Abendessen in entspannter und einladender Atmosphäre. Fabio, der dritte Bruder, hilft an den Wochenenden beim Servieren und lässt für die ankommenden Gäste auf seiner Gitarre ein Ständchen erklingen.

Auf den rustikalen Tischen in den beiden kleinen Speisezimmern stehen Körbe mit knusprigem Brot und Schüsselchen mit eingelegtem Gemüse bereit, das von dem familieneigenen Gut stammt. Im Frühling gibt es als Vorspeise oft auch *primizie* aus dem Gemüsegarten des Restaurants. Dann folgt als *primo piatto* hausgemachte Pasta mit frischen Kräutern oder einer Sauce, die wiederum mit Frühlingsgemüse zubereitet ist. Auch als Beilage zu den Hauptgerichten spielen *primizie* eine wichtige Rolle. Die ersten Erdbeeren der Saison kommen in einer Bayerischen Creme zu kulinarischen Ehren, ergänzt durch eine mit Gin aromatisierte Sauce. Angesichts des verlockenden Weinangebots, das inzwischen mit einem Cortese und einem Chardonnay von Il Mongetto auch zwei frische Weißweine umfasst, fällt die Entscheidung, hier noch ein Weilchen den Abend zu genießen, mit Sicherheit nicht schwer.

OBEN: *Carlo Santopietro hält in Dré Casté die herzhafte Hausmannskost seiner Mutter, Großmutter und Tanten lebendig.* GEGENÜBER IM UHRZEIGERSINN VON OBEN: *Die Umgebung von Vignale. Antipasti vom familieneigenen Gut. Eine Auswahl von Grappa in Dré Casté. Im Gemüsegarten hinter dem Restaurant reifen die ersten Artischocken.*

Carciofi ripieni

Artischocken mit Käsefüllung

Nur die zartesten Blattteile und das Herz der Artischocken werden für diesen Antipasto verwendet. Er wird heiß serviert, solange der Käse noch geschmolzen ist.

FÜR 4 PERSONEN

Für die Füllung
60 g frisch geriebener Parmesan
45 g Fontina d'Aosta, gerieben
30 g Taleggio, fein gewürfelt
¼ TL fein gehackter Knoblauch
4 mittelgroße Basilikumblätter, fein zerpflückt
2 EL (30 ml) natives Olivenöl extra

4 große Artischocken
1 unbehandelte Zitrone, halbiert
3 EL (45 ml) natives Olivenöl extra
¼ TL fein gehackter Knoblauch
2 EL gehackte glatte Petersilie
175 ml Fleisch- oder Gemüsebrühe, hausgemacht (Seite 187) oder instant

Den Backofen auf 180 °C vorheizen.

Die drei Käsesorten mit dem Knoblauch, Basilikum und Olivenöl in einer kleinen Schüssel vermischen. Beiseite stellen.

Die Artischocken vorbereiten, wie im Hinweis beschrieben, dann die Füllung gleichmäßig in den Artischocken verteilen.

Das Olivenöl in einer mittelgroßen, ofenfesten Kasserolle bei niedriger Temperatur erhitzen und den Knoblauch anbraten. Petersilie, Brühe und gehackte Artischockenstiele hinzufügen und 15 Minuten köcheln lassen. Dann die Artischocken in die Kasserolle setzen und 50–60 Minuten garen – die Böden müssen sich mit einem kleinen Messer an der dicksten Stelle leicht einstechen lassen. Sofort servieren.

HINWEIS: Die Artischocken für 20 Minuten in eine große Schüssel mit kaltem Wasser legen, das mit dem Saft von ½ Zitrone gesäuert wurde. Mit der anderen Zitronenhälfte die jeweils freigelegten Teile jeder Artischocke zum Schutz gegen dunkle Verfärbungen abreiben. An der Basis die dunklen und holzigen Außenblätter abbrechen. Bei den helleren Blattschichten nur die grünen Spitzen, nicht den zarten gelben Ansatz entfernen. Die dann zum Vorschein kommenden völlig gelben Blätter intakt lassen. Die oberen 2,5 cm der Blüte abschneiden. Die Blüte spreizen, die inneren Blätter mit ihren feinen Spitzen entfernen, ebenso mit einem kleinen Löffel das Heu. Die Artischocke kalt abspülen. Stiel abbrechen und die Artischocke in das Zitronenwasser legen. Vom Stiel das trockene Ende abschneiden und die grüne Außenschicht abschälen. Das zarte weiße Innere grob hacken.

Torta di patate

Kartoffelauflauf

Wie eine Torte aufgeschnitten, wird dieser schmackhafte Auflauf in Dré Casté als eine Vorspeise serviert. Verwenden Sie am besten einen gereiften, festen Gorgonzola mit pikanter Note und einen ebenfalls leicht gereiften Pecorino toscano (Seite 112).

FÜR 6 PERSONEN

700 g mehlig oder vorwiegend fest kochende Kartoffeln, geschält und in gut 2 cm große Stücke geschnitten
Meersalz und frisch gemahlener schwarzer Pfeffer
3 große Eier, leicht verquirlt
2 EL Mehl
1 TL fein gehackte gemischte Kräuter wie Basilikum, Schnittlauch, Minze, Petersilie, Estragon und Thymian
30 g frisch geriebener Parmesan
125 g Pecorino toscano, fein gewürfelt
100 g reifer Gorgonzola, fein gewürfelt

Den Backofen auf 200 °C vorheizen. Eine Springform von 24 oder 26 cm Durchmesser buttern.

Die Kartoffeln in einem großen Topf 5 cm hoch mit kaltem Wasser bedecken und Salz nach Geschmack hinzufügen. Zum Kochen bringen und ohne Deckel 15–20 Minuten garen, bis sie sich mit einem Gemüsemesser leicht einstechen lassen; dann abseihen.

Den mittelfeinen Einsatz ins Passiergerät einsetzen und die Kartoffeln pürieren; ersatzweise einen Kartoffelstampfer verwenden. Das Püree mit Eiern, Mehl, Kräutern, Parmesan und schwarzem Pfeffer nach Geschmack vermischen. Pecorino und Gorgonzola unterziehen. Die Masse in die Form füllen und glatt streichen. 35–40 Minuten backen, bis sie aufgegangen und goldbraun überkrustet ist. Vor dem Servieren die *torta* 5 Minuten ruhen lassen.

VARIATION: Mit 2 EL gehackter Salami anstelle der Kräuter erhält man eine gehaltvollere Version des Auflaufs für die kalte Jahreszeit.

Taglierini con sugo di erbe

Feine Bandnudeln mit Kräutern und Tomaten

Am Wochenende bekommen die Gäste von Dré Casté hausgemachte Pasta, die am Freitag frisch hergestellt wurde. Im Frühjahr gibt es die besonders feinen taglierini, *mit frischen Kräutern vermischt, als* primo piatto. *Nach Belieben werden Tomatenstücke kurz in der Pfanne mitgegart.*

FÜR 8 PERSONEN

Für die Bandnudeln
550 g Mehl
5 große Eier
2½ TL natives Olivenöl extra
Prise Meersalz

125 ml natives Olivenöl extra
1 mittelgroße Knoblauchzehe, fein gehackt
15 g gemischte gehackte Kräuter wie Basilikum, Oregano, Petersilie, Rosmarin, Salbei und Thymian
5 mittelgroße Eiertomaten, die Samen entfernt und das Fruchtfleisch in gut 1 cm große Stücke geschnitten (nach Belieben)
100 g frisch geriebener Pecorino romano

Aus Mehl, Eiern, Olivenöl und Salz nach der Anleitung auf Seite 188 einen Pastateig herstellen. Die Nudelmaschine vorbereiten. 2 Tabletts oder Backbleche mit Küchentüchern auslegen, mit Mehl bestäuben.

Den Teig in 5 gleiche Portionen teilen und mit Hilfe der Nudelmaschine kneten, wie auf Seite 188 beschrieben. Nach der dortigen Anleitung weiter verfahren: Die Teigportionen einzeln ausrollen, bis die vorletzte Einstellung der Maschine erreicht ist. Die Teigblätter mit einem gewellten Teigrädchen halbieren und nebeneinander auf die eingemehlten Tücher legen. Etwas trocknen lassen und dabei gelegentlich wenden – der Teig soll nicht mehr klebrig, aber noch nicht starr sein.

Die Schneidewalze in die Nudelmaschine einsetzen und fein einstellen. Die Teigblätter einzeln durch die Maschine drehen – falls sie sich nicht gut einführen lassen, die Vorderkante mit den Fingerspitzen flach drücken. Die *taglierini* auf die eingemehlten Tücher legen, mit Mehl bestäuben und behutsam lockern.

In einem sehr großen Topf mit mindestens 8 l Fassungsvermögen reichlich Wasser zum Kochen bringen und Salz nach Geschmack hinzufügen. Die Bandnudeln hineingeben und einen Deckel auflegen, bis das Wasser erneut aufwallt. Den Deckel wieder abnehmen und die *taglierini* in 8–10 Minuten *al dente* garen, dabei gelegentlich rühren.

Unterdessen in einer Pfanne mit hohem Rand, in der ausreichend Platz für die Nudeln ist, das Olivenöl bei mittlerer Temperatur erhitzen. Den Knoblauch darin anbraten. Kräuter und, falls verwendet, Tomaten hinzufügen und 1 Minute rühren, bis die Tomaten heiß sind.

Die gegarten *taglierini* abseihen; etwas Kochwasser auffangen. Die *taglierini* in die Pfanne geben, mit dem Pecorino bestreuen und bei niedriger Temperatur durchmischen, bis die Kräuter gleichmäßig verteilt sind und der Käse geschmolzen ist. Sollte die Mischung zu trocken sein, etwas Kochwasser hinzufügen. Sofort servieren.

GEGENÜBER: Taglierini con sugo di erbe.

Pollo al limone

Geschmortes Zitronenhuhn

Wenn das zitronenduftende Huhn goldbraun schimmert und das Fleisch beinahe zerfällt, ist der Genuss perfekt.

FÜR 4 PERSONEN

3 EL (45 ml) natives Olivenöl extra
1 Huhn (etwa 1,5 kg) aus Freilandhaltung, in 8 Stücke zerlegt
3 EL Mehl
Meersalz und frisch gemahlener schwarzer Pfeffer
1 kleine Zwiebel, gehackt
Schale von 1 unbehandelten Zitrone, sehr fein gehackt
2 Stalbeistengel, nur die Blätter, oder ¾ TL getrockneter Salbei
375 ml trockener Weißwein

Das Olivenöl in einem großen, schweren Schmortopf bei mittlerer bis hoher Temperatur erhitzen. Die Hühnerteile mit Küchenpapier trockentupfen, leicht im Mehl wenden und von allen Seiten kräftig im Öl anbräunen. Auf eine Platte geben und mit Salz und Pfeffer nach Geschmack würzen.

Zwiebel mit Zitronenschale und Salbei in den Topf geben und bei niedriger Temperatur 10 Minuten braten, aber nicht bräunen. Die Hühnerteile samt ausgetretenem Saft wieder in den Topf geben. Mit dem Wein begießen und bei etwas geöffnetem Deckel 50–55 Minuten schmoren, bis das Fleisch ganz zart und der Wein fast verkocht ist. Die Hühnerteile sollen eine glänzend goldbraune Kruste haben. Abschmecken und auf einer Servierplatte anrichten. Den Schmorfond entfetten und, falls erforderlich, mit 1–2 EL Wasser verlängern. Die Hühnerteile mit der Sauce übergießen und sogleich servieren.

Carote arroste con salvia

Im Backofen gegarte Möhren mit Salbei

Im heißen Ofen entfaltet sich das süße Aroma der Möhren besonders intensiv. Dies ist eine einfache Beilage zu Huhn, Kalb- oder Schweinefleisch.

FÜR 4 BIS 6 PERSONEN

1 kg Möhren, quer in 1 cm dicke Scheiben geschnitten
3 EL natives Olivenöl extra
1 Salbeistengel, nur die Blätter
Meersalz

Den Backofen auf 230 °C vorheizen. Einen großen Bräter, in den die Möhren in einer Lage hineinpassen, mit Öl ausstreichen.

Möhren, Olivenöl und Salbei in eine Schüssel geben, mit Salz nach Geschmack würzen und vermischen. Im Bräter 30–35 Minuten backen, bis die Möhren eben gar sind. In einer Schüssel servieren.

La bavarese alle fragole

Erdbeercreme

Angelehnt an die Bayerische Creme wird in Dré Casté diese köstliche Nachspeise zubereitet. Frischer Zitronensaft bringt das Beerenaroma noch besser zur Entfaltung. Das gekühlte Dessert wird mit einer Erdbeersauce angerichtet, die durch einen Schuss Gin eine überraschende Note erhält. Nehmen Sie aromatische einheimische Früchte, die ab Juni auf den Markt kommen.

FÜR 10 PERSONEN

Für die Erdbeercreme
350 g Erdbeeren, gewaschen und von den Blütenkelchen befreit, zimmerwarm
Saft von 1 Zitrone, durchgeseiht
170 g Puderzucker
5 TL Gelatine
500 ml Crème double

Für die Erdbeersauce
350 g Erdbeeren, gewaschen und von den Blütenkelchen befreit
80–110 g Puderzucker
Saft von ½ Zitrone, durchgeseiht
3 EL (45 ml) Gin

Für die Erdbeercreme die Früchte durch das Passiergerät treiben oder im Mixer pürieren. Das Püree über einer großen Schüssel durch ein feines Sieb streichen und die Rückstände wegwerfen. Den Zitronensaft ins Püree rühren. Den Puderzucker in die Schüssel sieben und rühren, bis er sich völlig aufgelöst hat.

Die Gelatine in einem kleinen Topf in 60 ml kaltem Wasser 10 Minuten quellen lassen. Anschließend bei sehr niedriger Temperatur unter ständigem Rühren vollständig auflösen, jedoch auf keinen Fall aufkochen, und ins Erdbeerpüree einrühren.

Das Püree in den Kühlschrank stellen und häufig rühren, bis es etwas abkühlt und langsam dick wird. Die Crème double mit dem Handrührgerät steif schlagen. Zunächst ein Viertel in das Erdbeerpüree einrühren, dann den Rest gründlich unterziehen. Die Mischung in eine Ringform von etwa 2 l Inhalt füllen und für mindestens 2 Stunden kalt stellen, bis sie fest ist.

Unterdessen die Sauce herstellen. Die Erdbeeren durch das Passiergerät treiben oder im Mixer pürieren. Das Püree über einer großen Schüssel durch ein feines Sieb streichen und die Rückstände wegwerfen. Den Puderzucker – nach Geschmack weniger oder mehr – in die Schüssel sieben und rühren, bis er sich völlig aufgelöst hat. Zitronensaft und Gin einrühren. Die Sauce bis zur Verwendung kalt stellen.

Eine flache Servierplatte auf die Ringform legen und zusammen umdrehen. Ein Küchentuch mit heißem Wasser tränken, auswringen und über die Form legen, bis es kalt geworden ist. Den Vorgang mehrmals wiederholen, bis sich die Erdbeercreme aus der Form löst. Andernfalls mit einem schmalen Messer am Innenrand der Form entlangfahren, um die Creme zu lösen. Mit Erdbeersauce servieren.

Bavarese alle fragole*, eine sahnige Erdbeercreme, verlangt ganz frisch gepflückte und voll ausgereifte Erdbeeren. Man erkennt diese an ihrer leuchtenden Farbe und dem süß-aromatischen Duft.*

Risotto verde

Grüner Frühlingsrisotto

Begrüßen Sie den Frühling mit diesem grünen Risotto aus Piemont, der gemischtes frisches Gemüse der Saison kombiniert.

FÜR 6 PERSONEN

2 l Hühner- oder Gemüsebrühe, hausgemacht (Seite 187) oder instant
200 g gemischtes Frühjahrsgemüse wie grüner Spargel, Minizucchini, Zuckererbsen, grüne Bohnen oder junge Dicke-Bohnen-Kerne, ältere Kerne blanchiert und enthäutet
2 EL (30 ml) natives Olivenöl extra
60 g Butter
2 Stangen junger Lauch, nur die weißen Teile, geputzt, gründlich gewaschen und fein gehackt
1 EL fein gehackter *prosciutto*
300 g Carnaroli- oder Arborio-Reis
30 g fein gehacktes gemischtes Blattgemüse wie Spinat (siehe Kasten rechts), Mangold, Brunnenkresse, Rucola oder Glatte Endivie
60 g frisch geriebener Parmesan, zusätzlich etwas Parmesan zum Servieren
1 kleine Schalotte, nur das Weiße, fein gehackt
1 TL gehackte frische Salbeiblätter
1 EL gehackte glatte Petersilie
Meersalz

Die Brühe in einem großen Topf zum Kochen bringen. Spargel, Zucchini und grüne Bohnen in 1 cm große Stücke schneiden, Zuckererbsenschoten und Dicke Bohnen ganz lassen. Diese Gemüse 3 Minuten in der Brühe kochen, danach mit einem Schaumlöffel herausnehmen und in eine kleine Schüssel geben. Die Brühe vom Herd nehmen und beiseite stellen.

Das Olivenöl mit 30 g Butter in einem großen, schweren Topf bei niedriger bis mittlerer Temperatur erhitzen. Den Lauch hinzufügen und garen. Dann den Schinken dazugeben und 2 Minuten braten, dabei häufig rühren. Den Reis zum Lauch geben und bei mittlerer Temperatur ständig rühren, bis er glasig wird. Inzwischen die Brühe wieder zum Sieden bringen.

1 Schöpflöffel der heißen Brühe an den Reis gießen und rühren, bis er die Flüssigkeit völlig aufgenommen hat. Weiter schöpflöffelweise Brühe dazugeben, bis der Reis nach etwa 25–30 Minuten beinahe gar ist. Noch 1 Schöpflöffel Brühe einrühren. Sobald die Flüssigkeit nahezu aufgesogen ist, die gegarte Gemüsemischung und das Blattgemüse untermischen. Alles noch 2 Minuten köcheln lassen, zuletzt die restlichen 30 g Butter und den Parmesan dazugeben.

Den Topf vom Herd nehmen und rühren, bis die Butter und der Käse geschmolzen sind. Die Schalotte, den Salbei und die Petersilie einrühren und den Risotto mit Salz abschmecken. Sogleich servieren und weiteren Parmesan separat dazu reichen.

Buglione

Lammragout mit Rotwein und Tomaten

Janet Hansen, die in der Maremma im Süden der Toskana eine Kochschule führt (Seite 77), verrät ihr Rezept für dieses pikante Lammragout, das bei den Schäfern der Gegend sehr beliebt ist. Der Name *buglione* leitet sich angeblich von dem französischen Wort *bouillon* ab. Das Gericht muss mindestens 2 Stunden köcheln, bis das Fleisch ganz zart ist.

FÜR 4 PERSONEN

1,5 kg Lammschulter, entbeint und in große Würfel geschnitten
4 EL (60 ml) natives Olivenöl extra
4 Knoblauchzehen, fein gehackt
1 EL gehackte frische Rosmarinblättchen
250 ml trockener Rotwein
200 ml Dosentomaten mit Saft, gehackt
1 kleine, scharfe rote Chilischote, gehackt
Meersalz

Einen großen, schweren Schmortopf bei mittlerer bis hoher Temperatur erhitzen. Das Fleisch in den Topf geben und unter häufigem Wenden etwa 10 Minuten braten, bis es ringsum leicht gebräunt und der austretende Saft verdampft ist.

Olivenöl, Knoblauch und Rosmarin hinzufügen und alles noch 2–3 Minuten braten, bis der Knoblauch leicht gebräunt ist. Mit dem Wein ablöschen und diesen verkochen lassen, dabei die Fleischstücke gelegentlich wenden. Die Tomaten einrühren und alles noch 5 Minuten kochen lassen. 250 ml Wasser und die Chilischote dazugeben; mit Salz abschmecken. Einen Deckel auflegen und das Ragout bei sehr niedriger Temperatur 2–2½ Stunden köcheln lassen, bis das Fleisch ganz zart ist.

Falls die Sauce zu sehr eindickt und ansetzt, etwas Wasser hinzufügen. Zuletzt das Lammragout mit Salz und Pfeffer abschmecken und servieren.

Spinatblätter richtig vorbereiten

Frischer Spinat erfordert eine besonders sorgfältige Vorbereitung, um die Blätter von allen Sandpartikeln und Erdresten zu befreien. Dafür eine große Schüssel mit kaltem Wasser füllen. Die Blattstiele abbrechen und den Spinat ins Wasser geben. Die Blätter behutsam durchmischen, dann 10 Minuten im Wasser lassen, damit sich etwaige Schmutzreste lösen. Den Spinat aus der Schüssel nehmen, das Wasser erneuern und die Blätter wieder in die Schüssel geben. Den Vorgang so oft wiederholen, bis das Wasser ganz sauber bleibt.

SOMMER

Gemüse
Verdure

Auberginen, *melanzane*, gibt es in verschiedenen Formen und Farben: von klein und rund bis groß und birnenförmig, in dunklem und hellem Violett, in Weiß und Gelb. Kaufen Sie feste, für die jeweilige Sorte nicht zu große Exemplare. Frische Früchte haben eine straffe, gleichmäßig gefärbte, glänzende Haut und einen saftig grünen Stielansatz. Schrumpelige Auberginen mit eingetrockneten oder verfärbten Stellen sollte man meiden. Im Gemüsefach halten sich Auberginen bis zu drei Tage. Ihre Hauptsaison fällt in den August und September.

Grüne oder Gartenbohnen, *fagiolini*, werden in Busch- und Stangenbohnen unterteilt. Zu Ersteren gehören die jungen, besonders zarten Prinzess- und die etwas größeren Delikatessbohnen. An Stangen klettern die Breiten Bohnen, während die gelben Wachsbohnen auch buschig wachsen. Generell sollten sich die Hülsen fest und knackig anfühlen – ausgenommen die etwas weicheren Prinzessbohnen. Wählen Sie nicht zu große Schoten von intensiver Farbe. Lose abgedeckt, bleiben Bohnen im Kühlschrank einen bis zwei Tage frisch. Am besten sind sie vom Frühsommer bis Herbstbeginn.

Kräuter, *erbe*, entfalten frisch gepflückt den intensivsten Geschmack. Sie sollten stets vorsichtig dosiert werden – lieber gibt man später noch etwas hinzu, während sich ein allzu dominierendes Aroma nicht mehr korrigieren lässt. Verwendet wird zwei- bis dreimal mehr als vom getrockneten Pendant. Nicht jedes Kraut eignet sich zum Trocknen. So bewahrt Basilikum nach der Ernte nur zwei bis drei Tage sein Aroma. Auch das mild zwiebelwürzige Aroma von Schnittlauch verliert sich rasch, und getrocknete Minze vermittelt nur eine Ahnung der charakteristischen Frische dieses vielseitigen Krauts. Oregano dagegen wird in Süditalien bevorzugt getrocknet verwendet. Frische glatte Petersilie sollte immer im Hause sein. Frischer Rosmarin verleiht gegrillten, gebratenen und geschmorten Speisen ein mediterranes Aroma. Bei Salbei spielt es geschmacklich keine Rolle, ob er frisch oder getrocknet ist, allerdings sind frische kleine Blätter besonders aromaintensiv. Thymian, der gut mit anderen Kräutern harmoniert, rundet Saucen, Suppen und Eintöpfe ab. In ein Glas Wasser gestellt, behalten frische Kräuter unter einer Plastikhaube im Kühlschrank einige Tage ihr Aroma. Man braust sie erst vor der Verwendung ab.

Kürbisblüten, *fiori di zucca*, zeichnen sich durch einen delikaten Geschmack aus, der entfernt an Gurken erinnert. Sowohl Sommer- wie Winterkürbisse liefern essbare Blüten. Suchen Sie frische Exemplare heraus, die Sie möglichst am selben Tag zubereiten. Notfalls halten sie sich, in ein Glas Wasser gestellt und unter einer übergestülpten Plastiktüte, einen Tag im Kühlschrank. Man bekommt Kürbisblüten auf Bauernmärkten ab Mitte Frühjahr bis Herbstbeginn.

Mangold, *bietola* oder *coste*, besitzt mittel- bis dunkelgrüne, mehr oder weniger gewellte Blätter und silbrig weiße oder – seltener – rote Stiele. Blätter wie Stiele werden verwertet. Kaufen Sie Mangold nur, wenn die Blätter frisch aussehen und die Stiele knackig sind. Ungewaschen lässt sich Mangold im Gemüsefach des Kühlschranks drei Tage lagern. Er ist ab dem späten Frühjahr bis Winterende am Markt.

Paprika, *peperoni*, lautet der Oberbegriff für ganz unterschiedliche Arten der Gattung *Capsicum*, die mild-fruchtig oder aber brennend scharf schmecken. Der milde Gemüsepaprika ist in verschiedenen Farben erhältlich: Grün sind die unreif geernteten Früchte, die bei weiterem Reifen an der Pflanze gelb und rot werden. Dagegen sind die vielen anderen Spielarten von Form und Farbe das Ergebnis intensiven Züchtens. Die kleinen, scharfen roten Chilischoten, italienisch *peperoncini*, verleihen vielen Saucen und Pfannengerichten eine pikante Schärfe. Sie haben eine schlanke, leicht gebogene und spitz zulaufende Form. Frische Paprikaschoten erkennt man an ihrem festen Fruchtfleisch und der glänzenden Haut. Schrumpelige Früchte und weiche oder dunkle Stellen sind dagegen Anzeichen für mangelnde Frische oder unsachgemäße Lagerung. Im Gemüsefach des Kühlschranks lässt sich Gemüsepaprika ohne Vitaminverluste vier Tage lagern.

Tomaten, *pomodori*, sind in verschiedenen Sorten am Markt. Sehr beliebt sind die runden Tomaten, deren saftige, aromatische Beschaffenheit am besten zur Geltung kommt, wenn man sie frisch verzehrt. Vornehmlich für den Rohverzehr sind auch die großen, teils gerippten Fleischtomaten gedacht. Die dickschaligen Eiertomaten kommen aus dem südeuropäischen Raum. Sie sind sehr fleischig, enthalten relativ wenige Samen und kaum Saft und bieten sich damit zum Kochen an. Aufgrund ihres intensiveren Geschmacks immer beliebter werden die kleinen Cocktail- oder Kirschtomaten. Um eine intensive Farbe und ihr volles Aroma zu entwickeln, benötigen Tomaten Wärme und Sonne und müssen an der Staude reifen. Da sie in diesem Zustand allerdings empfindlich sind und lange Transportwege nicht gut überstehen, werden die Tomaten, die ganzjährig zum Marktangebot gehören, meist noch grün und hart geerntet und zur Förderung der weiteren Reifung mit Äthylen begast. Kaufen Sie daher möglichst nur Tomaten aus einheimischem Anbau und wählen Sie pralle, feste Früchte. Sie gehören nicht in den Kühlschrank, denn Kälte raubt ihnen viel von ihrem Aroma und lässt sie außerdem mehlig werden. Vor Sonne geschützt und mit dem Blütenansatz nach oben gelagert, halten sie sich bei Zimmertemperatur bis zu einer Woche. Ihre Hauptsaison beginnt Ende Juni und erreicht ihren Höhepunkt im August. Da sie bis zu den ersten Herbstfrösten an den Stauden belassen werden können, sind sie danach noch einige Wochen in guter Qualität auf dem Markt.

Zucchini, deren deutscher und italienischer Name identisch ist, gehören zu den Sommerkürbissen. Sie sollten geerntet werden, solange sie eine dünne Schale besitzen und ihre Samen noch nicht richtig ausgebildet haben. Suchen Sie kleine Zucchini heraus, die sich schwer und fest anfühlen; schwammige Früchte und solche mit weichen Stellen sind zu meiden. Bis zu fünf Tage halten sich Zucchini ungewaschen im Kühlschrank. Sie sind importiert ganzjährig erhältlich, haben aber eigentlich vom späten Frühjahr bis in den Frühherbst Saison.

Früchte
Frutta

Aprikosen, *albicocche*, sind mit den Pfirsichen verwandte, aber kleinere Steinfrüchte. Die essbare, samtige Haut variiert farblich zwischen blassem und rötlichem, manchmal rosig überhauchtem Orange. Ihren vollen Geschmack entfalten nur am Baum gereifte Früchte. Aus Gründen der Haltbarkeit werden Aprikosen jedoch oft unreif geerntet und enttäuschen dann mit ihrem trockenen, mehligen Fruchtfleisch ohne Aroma. Kaufen Sie daher möglichst bei einem Erzeuger aus der Umgebung und wählen Sie feste, aber keinesfalls harte Früchte mit intensivem Duft und makelloser Haut. Aprikosen bekommen leicht Druckstellen und sollten entsprechend vorsichtig behandelt werden. Falls sie noch nachreifen müssen, lagert man sie bei Zimmertemperatur und geschützt vor Sonneneinstrahlung. Ausgereifte Früchte lassen sich ungewaschen im Gemüsefach des Kühlschranks bis zu fünf Tage aufbewahren. Die Saison für Aprikosen aus einheimischer Ernte erstreckt sich von Juni bis in den frühen August.

Kantalupe, *cantalupo* (nach dem Dorf Cantalupa bei Rom), heißt eine mehr oder weniger gerippte Zuckermelone mit rahmgelber bis grünlicher, glatter oder rauer Schale. Eine weitgehend grüne Schale deutet auf mangelnde Reife hin. In dem Fall sollte man auf den Kauf verzichten, da diese Melonensorte nicht nachreift. Verlangen Sie eine gleichmäßig geformte, schwere Frucht ohne weiche oder verfärbte Stellen. Am Blütenansatz sollte die Schale auf Druck leicht nachgeben. Eine feste Kantalupmelone wird noch weich, wenn man sie bis zu drei Tage an einen kühlen, gut belüfteten Platz legt. In eine Plastiktüte gepackt, damit sie ihr Aroma nicht auf die anderen Lebensmittel überträgt, hält sich eine reife Frucht im Kühlschrank bis zu fünf Tage. Zwischen Juni und August bietet der Markt Kantalupmelonen von besonders guter Qualität.

Kirschen, *ciliege*, sind Steinfrüchte mit vielen Arten. Man unterscheidet vor allem Süß- und Sauerkirschen. Während man die herben Sauerkirschen gewöhnlich zu Saft, Gelee und Konfitüre verarbeitet oder beim Backen verwendet, werden Süßkirschen meist frisch gegessen. Je nach Sorte sind sie rund oder herzförmig, das Farbspektrum reicht von Hellgelb bis Dunkelrot und fast Schwarz. Kirschen entwickeln ihre volle Reife nur am Baum und sollten erst dann gepflückt werden. Süßkirschen müssen beim Kauf noch an den Stielen sitzen und sich fest und prall anfühlen. Sehr kleine, weiche, eingedrückte oder aufgesprungene Früchte lohnen die Ausgabe nicht. Für eine Lagerung – bis zu vier Tage zugedeckt im Kühlschrank – die Früchte nicht waschen oder entstielen. Die Saison ist im Juni und Juli.

Nektarinen, *nettarine*, sind mit den Pfirsichen verwandt, besitzen aber festeres Fruchtfleisch und eine glatte Haut. Reife Nektarinen zeigen eine goldgelbe oder weißliche Tönung mit dunkelrosa Anflug. Sie sollten einen aromatischen Duft verströmen und auf Druck leicht nachgeben. Dagegen ist von Nektarinen mit hartem Fleisch oder mit Druckstellen abzuraten. Man kann die Früchte bei Zimmertemperatur nachreifen lassen. Nektarinen halten sich ungewaschen im Kühlschrank bis zu fünf Tage. Sie sind von Juli bis September am Markt.

Pfirsiche, *pesche*, besitzen je nach Sorte Fruchtfleisch, das sich mühelos oder aber nur schwer vom Stein lösen lässt. Im ersten Fall sind sie weicher und saftiger. Die Farbe ihrer samtartigen Haut variiert von Goldgelb bis Rahmweiß, gewöhnlich sind sie rosig überhaucht. Kaufen Sie möglichst Pfirsiche aus heimischem Anbau. Die Früchte sollten auf leichten Druck mit dem Finger nachgeben und aromatisch duften. Von Pfirsichen mit allzu dunkler Färbung, schrumpeliger Haut, hartem Fruchtfleisch oder Druckstellen ist abzuraten. Feste Früchte reifen bei Zimmertemperatur nach. Ist dies nicht erforderlich, bewahrt man sie ungewaschen und zugedeckt im Kühlschrank auf. So bleiben sie bis zu fünf Tage frisch. Pfirsiche haben von Juli bis Anfang September Saison.

Zitronen, *limoni*, variieren sowohl in der Größe wie auch in der Dicke ihrer Schale. Suchen Sie leuchtend gefärbte Früchte mit feinporiger Schale ohne grüne Stellen heraus, die mangelnde Reife verraten. Die Früchte sollten sich schwer und prall anfühlen. Bis zu einer Woche halten sie sich ohne Qualitätseinbuße bei Zimmertemperatur, im Kühlschrank zwei bis drei Wochen. Zitronen sind ganzjährig im Handel, ihre Hauptsaison ist allerdings Mai bis August.

IM UHRZEIGERSINN VON OBEN: *Frisch gepflückte Kürbisblüten. In Amalfi wachsen die Zitronen auf Terrassen hoch über dem Meer. Das noch saftige Grün verrät die Frische des Knoblauchs. Der Petrijünger aus Amalfi wartet, bis sein Abendessen anbeißt. In der roten Erde Apuliens gedeihen Reihen von Buschbohnen.* SEITE 144 IM UHRZEIGERSINN VON LINKS: *Mangold. Kirschen und andere Sommerfrüchte aus Apulien. Gemüsepaprika auf einem Marktstand.*

MOZZARELLA DI BUFALA

Caponata

Brotsalat mit Mozzarella

Im Gegensatz zur sizilianischen *Caponata* handelt es sich hier um einen neapolitanischen Salat aus Brot, Mozzarella und Tomaten.

FÜR 8 PERSONEN

- 500 g leicht getrocknetes kerniges Weißbrot (*Pane toscano,* Seite 78), in Scheiben geschnitten
- 2 mittelgroße Tomaten, die Samen entfernt und das Fruchtfleisch in gut 1 cm große Würfel geschnitten
- 500 g frischer Mozzarella, in gut 1 cm große Würfel geschnitten
- 2 Basilikumstengel, die Blätter zerpflückt
- 1 TL getrockneter Oregano
- Meersalz
- 125 ml natives Olivenöl extra

Das Brot in kleine Stücke zerpflücken, kurz in kaltes Wasser tauchen und ausdrücken.

Das Brot zerkrümeln. Mit Tomaten, Mozzarella, Basilikum, Oregano und Salz nach Geschmack in einer großen Schüssel vermischen. Mit Olivenöl beträufeln und gründlich durchmischen.

Für Puristen geht nichts über den echten Büffel-Mozzarella, Mozzarella di bufala, der in der süditalienischen Region Kampanien von kleinen Betrieben nach überlieferten Methoden produziert wird. In den Provinzen Salerno und Caserta kann man den sanften Riesen, von denen die Milch für diese weit über Italiens Grenzen bekannte Spezialität stammt, beim Grasen zusehen.

Angeblich handelt es sich bei den italienischen Wasserbüffeln um direkte Abkömmlinge der indischen Spezies. Wie sie jedoch ihren Weg nach Italien fanden und wann genau dieser Käse erstmals hergestellt wurde, lässt sich nicht mit Bestimmtheit sagen. Da sich die Bestände dieser Tiere im ganzen Land auf knapp 100 000 beschränken, sind auch die Produktionsmengen des Käses begrenzt. Außerdem gelangt nur ein Bruchteil in den überregionalen Handel.

Mozzarella gehört zu den *formaggi a pasta filata*, einer Gruppe von Käsen, die sich durch eine faserige bis blättrige Konsistenz auszeichnen. Bei ihrer Herstellung wird der Bruchkuchen zerschnitten, von der Molke getrennt und mehrere Stunden gesäuert. Danach wird die Masse in Streifen geschnitten, die in einem Bottich mit kochendem Wasser überbrüht werden. Unter Rühren und Kneten nimmt die Masse eine weiche, elastische Beschaffenheit an. Der erfahrene Käser erkennt sofort, wann die richtige Konsistenz erreicht ist, und beginnt, Stränge zu formen und in die Länge zu ziehen. Dieser Vorgang brachte den Filata-Käsen ihren Namen ein: das italienische Wort *filare* bedeutet „ziehen, spinnen". Die Stränge werden in Stücke geteilt – *mozzare* lautet die italienische Bezeichnung für „abschneiden" – und nach Bedarf geformt. So entstehen die bekannten, etwa faustgroßen *mozzarelle* und die als *bocconcini* oder *ciliege* angebotenen Bällchen – beide in Salzlake eingelegt im Handel. Für den Gastronomiebedarf gibt es auch kastenförmige Laibe.

Mozzarella di bufala hat einen milden, milchigen Geschmack mit feiner Würze. Sein Teig ist weich und elastisch und von einer etwas festeren Haut umschlossen. Keinesfalls zu verachten und bei manchen aufgrund seines etwas weniger ausgeprägten Aromas sogar beliebter ist Kuhmilch-Mozzarella, der in Italien als *fior di latte* angeboten wird und eine cremigere Konsistenz und etwas schwammigere Textur besitzt. Drei Liter Milch werden für ein Kilogramm Mozzarella benötigt. Dass eine Büffelkuh täglich eben zehn Liter Milch gibt, verglichen mit den 25 bis 30 Litern unserer „normalen" Milchkühe also recht wenig, erklärt den höheren Preis für echten Büffel-Mozzarella. Exportiert werden beide Mozarella-Sorten in ihrer Originallake.

LINKS: *La Bufalara, ein caseificio in Paestum in der Provinz Salerno, stellt den Mozzarella di bufala noch nach überlieferten Methoden in Holzbottichen her.*
RECHTS: *Der Mozzarella-Teig wird auch in trecce, also Zöpfe, geflochten.*
UNTEN RECHTS: *Caponata, ein mit Mozzarella di bufala zubereiteter Brotsalat.*
UNTEN: *Büffel der Tenuta Seliano (Seite 151) liefern die Milch für die Käserei La Bufalara.*

TENUTA SELIANO

In der italienischen Region Kampanien liegt südlich von Neapel Paestum. Ungefähr 600 v. Chr. als griechische Siedlung gegründet, ist es vor allem wegen seiner archäologischen Schätze bekannt. In der antiken Stadt, die bei den Griechen Poseidonia hieß, befinden sich die imposanten Überreste dorischer Tempel. Besonders berühmt ist der Poseidon-Tempel, italienisch *Tempio di Nettuno* nach dem Meeresgott Neptun, dem römischen Pendant des griechischen Poseidon. Über die Altertümer hinaus hat Paestum aber noch mehr zu bieten. An der Hauptstraße, die zu den antiken Ruinen führt, reihen sich Geschäfte aneinander, die mit farbenfrohen Schildern ihren echten Mozzarella di bufala anpreisen, den Käse aus der Milch von Büffelkühen. Man kann die mächtigen Tiere, die vom indischen Wasserbüffel abstammen sollen, auf den Ebenen Kampaniens sowohl im Tal der Sele bestaunen, in dem Paestum liegt, als auch nördlich davon im Volturno-Tal nahe der Stadt Caserta. Büffel-Mozzarella unterscheidet sich deutlich von dem aus Kuhmilch hergestellten und hat die Küche der Region wesentlich mit geprägt.

Baronessa Cecilia Bellelli führt mit ihren Söhnen Ettore und Massimo ein 100 Hektar großes Gut in Paestum, das schon seit Ende des 18. Jahrhunderts der Familie gehört. Unter anderem halten sie über 200 Wasserbüffel, deren Milch in die Herstellung von Mozzarella di bufala fließt. Nur einige Autominuten von den Weidegründen entfernt liegt das große Gutshaus aus dem 19. Jahrhundert. Es wurde mit Liebe zum Detail restauriert. Die Einrichtung verrät die Vorliebe der Baronessa für Kunst und Antiquitäten: Viele Stücke stammen aus Familienbesitz, andere sind Mitbringsel von Reisen. Heute beherbergt das Gebäude zugleich die Tenuta Seliano, eine ländliche Pension zum Wohlfühlen. Zwischen ihren Ausflügen in die Vergangenheit können sich die *agriturismo*-Gäste mit den von der Baronessa zubereiteten Gerichten Kampaniens stärken.

Gedeckt wird meist auf einer Terrasse, auf der zwei lange, rechteckige Tische stehen. Als Schutz gegen die gleißende Mittelmeersonne dient eine Überdachung aus Schilfrohr, von der lange, weiße Vorhänge herabwallen. So entstand eine Art Zeltzimmer mit romantischem Flair, das umso mehr zur Geltung kommt, wenn bei Einbruch der Dunkelheit auf den Tischen die Kerzen angezündet werden. Regelmäßig gesellt sich die Baronessa zu ihren Gästen, manchmal kommen auch ihre Familie und Freunde hinzu.

Die Essensvorbereitungen nehmen gewöhnlich den Großteil des Tages in Anspruch. Neben der Baronessa tummeln sich in der Küche eifrige Helferinnen, darunter oft die Schwester und Nichte der Gutsherrin. Angelockt durch den Duft, schauen auch Gäste herein, um einen Plausch zu halten, eine Kostprobe zu ergattern oder auch mitzuhelfen.

GEGENÜBER OBEN: *Die herrliche sonnendurchflutete Landschaft um Paestum in Kampanien. Hier liegt die Tenuta Seliano, das Gasthaus der Baronessa Cecilia Bellelli.*
GEGENÜBER UNTEN LINKS UND RECHTS: *Wasserbüffel geben die Milch für Mozzarella di bufala und andere regionale Käsespezialitäten.*

UNTEN: *Die gefüllten Kürbisblüten müssen nur noch paniert und gebraten werden.*
GANZ UNTEN: *Die Baronessa, ganz links, erholt sich mit Familienmitgliedern einen Moment von der Arbeit in der Küche.*
GEGENÜBER: Pizza rustica, *eine klassische Spezialität aus der Gegend von Neapel.*

Die Gerichte, zubereitet mit Zutaten aus eigener Produktion, besitzen eine unverkennbare regionale Note. Frisches Gemüse beherrscht die Speisekarte. Im Sommer etwa kommen Tomaten roh, gebacken, gefüllt oder in Form köstlicher Saucen auf den Tisch. Aus Auberginen, Paprikaschoten, Zucchini und Blattgemüse entstehen vielfältige Kreationen, abgerundet mit fein abgestimmten getrockneten Kräutern. Abwechslungsreich ist auch das Repertoire von Rezepten mit langer und kurzer getrockneter Pasta. Den erfrischenden Abschluss eines sommerlichen Essens bilden frische Pfirsiche, Erdbeeren, Nektarinen, Aprikosen, Kirschen, Melonen, Weintrauben und Feigen, ob in einer Hülle aus Creme und Biskuit versteckt, zu Eis oder Sorbet verarbeitet oder als Füllung in Backwerk. Aus Büffel- und Kuhmilch entstehen feine Käsesorten, allen voran Mozzarella, der auf der allgegenwärtigen *Pizza napoletana* nicht fehlen darf. Häufig wird er aber auch zum Überbacken von Gemüse und Pasta oder in Salaten, Aufläufen und Füllungen verwendet.

In der Tenuta Seliano bereichert Mozzarella die Mittag- wie Abendessen. Am Tag seiner Herstellung serviert ihn die Baronessa stets pur, oft am Anfang des Essens in Begleitung aufgeschnittener reifer Tomaten, einer Schale Oliven und knackiger Rohkost oder in der mehr traditionellen Kombination mit *prosciutto* und *soppressata*, einem süditalienischen Presssack. Als leichten Mittagsimbiss bereitet sie einen Brotsalat mit Mozzarellawürfeln und Tomatenstücken, angemacht mit gutseigenem Olivenöl. Oft bildet frischer Mozzarella, ergänzt durch einen gemischten Blattsalat und knuspriges Brot, auch den Abschluss einer Mahlzeit. Am zweiten Tag verwendet die Baronessa den Mozzarella zum Kochen. Große Kürbisblüten werden mit je einem Käsewürfel und Sardellenfilet gefüllt, paniert und knusprig gebraten – eine warme Vorspeise, die fast auf der Zunge zergeht. Für die Füllung der neapolitanischen *Pizza rustica* aus Mürbeteig wird Büffelmilch-Ricotta und -Mozzarella mit *prosciutto* und geriebenem Pecorino romano vermischt. Mozzarella verfeinert auch die gefüllte Hühnerbrust, die zum Hauptgang serviert wird.

Ganz gleich, ob man die herzliche Gastfreundschaft der Tenuta Seliano nur einen Abend oder mehrere Tage genießt, den Ausflug in die Geschichte und die kulinarischen Traditionen Paestums wird man sicherlich nicht vergessen.

Fiori di zucca ripieni

Kürbisblüten mit Mozzarella-Sardellen-Füllung

Die gefüllten Kürbisblüten werden in der Tenuta Seliano als Antipasto serviert.

FÜR 6 PERSONEN

16 große Kürbisblüten
8 Sardellen in Salz, filetiert (Seite 14)
100 g frischer Mozzarella, in 16 Würfel geschnitten
3 große Eier, leicht verquirlt
100 g feine getrocknete Semmelbrösel
Sonnenblumenöl zum Braten
Natives Olivenöl extra zum Braten
Meersalz

Von den Kürbisblüten die Stiele und Stempel entfernen. Die Blüten kalt abspülen und mit Küchenpapier trockentupfen. Jede Blüte mit einem Sardellenfilet und einem Mozzarellawürfel füllen und durch Verdrehen der Spitzen verschließen. Die Blüten ins Ei tauchen und in den Semmelbröseln wenden. Für 30 Minuten kalt stellen

Eine große, schwere Pfanne mit hohem Rand gut 2 cm hoch mit Sonnenblumen- und Olivenöl zu gleichen Teilen füllen und dieses bei mittlerer Temperatur erhitzen. Die Kürbisblüten portionsweise hineingeben und braten, bis sie ringsum knusprig gebräunt sind. Mit einem Schaumlöffel herausnehmen, auf Küchenpapier abtropfen lassen und mit Salz nach Geschmack bestreuen. Sofort servieren.

Pizza rustica

Rustikaler Mürbeteigkuchen

Der neapolitanische Klassiker eignet sich gut als Vorspeise, ergibt aber auch, in größeren Portionen angerichtet, ein Mittagessen.

FÜR 8 PERSONEN

Für den Mürbeteig
250 g Mehl
Meersalz
125 g Butter, gekühlt
60 g festes Pflanzenfett (Backfett), gekühlt
90 ml kaltes Wasser

Für die Füllung
500 g Ricotta
200 g frischer Mozzarella, klein gewürfelt
50 g *prosciutto, capocollo* oder Salami, gehackt
30 g frisch geriebener Pecorino romano oder Parmesan
Meersalz und frisch gemahlener schwarzer Pfeffer
3 große Eier, leicht verquirlt

1 Eigelb, leicht verquirlt

Mehl und Salz nach Geschmack in einer großen Schüssel vermengen. Die Butter und das Pflanzenfett in erbsengroße Stücke schneiden. Zum Mehl geben und rasch mit den Fingerspitzen vermischen, dann alles zu sehr feinen Streuseln verarbeiten. In die Mitte eine Mulde drücken, das Wasser hineingeben und mit den Händen zügig in die Mehl-Fett-Mischung einarbeiten, bis diese gleichmäßig feucht ist. Den Teig auf ein Backbrett oder eine Arbeitsfläche geben und zu einer Kugel formen; er muss nicht glatt sein, sondern nur zusammenhalten. Die Teigkugel etwas flach drücken, in Klarsichtfolie einschlagen und für mindestens 2 Stunden in den Kühlschrank legen. (Sie können den Teig auch schon am Vortag herstellen und über Nacht kalt stellen.)

Den Backofen auf 180 °C vorheizen. Eine Springform von 24 cm Durchmesser dünn mit Butter ausstreichen.

Ricotta in einer großen Schüssel mit Mozzarella, *prosciutto* und Pecorino romano vermengen. Mit Salz und Pfeffer nach Geschmack würzen. Die Eier unter die Füllung ziehen.

Auf einer leicht bemehlten Arbeitsfläche zwei Drittel des Teigs 3 mm dick zu einem Kreis von 35 cm Durchmesser ausrollen. Die Springform mit dem Teig auskleiden – den überstehenden Rand noch nicht entfernen. Die Füllung hineingeben und mit einem Teigspatel glatt streichen. Den Teigrand gut 1 cm über der Füllung abschneiden. Den restlichen Teig 3 mm dick ausrollen, mit einem gewellten Teigrädchen in etwa 4 cm breite Streifen schneiden und diese gitterförmig über die Füllung legen. Überstehende Teigstreifen abschneiden. In einer kleinen Schüssel das Eigelb mit 1 TL Wasser verquirlen und das Teiggitter damit bestreichen.

Den Kuchen 75–80 Minuten backen, bis er locker aufgegangen und schön gebräunt ist. Die Form auf einem Drahtgitter 15 Minuten abkühlen lassen. Den Ring abnehmen und die *Pizza rustica* auf eine flache Servierplatte gleiten lassen. Warm oder auf Zimmertemperatur abgekühlt servieren.

Penne con pomodoro al gratin

Penne mit überbackenen Tomaten

Kampanien bringt die optimalen Voraussetzungen für den Anbau von vorzüglichem Gemüse und Obst mit: reiche vulkanische Böden, eine nimmermüde Sonne und ein mildes Klima. Nicht von ungefähr werden die fleischigen San-Marzano-Tomaten Kampaniens weltweit von Köchen geschätzt. Die Baronessa vermischt die gebackenen Tomaten mit Pasta, doch kann man sie genauso als Vorspeise oder als Beilage zu Fleisch oder Geflügel genießen.

FÜR 4 PERSONEN

120 g Kapern in Salz
2 mittelgroße Knoblauchzehen, in Scheiben geschnitten
15 g Basilikumblätter
16 große Eiertomaten, längs halbiert und die Samen entfernt
125 ml natives Olivenöl extra
30 g getrocknete Semmelbrösel
Meersalz
500 g *penne*

Den Backofen auf 180 °C vorheizen. Zwei Gratinformen von etwa 24 x 30 cm mit Öl ausstreichen.

Die Kapern zum Entsalzen in Wasser geben, das dreimal erneuert wird. Abseihen und mit Küchenpapier trockentupfen.

Kapern, Knoblauch und Basilikum auf einem Schneidbrett zusammen fein hacken. Die Tomaten mit der Schnittfläche nach oben in die Gratinformen geben und die fein gehackte Mischung darüber verteilen. Mit Olivenöl beträufeln und mit den Semmelbröseln bestreuen. Die Tomaten 1¼ Stunden backen, bis sie richtig weich sind, aber noch nicht zerfallen.

In einem sehr großen Topf mit mindestens 8 l Fassungsvermögen reichlich Wasser zum Kochen bringen und Salz nach Geschmack hinzufügen. Die *penne* einrühren und einen Deckel auflegen. Sobald das Wasser erneut aufwallt, den Deckel abnehmen und die Nudeln *al dente* garen. Abseihen, in einer großen Servierschüssel mit den Tomaten vermischen und sogleich servieren.

Involtini di pollo

Hühnchenrouladen in Weißwein geschmort

Die Baronessa füllt die Rouladen mit einer Kalbfleischfarce und kleinen Würfeln von Mozzarella di bufala.

FÜR 6 PERSONEN

Für die Fleischfüllung
125 g Hackfleisch vom Kalb
2 große Eier, leicht verquirlt
1 mittelgroße Knoblauchzehe, fein gehackt
1 EL gehackte glatte Petersilie
50 g frisch geriebener Parmesan
30 g getrocknete Semmelbrösel
Meersalz und frisch gemahlener schwarzer Pfeffer

60 g frischer Mozzarella
50 g *prosciutto,* in feinen Scheiben
6 ganze Hühnerbrüste (gut 1,5 kg), enthäutet, entbeint und halbiert, leicht flach geklopft
5 EL (75 ml) natives Olivenöl extra
Mehl nach Bedarf
250 ml trockener Weißwein
250 ml Hühnerbrühe, hausgemacht (Seite 187) oder instant
Meersalz und frisch gemahlener schwarzer Pfeffer

Hackfleisch, Eier, Knoblauch, Petersilie, Parmesan und Semmelbrösel in eine Schüssel geben. Salz und Pfeffer nach Geschmack hinzufügen und alles vermischen. Zur Probe eine walnussgroße Menge in einer Pfanne mit Antihaftbeschichtung gar braten und kosten, danach die Füllung bei Bedarf nochmals mit Salz und Pfeffer abschmecken.

Mozzarella und Schinken in 12 gleich große Stücke schneiden. Die Hühnerbrüste mit der Außenseite nach unten auf eine große Arbeitsfläche legen. In die Mitte jeweils eine gleich große Portion der Füllung und darauf je ein Stück Mozzarella und Schinken geben. Die Hühnerbrüste aufrollen, dabei die Seiten nach innen schlagen, um die Füllung einzuschließen. Die Rouladen mit Holzzahnstochern fixieren oder mit Küchengarn binden.

In einer schweren Pfanne, in die die Rouladen nebeneinander hineinpassen, das Olivenöl bei mittlerer Temperatur erhitzen. Die Hälfte der Rouladen leicht in Mehl wenden, ringsum anbräunen und dann auf eine Platte geben. Die restlichen *involtini* genauso anbraten und ebenfalls aus der Pfanne nehmen. Den Wein angießen und bei hoher Temperatur auf die Hälfte reduzieren. Die Rouladen mitsamt dem ausgetretenen Saft wieder in die Pfanne geben. Die Brühe dazugießen und alles mit Salz und Pfeffer nach Geschmack würzen. Die Rouladen zugedeckt 30 Minuten schmoren und dabei gelegentlich wenden. Auf einer Servierplatte anrichten; Zahnstocher oder Garn entfernen. Die Sauce nach Belieben leicht eindicken lassen, nochmals abschmecken und über den Rouladen verteilen. Sogleich servieren.

IM UHRZEIGERSINN VON LINKS: Ciambotta, *eine neapolitanische Version der Ratatouille. Ein Wagen voller Heu als Futter für die Büffel.* Penne con pomodoro al gratin. *Pflückleitern im Obstgarten. Die Baronessa kleidet eine Springform für* Pizza rustica *aus.* Fiori di zucca ripieni – *panierte gefüllte Kürbisblüten.*

Ciambotta

Gemüsetopf

Die neapolitanische Version der Ratatouille namens Ciambotta *verwendet anstelle der Zucchini gelbfleischige Kartoffeln. Getrockneter Oregano und frisches Basilikum verleihen diesem Eintopf Duft und Würze. Als Antipasto ist er so schmackhaft wie als Gemüsebeilage.*

FÜR 6 PERSONEN

1 kleine Zwiebel, in Scheiben geschnitten
1 mittelgroße Knoblauchzehe, zerdrückt
4 EL (60 ml) natives Olivenöl extra
350 g vorwiegend fest kochende Kartoffeln, geschält und in 2 cm große Stücke geschnitten
500 g Auberginen, geschält und in gut 2 cm große Stücke geschnitten
1 rote Paprikaschote, Samen und Scheidewände entfernt, in 4 cm große Stücke geschnitten
1 gelbe Paprikaschote, Samen und Scheidewände entfernt, in 4 cm große Stücke geschnitten
3 große Eiertomaten, enthäutet, die Samen entfernt, das Fruchtfleisch grob gehackt
½ TL getrockneter Oregano
Meersalz und frisch gemahlener schwarzer Pfeffer
3 mittelgroße Basilikumblätter, in Stücke zerpflückt

In einem großen, schweren Schmortopf die Zwiebel und den Knoblauch im Olivenöl bei mittlerer Temperatur braten, bis die Zwiebel glasig ist. Kartoffeln, Auberginen und Paprikaschoten hinzufügen. Das Gemüse bei hoher Temperatur unter häufigem Rühren garen, bis die Kartoffeln Farbe annehmen. Tomaten und Oregano dazugeben, umrühren und die Mischung mit Salz und Pfeffer nach Geschmack würzen. Zugedeckt unter gelegentlichem Rühren ungefähr 45 Minuten köcheln lassen, bis das Gemüse gar ist und die Aromen sich gut verbunden haben. Kurz vor Ende der Garzeit das Basilikum unterrühren. Heiß oder auf Zimmertemperatur abgekühlt servieren.

OBEN: Fagiolini con prosciutto cotto.
RECHTS: Pfirsiche reifen im Obstgarten der Tenuta Seliano.

Fagiolini con prosciutto cotto

Grüne Bohnen mit gekochtem Schinken

Die Baronessa kombiniert grüne Bohnen mit prosciutto cotto, *einem milden gekochten Schinken. Man erhält ihn in italienischen Feinkostgeschäften.*

FÜR 6 PERSONEN

700 g grüne Bohnen, geputzt
Meersalz und frisch gemahlener schwarzer Pfeffer
4 EL (60 ml) natives Olivenöl extra
2 mittelgroße Knoblauchzehen, in feine Scheiben geschnitten
125 g *prosciutto cotto* oder ein anderer milder gekochter Schinken, in 5 mm dicke Scheiben und diese in 5 mm große Quadrate geschnitten

Sehr lange Bohnen einmal durchbrechen. In einem großen Topf mit mindestens 6 l Fassungsvermögen reichlich Wasser zum Kochen bringen und Salz nach Geschmack hinzufügen. Die Bohnen in den Topf geben und in 4–6 Minuten eben gar kochen. Abseihen, abschrecken und gut abtropfen lassen.

In einer großen Pfanne das Öl bei mittlerer Temperatur erhitzen und den Knoblauch darin braten, bis er Farbe angenommen hat. Den Schinken bei mittlerer bis hoher Temperatur unter Rühren 2 Minuten braten. Die Bohnen dazugeben; mit Salz und Pfeffer abschmecken. Rühren, bis die Bohnen heiß sind und sofort servieren.

Crema Malakoff

Biskuitbombe mit Sommerfrüchten

Die griechischen, römischen, französischen, spanischen und maurischen Einflüsse, denen Kampanien im Lauf der Geschichte ausgesetzt war, spiegeln sich auch in seiner Küche. An ein klassisches französisches Dessert namens Charlotte Malakoff, eine üppige Komposition aus Löffelbiskuits, Mandelbuttercreme und Erdbeeren, lehnt sich das nachfolgende neapolitanische Rezept an. Als Füllung verwendet die Baronessa Sommerfrüchte aus dem eigenen Garten. Die Mischung variiert mit dem Angebot der jeweiligen Saison.

FÜR 12 PERSONEN

Für den Biskuit
6 große Eier, getrennt
150 g Zucker
150 g Mehl

Für die Konditorcreme
500 ml Milch
3 große Eigelb
100 g Zucker
50 g Mehl
1 EL trockener Marsala

Für den Fruchtsalat
1 kg gemischte Sommerfrüchte wie Erdbeeren und andere Beeren, Kirschen, Aprikosen, Nektarinen und Pfirsiche
2 EL extra feiner Zucker, nach Belieben auch weniger oder mehr
2½ EL Maraschino oder Kirschwasser

375 ml Crème double
3 EL extrafeiner Zucker
1 TL Vanille-Essenz
Erdbeeren zur Dekoration (nach Belieben)

Den Backofen auf 180 °C vorheizen. Eine Springform von 24 cm Durchmesser buttern. Den Boden mit ebenfalls gebuttertem Pergamentpapier auslegen und die Form leicht mit Mehl ausstreuen.

Für die Biskuitmasse Eigelb und Zucker in einer großen Schüssel mit dem Handrührgerät auf höchster Stufe verquirlen, bis man eine dicke zitronengelbe Masse erhält. Die Quirle säubern und trocknen. In einer zweiten großen Schüssel das Eiweiß bei mittlerer Stufe des Geräts zu steifem, aber noch nicht trockenem Schnee schlagen. Mit einem Teigspatel Eischnee und Mehl portionsweise unter die Eimasse ziehen – jeweils ein Drittel einarbeiten und dabei das Mehl durch ein Sieb geben. Die Zutaten nicht zu ausgiebig mischen. Die Biskuitmasse in die Form füllen und auf der mittleren Schiene 30–35 Minuten backen, bis sie sich vom Rand gelöst hat und ein in die Mitte eingeführter Zahnstocher sauber herauskommt. Die Form 15 Minuten auf einem Drahtgitter abkühlen lassen, danach abnehmen und den Biskuit völlig kalt werden lassen. (Er kann schon am Vortag gebacken werden.)

Für die Konditorcreme die Milch in einem großen, schweren Topf bei niedriger bis mittlerer Temperatur erhitzen. Unterdessen das Eigelb mit dem Zucker in einer großen Schüssel mit einem Schneebesen verquirlen. Das Mehl gründlich einrühren. Langsam ein Drittel der heißen Milch zu der Mischung gießen und ständig mit dem Schneebesen rühren. Die restliche Milch auf einmal hinzufügen und alles gründlich vermischen. Wieder in den Topf geben und bei niedriger bis mittlerer Temperatur rühren, bis man eine dicke Creme erhält. Vom Herd nehmen, Marsala hinzufügen und noch 1 Minute rühren. Die Creme in eine Schüssel füllen. Mit einem Teigschaber glatt streichen und mit gebuttertem Pergamentpapier abdecken, damit sich keine Haut bildet. Auf Zimmertemperatur abkühlen lassen, mit Klarsichtfolie abdecken und kalt stellen. (Die Konditorcreme kann bereits am Vortag zubereitet werden.)

Für den Fruchtsalat Erdbeeren vom Blütenansatz befreien; die größeren Exemplare halbieren oder vierteln. Kirschen halbieren und entsteinen. Aprikosen, Pfirsiche und Nektarinen entsteinen und in gut 1 cm große Stücke schneiden. Die Früchte in einer großen Schüssel mit Zucker und Maraschino oder Kirschwasser vermischen. 30 Minuten ziehen lassen, dabei gelegentlich rühren.

Für die Herstellung der Crema Malakoff den Biskuit wie ein Brot in 1 cm dicke Scheiben schneiden. Eine Servierschüssel von etwa 2,5 l Inhalt mit drei Vierteln der Biskuitscheiben auskleiden und mit etwas Saft des Fruchtsalats beträufeln.

Die Crème double mit dem Zucker und der Vanille-Essenz steif schlagen; 60 g davon unter die Konditorcreme ziehen, den Rest kalt stellen. Zwei Drittel der Konditorcreme in die Schüssel geben und auf der Biskuithülle verstreichen, sodass in der Mitte eine Mulde entsteht. Den Fruchtsalat mit einem Schaumlöffel portionsweise aus der Schüssel nehmen, darüber abtropfen lassen und in die Mulde der Creme füllen. Alles mit der restlichen Konditorcreme überziehen und mit den übrigen Biskuitscheiben abdecken. Den restlichen Saft des Fruchtsalats darüber träufeln.

Die Hälfte der restlichen geschlagenen Crème double mit einem Teigspatel über dem Dessert verteilen. Die andere Hälfte in einen Spritzbeutel mit Sterntülle füllen und die Biskuitbombe mit hübschen Rosetten verzieren. Nach Belieben mit Erdbeeren dekorieren.

SERRA GAMBETTA

Dass Apulien Erinnerungen an Griechenland weckt, kommt nicht von ungefähr, denn unter der byzantinischen Herrschaft entstanden hier griechische Siedlungen. Die sonnenverwöhnte Region mit ihrer über 650 km langen Küste bildet den Sporn und Absatz des italienischen Stiefels. Oliven- und Mandelhaine, Weingärten und Weizenfelder nehmen die weiten Ebenen ein, dazwischen gedeihen Gemüse und Früchte.

Signora Perna Lanera und ihr Sohn Domenico führen auf ihrem bäuerlichen Grund ein Gästehaus. Es liegt in der beschaulichen Gemeinde Castellana-Grotte im Hinterland von Bari, wo sich das Stadtdomizil der Lanera befindet. Die beiden wandelten ein Landhaus aus dem 19. Jahrhundert sowie mehrere kleine Gebäude, die einst als Lager und Scheunen dienten, in Apartments um; jede Wohneinheit wurde mit einer kleinen Küche ausgestattet. Nach einem Namen, der sich auf einer alten Militärkarte der Region fand, nannten die Lanera ihre ländliche Apartmentanlage Serra Gambetta – das Wort *gambetta* bezeichnet angeblich einen wilden Ölbaum, der einst in dieser Gegend wuchs.

Die Signora liebt Apulien sehr und ist überzeugt, dass die Küche einer Region eine Menge über ihre Bewohner, klimatischen Gegebenheiten, Landwirtschaft und Wirtschaft verrät. Daher erzählte sie ihren Gästen – darunter viele Schweizer, Deutsche und Österreicher, aber auch Landsleute aus den nördlichen und mittleren Regionen – oft über *la cucina pugliese*. Sie gab ihnen Tipps für die Zubereitung bestimmter Gerichte, erteilte ihnen Kochunterricht, unternahm mit ihnen Ausflüge auf Wochenmärkte und bot ihnen Kostproben hausgemachter lokaler Spezialitäten an. So überrascht es kaum, dass sie auf die Bitte einer jungen Gastfamilie, während ihres Aufenthalts auch bekocht zu werden, sogleich begeistert einging und diesen Service seither ebenfalls bietet.

Domenico richtete für seine Mutter eine geräumige Küche im Haupthaus ein und baute draußen einen Holzofen, in dem sie Brot und Pizza backt. Obwohl die Küche mit einem kleinen Gasherd ausgestattet ist, kocht die Signora nach apulischer Tradition die meisten Gerichte in einem aus Kalkstein gemauerten *caminetto*. Häufig kommt dabei ein Terrakotta-Topf namens *tiella* zum Einsatz. In ihn werden die Zutaten – Fisch, Fleisch oder Gemüse und in jedem Fall Kartoffeln – eingeschichtet und zum Schluss mit geriebenem Pecorino romano oder Semmelbröseln bestreut. Die verschlossene *tiella* wird auf die Glut im *caminetto* gesetzt und mit einer Kupferhaube abgedeckt, auf die wiederum Glut geschaufelt wird. Sehr oft enthält eine *tiella* – der Name bezeichnet das Kochgefäß wie das Gericht selbst – Lagen von Reis. Möglicherweise stammt diese Zubereitungsart aus der Zeit der spanischen Herrschaft und ist mit der Paella verwandt.

OBEN: Stattliche alte Olivenbäume mit faszinierend knorrigem Wuchs sind in Apulien keine Seltenheit.
GEGENÜBER: Zitronencreme der Signora, serviert mit Früchten der Saison aus den Obstgärten von Serra Gambetta.

Gemüse bildet einen Eckpfeiler der apulischen Küche. Domenico versorgt seine Mutter regelmäßig mit Blattgemüse, Dicken Bohnen, Tomaten, Erbsen und vielen Sorten mehr aus eigenem Anbau. Die lange Wachstumsperiode erlaubt in Süditalien mehrere Ernten, sodass der Markt fast ganzjährig frisches Gemüse bietet.

Aus Terrakotta ist auch der Krug, in dem Bohnen im *caminetto* gegart werden. Da seine Form an einen Pinienzapfen *(pigna)* erinnert, heißt er *pignata* oder, in kleinerer Ausführung, *pignatello*. In den Bauch des liegenden Gefäßes werden die Bohnen gehäuft. Dann kommen eine Knoblauchzehe, ein Stückchen Bleichsellerie und Kirschtomaten dazu, der Krug wird mit Wasser gefüllt und mit einem Blechdeckel verschlossen. Nun stellt die Signora die *pignata* neben die aufgehäufte Glut im Kamin, wo die Bohnen in drei bis vier Stunden cremig weich schmoren.

Natürlich lassen sich im *caminetto* auch Fisch, Fleisch und Gemüse grillen und sogar Speisen ausbacken. Dafür stellt Signora Lanera einen Dreifuß über das Feuer und setzt darauf eine gusseiserne Pfanne. Schmorgerichte mit Fleisch, das Bauern aus der Umgebung liefern, bereitet sie in ihrem Backofen im Freien zu.

Zwar spielen Fisch und Meeresfrüchte eine wichtige Rolle in der Küche Apuliens, trotzdem nimmt Gemüse hier den ersten Platz ein. Mit ihm lassen sich die verschiedensten warmen oder kalten Antipasti zubereiten. Aus Kirschtomaten, gehackten frischen Kräutern und Olivenöl mischt die Signora eine herzhafte Beigabe zu knusprigem Brot; zu Schafmilch-Ricotta serviert sie in Stücke geschnittene Tomaten und Gurken sowie Oliven; *crespelle* (Crêpes) füllt sie mit Gemüse der Saison und verwendet Mangoldblätter als Hülle für eine delikate Ricotta-Füllung.

Gemüse zu Pasta wird zunächst blanchiert und dann entweder mit Knoblauch, Olivenöl und roten Chilischoten oder in einer leichten Tomatensauce geschmort. Oft macht die Signora dazu *cavatelli,* eine typische apulische Pastaform. Über hundert Jahre alt ist ihre hölzerne *tavoliere*, ein großer, rechteckiger Trog, in dem sie ihre Pasta-, Brot- und Pizzateige bereitet; auf dem am Ende angebrachten, etwas überstehenden Brett lässt sich Pasta formen und schneiden.

Als *secondo piatto* gibt es beispielsweise Gerichte aus Gemüse mit Fisch oder Fleisch. Zumindest kommt Gemüse in Form von *contorni* auf den Tisch. Für solch eine typisch apulische Beilage werden pürierte Dicke Bohnen mit gehackten Löwenzahn- oder Zichorienblättern gemischt. Ergänzt durch gebratene längliche Paprikaschoten und Kirschtomaten, ist diese Spezialität sogar ein sättigendes Hauptgericht. Dazu gibt es eine kleine Schüssel mit schwarzen Oliven und Scheiben roter Zwiebeln. Das *Purè di fave* eignet sich auch als warme Vorspeise, als *primo piatto* oder als Beilage.

Manchmal übernimmt knackiges, rohes Gemüse sogar die Rolle eines erfrischenden Digestifs. Wünschen die Gäste dagegen etwas Süßes, kommen die Sommerfrüchte aus dem Garten von Serra Gambetta zum Zuge: Kirschen, Pfirsiche, Nektarinen und Aprikosen, zu denen Signora Lanera häufig eine Zitronencreme reicht.

Wie eine Mutter kümmert sie sich um das Wohl ihrer Gäste, stets besorgt, dass diese sich wohl fühlen – und vor allem nicht verhungern.

IM UHRZEIGERSINN VON OBEN: *Zweige eines Mandelbaums von Serra Gambetta. Auf der* tavoliere *stellt Signora Lanera ihre* cavatelli *her. Die uralten Trulli sind typisch für Apulien. Die Signora auf dem Markt.*

Aperitivo di limone

Zitronen-Aperitif

Oft bekommen die Gäste der Serra Gambetta zu den Antipasti einen eisgekühlten aperitivo *aus Weißwein und frisch gepresstem Zitronensaft.*

FÜR 8 PERSONEN

1 Flasche (750 ml) trockener Weißwein
3 gehäufte EL extrafeiner Zucker
2 unbehandelte Zitronen, die Schalen jeweils in einem zusammenhängenden Streifen fein abgeschält, Saft ausgepresst
Etwa 350 ml Eiswürfel

Wein, Zucker, Zitronenschale und -saft in einen großen Krug geben und rühren, bis sich der Zucker völlig aufgelöst hat. Für mindestens 4 Stunden kalt stellen.

Die Zitronenschale entfernen und die Eiswürfel in den Krug geben. Den Aperitif in gekühlten Weißweingläsern servieren.

Salsa di pomodorini

Sauce von Kirschtomaten

Kirschtomaten, die in Italien pomodorini *heißen, sind besonders süß und aromatisch – umso mehr, wenn sie aus Apulien stammen. Für eine herzhafte Beigabe zu knusprigem Brot vermischt Signora Lanera sie mit Frühlingszwiebel, frischen Kräutern aus dem Garten und Olivenöl der Region.*

ERGIBT ETWA 375 ML

600 g Kirschtomaten
1 Frühlingszwiebel, das Weiße und nur das helle Grün gehackt
1 EL fein gehackte gemischte Kräuter wie Basilikum, Majoran, Oregano, Petersilie und Thymian
3 EL natives Olivenöl extra
Meersalz

Die Tomaten halbieren, entkernen, grob hacken und in eine kleine Schüssel geben.

Frühlingszwiebel, Kräuter, Olivenöl sowie Salz nach Geschmack hinzufügen und alles gut vermischen. Vor dem Servieren die *salsa* 10 Minuten ziehen lassen.

Salsa di pomodorini *kann als Antipasto oder auch als leichter Imbiss am Nachmittag serviert werden.*

Bietole ripiene

Mangold mit Ricotta-Füllung

Das Gericht kann gut mehrere Stunden im Voraus zubereitet und vor dem Servieren einfach nochmals aufgewärmt werden.

FÜR 6 PERSONEN

500 g kleine Mangoldblätter, geputzt und gründlich gewaschen
Meersalz und frisch gemahlener schwarzer Pfeffer
300 g Ricotta
1 großes Ei, leicht verquirlt
50 g plus 2 EL frisch geriebener Pecorino romano
2 EL gehackte glatte Petersilie

Den Backofen auf 200 °C vorheizen. Eine Gratinform von etwa 24 x 30 cm buttern.

Von den 12 größten Mangoldblättern die Stiele am Blattende abschneiden und beiseite legen. In einem großen Topf mit 6 l Fassungsvermögen reichlich Wasser zum Kochen bringen und Salz nach Geschmack hinzufügen. Die 12 Mangoldblätter hineingeben und im leicht kochenden Wasser in 3 Minuten weich werden lassen. Mit einem Schaumlöffel in einen Durchschlag geben, abschrecken und abtropfen lassen. Das Wasser weiter kochen lassen. Den Mangold gründlich ausdrücken, ohne jedoch die Blätter zu beschädigen. Auf Küchenpapier ausbreiten und beiseite legen.

Von den übrigen Mangoldblättern die Stiele abschneiden und zusammen mit den beiseite gelegten Stielen in 5 cm lange Stücke schneiden. 5 Minuten im kochenden Wasser garen, dann die Blätter dazugeben und alles noch weitere 2 Minuten garen. Den Mangold abseihen, abschrecken und abtropfen lassen. Dann gründlich ausdrücken, mit Küchenpapier trockentupfen und fein hacken. In einer großen Schüssel mit dem Ricotta, dem Ei, 50 g Pecorino romano, der Petersilie sowie Salz und Pfeffer nach Geschmack vermischen.

Die ganzen Mangoldblätter mit der gewölbten Seite der Mittelrippe nach unten auf der Arbeitsfläche ausbreiten. Auf jedes Blatt gut 1 cm unterhalb der Spitze die gleiche Menge Füllung geben. Die Seitenränder über die Füllung schlagen und die Blätter zum breiten Ende hin aufrollen. Die Mangold-Päckchen mit der Naht nach unten in die Gratinform legen, mit 2 EL Pecorino romano bestreuen und mit frisch gemahlenem schwarzem Pfeffer nach Geschmack würzen. 25–30 Minuten backen, bis sie etwas aufgegangen und leicht gebräunt sind. Vor dem Servieren 10 Minuten ruhen lassen.

Fagottini di verdure

Crêpe-Päckchen mit Zucchini-Kürbisblüten-Füllung

Crêpes, in Italien crespelle *genannt, werden in Apulien mit den verschiedensten Gemüsen gefüllt. Für die hier beschriebenen Crêpe-Päckchen oder* fagottini, *die als Antipasto serviert werden, verkocht man Zucchini mit einer Zwiebel in Olivenöl zu einer Art Konzentrat.*

FÜR 6 PERSONEN

Für den Crêpe-Teig
2 große Eier
125 ml Milch
½ TL Meersalz
125 g Mehl
3 EL (45 ml) natives Olivenöl extra, dazu etwas mehr für die Pfanne

Für die Füllung
3 mittelgroße Zucchini (250 g), geputzt und in gut 1 cm große Würfel geschnitten
1 große Zwiebel, in feine Scheiben geschnitten
2½ EL (40 ml) natives Olivenöl extra
Meersalz
180 g Kürbisblüten
50 g plus 1½ EL frisch geriebener Pecorino romano
3 EL getrocknete Semmelbrösel
1 EL gehackte glatte Petersilie

Eier, Milch und Salz in einer großen Schüssel mit einem Schneebesen verquirlen. Mehl gut unterrühren, bis die Mischung glatt ist. 165 ml Wasser und das Olivenöl einrühren. Den Teig 1 Stunde ruhen lassen.

Eine Crêpe-Pfanne von etwa 20 cm Durchmesser dünn mit Öl ausgießen; bei niedriger bis mittlerer Temperatur erhitzen. Vom Herd nehmen, abkühlen lassen und das Öl bis auf einen feinen Film mit Küchenpapier auswischen. Zwischen den einzelnen Backdurchgängen wird kein weiteres Öl benötigt. Alternativ eine kleine Pfanne mit Antihaftbeschichtung verwenden und vor dem Backen der ersten Crêpe nur leicht mit Öl ausstreichen.

Weitere 80 ml Wasser in den Teig rühren. Die Pfanne bei niedriger bis mittlerer Temperatur erhitzen. 60 ml Teig hineingeben und durch Schwenken der Pfanne verteilen – der Boden soll sehr dünn, aber gleichmäßig bedeckt sein. Sobald der Teig auf der Unterseite goldbraun ist, die Crêpe mit einem Palettmesser wenden und den Teig von der zweiten Seite eben stocken lassen. Die Crêpe auf einen großen Teller legen und die nächste backen – insgesamt werden 16 Crêpes benötigt. Falls sie nicht sofort weiter verarbeitet werden, stapelt man sie mit Zwischenlagen aus Frischhaltefolie auf einem Teller übereinander und stellt sie, mit Folie abgedeckt, in den Kühlschrank.

Für die Füllung Zucchini, Zwiebel, 1½ EL (30 ml) Olivenöl und 80 ml Wasser in einen Topf geben. Mit Salz nach Geschmack würzen und zugedeckt bei niedriger Temperatur 40–45 Minuten dünsten, bis die Zucchini fast zu Mus zerkocht sind und keine Flüssigkeit mehr im Topf ist. Vom Herd nehmen und abkühlen lassen.

Von den Kürbisblüten die Stiele und Stempel entfernen. Die Blüten in eine Schüssel mit kaltem Wasser tauchen, herausnehmen, kurz abtropfen lassen und mit dem noch anhaftenden Wasser in einen kleinen, schweren Topf geben. 1 EL Olivenöl (15 ml) und ¼ TL Salz hinzufügen. Einen Deckel auflegen und die Blüten bei niedriger Temperatur 30 Minuten dünsten. Dann mit einer Küchenschere grob zerschneiden und ohne Deckel weiter garen, bis die gesamte Flüssigkeit verdampft ist. Vom Herd nehmen und abkühlen lassen.

Zucchini und Kürbisblüten in einer großen Schüssel mit einer Gabel zu grobem Püree zerdrücken. 50 g Pecorino romano, Semmelbrösel und Petersilie untermischen; die Füllung mit Salz abschmecken.

Den Backofen auf 200 °C vorheizen. Eine Gratinform von etwa 24 x 30 cm mit Öl ausstreichen.

Die Crêpes mit der gebräunten Seite nach unten auf eine Arbeitsfläche legen. In die Mitte jeder Crêpe die gleiche Menge Füllung geben. Zwei gegenüberliegende Seiten der Crêpe umschlagen, sodass die Füllung völlig bedeckt ist. Die beiden anderen Seiten darüber falten. Die *fagottini* mit der glatten Seite nach oben in die Gratinform setzen; mit den restlichen 1½ EL Pecorino bestreuen. 25–30 Minuten backen, bis die Päckchen heiß sind und der Käse etwas gebräunt ist.

FOLGENDE SEITEN: Fagottini di verdure – *gefüllte Crêpe-Päckchen.*

Purè di fave con peperoni e pomodorini

Bohnen-Löwenzahn-Püree mit gebratenen Paprikaschoten und Kirschtomaten

Für eine der populärsten Spezialitäten Apuliens werden getrocknete Dicke Bohnen vier Stunden langsam gegart, bis sie zerfallen. Dann werden gedünstete Blätter von Löwenzahn oder Blattzichorie sowie kleine Brotstücke darunter gemischt, die das Püree binden. Im Sommer genießt man das purè di fave *mit gebratenen Paprikaschoten und Kirschtomaten. Geschälte Dicke Bohnen erhält man in italienischen und arabischen Feinkostgeschäften.*

FÜR 4 BIS 6 PERSONEN

450 g getrocknete Dicke Bohnen, 5 cm hoch mit kaltem Wasser bedeckt und über Nacht eingeweicht
Meersalz
2 EL (30 ml) natives Olivenöl extra
250 g Löwenzahn oder Blattzichorie *(catalogna)*, geputzt und gründlich gewaschen
1 leicht getrocknete Scheibe kerniges Weißbrot (*Pane toscano,* Seite 78), fein zerpflückt
400 g rote oder grüne längliche Paprikaschoten, ganz belassen; oder runde Schoten, Samen und Scheidewände entfernt, in Viertel geschnitten
300 g Kirschtomaten

Die Bohnen abseihen und bei ungeschälten Bohnen die dunklen Schalen entfernen. In einem großen Topf 5 cm hoch mit kaltem Wasser bedecken und einmal aufkochen lassen. Dann bei reduzierter Temperatur ohne Deckel 4 Stunden köcheln lassen, dabei gelegentlich rühren und nach 3 Stunden 1 TL Salz und 1 EL Olivenöl hinzufügen. Sobald die Bohnen etwas eindicken, häufiger rühren und, falls sie am Boden ansetzen, weiteres Wasser dazugeben.

In einem Topf mit mindestens 4 l Fassungsvermögen reichlich Wasser zum Kochen bringen und Salz nach Geschmack hinzufügen. Löwenzahn oder Blattzichorie in 3–5 Minuten eben gar kochen. Abseihen, abschrecken und gut abtropfen lassen. Gut ausdrücken und grob hacken.

Nach 4 Stunden sind die Bohnen zu Püree verkocht. Löwenzahn oder Blattzichorie und Brot dazugeben. Bei niedrigster Temperatur rühren – das Brot soll sich verteilen; mit Salz abschmecken.

Die ganzen Paprikaschoten in der Mitte zweimal parallel einschneiden, damit sie beim Garen nicht aufplatzen. In einer großen Pfanne 1 EL Olivenöl bei hoher Temperatur erhitzen. Die Paprikaschoten auf einer Seite scharf anbraten, mit einer Zange wenden, von der zweiten Seite genauso braten und auf eine Platte geben. Die Kirschtomaten in die Pfanne geben, unter häufigem Rühren ebenfalls braten und zuletzt mit Salz nach Geschmack würzen.

Das Püree in einer großen Schüssel mit dem Gemüse anrichten.

HINWEIS: Übrig gebliebenes *purè di fave* lässt sich backen. Dafür eine kleine Zwiebel in Scheiben schneiden und in einer mittelgroßen Pfanne mit Antihaftbeschichtung in 1 EL Olivenöl weich braten. Das Püree dazugeben und mit einem Spatel flach drücken. Den Fladen bei niedriger Temperatur von beiden Seiten bräunen. Heiß servieren.

Cavatelli con fagiolini

Hausgemachte Pastaröllchen mit grünen Bohnen und Tomaten

Die Gemüsesauce für die handgemachten cavatelli *ist im Handumdrehen fertig: Tomaten in Olivenöl eine Weile köcheln lassen und gegen Ende das vorgegarte Gemüse und frisches Basilikum untermischen. Statt grüner Bohnen eignen sich beispielsweise auch Zucchini, Erbsen, Blumenkohl oder Rauke.*

Verlieren Sie bei der Herstellung der cavatelli *nicht die Geduld, das Tempo kommt mit wachsender Übung. Eilige können auch fertige Pasta verwenden, wie etwa* orecchiette *– ebenfalls für Apulien typisch –,* penne *oder* ziti.

FÜR 6 PERSONEN

Für die Pasta
700 g Mehl
375 ml Wasser

Für die Gemüsesauce
250 g zarte grüne Bohnen, geputzt
1 kg frische Eiertomaten, enthäutet, die Samen entfernt und das Fruchtfleisch grob gehackt
2 EL (30 ml) natives Olivenöl extra
Meersalz
6 mittelgroße Basilikumblätter, fein zerpflückt
60 g frisch geriebener Parmesan, dazu mehr zum Servieren

Aus dem Mehl und Wasser nach der Anleitung auf Seite 188 den Teig für die *cavatelli* mischen und mit den Händen ungefähr 15 Minuten kneten, bis er glatt und sehr fest ist. Eventuell wird nicht das gesamte

LINKS: Purè di fave*, serviert mit gebratenen Paprikaschoten und Kirschtomaten. Traditionelle Beigaben sind rohe Zwiebelscheiben und Oliven.*
UNTEN: Signora Lanera demonstriert die Herstellung hausgemachter cavatelli.

Mehl benötigt – der Rest wird beim Herstellen der *cavatelli* verwendet. Den Teig leicht mit Mehl bestäuben, in ein sauberes Küchentuch einschlagen und 10 Minuten ruhen lassen.

Zwei Tabletts oder Backbleche mit Küchentüchern auslegen und leicht mit Mehl bestreuen.

Von dem Teig eine kleine Portion abschneiden und den Rest wieder einwickeln. Den Teig auf der unbemehlten Arbeitsfläche von Hand zu einer 1,5 cm dicken Rolle formen. Leicht mit Mehl bestäuben und in 1,5 cm lange Stücke schneiden. Wieder leicht mit Mehl bestäuben und durchmischen. Um die *cavatelli* zu formen, die einzelnen Stücke mit der Daumenkuppe vorsichtig flach drücken und dabei leichten Druck vom Körper weg ausüben, sodass sich der Teigrand nach oben rollt. Die *cavatelli* sollten etwa gleich groß und dick geraten, damit sie gleichmäßig garen. Die fertige Pasta auf die vorbereiteten Tabletts geben, mit Mehl bestäuben und mit einem Küchentuch bedecken. Den restlichen Teig genauso verarbeiten.

Für die Sauce die Bohnen in 5 cm lange Stücke schneiden. In einem großen Topf reichlich Wasser zum Kochen bringen und Salz nach Geschmack hinzufügen Die Bohnen in den Topf geben und in 4–6 Minuten eben gar kochen. Abseihen, abschrecken und gut abtropfen lassen.

Tomaten, Olivenöl und ¼ TL Salz in einen Schmortopf geben, in dem alle *cavatelli* Platz haben. Die Mischung ohne Deckel 30 Minuten köcheln lassen. Die Bohnen hineingeben und mitgaren, bis sie heiß sind. Das Basilikum unterrühren und die Sauce mit Salz abschmecken.

In einem sehr großen Topf mit mindestens 8 l Fassungsvermögen reichlich Wasser zum Kochen bringen und Salz nach Geschmack hinzufügen. Die *cavatelli* in den Topf geben und einen Deckel auflegen, bis das Wasser erneut aufwallt. Die Pasta im offenen Topf in 8–10 Minuten *al dente* garen. Abseihen und dabei etwas Kochwasser auffangen. Die *cavatelli* zur Sauce geben und bei niedriger Temperatur durchmischen. Falls das Ganze zu trocken ist, etwas Kochwasser hinzufügen. Mit 60 g Parmesan bestreuen und alles so lange vermischen, bis er geschmolzen ist. Die Pasta in einer großen Schüssel anrichten und sogleich servieren. Weiteren Parmesan in einer kleinen Schüssel separat dazu reichen.

Calamari in tiella

Geschmorte gefüllte Tintenfische mit Kartoffeln

Tiella *heißt eine traditionelle apulische Zubereitung, für die Kartoffeln mit anderem Gemüse sowie Fleisch oder Fisch in ein mit Deckel versehenes Gefäß gleichen Namens geschichtet werden. Bei diesem Rezept kommen Tintenfische mit herzhafter Füllung zur Verwendung. Alternativ verwenden Sie knapp 700 g fleischigen Fisch wie Kabeljau, in 2,5 cm große Stücke geschnitten, und bestreuen Sie die* tiella *mit Semmelbröseln statt mit Käse.*

FÜR 4 PERSONEN

Für die Füllung
150 g leicht getrocknetes kerniges Weißbrot (*Pane toscano,* Seite 78), Rinde entfernt, in kleine Stücke zerpflückt
2 große Eier, leicht verquirlt
1 kleine Knoblauchzehe, fein gehackt
50 g frisch geriebener Pecorino romano
1 EL gehackte glatte Petersilie
Kleine Prise Backpulver
Meersalz und frisch gemahlener schwarzer Pfeffer

12 mittelgroße Tintenfische von 10–13 cm Länge (700 – 900 g), gesäubert, die Fangarme abgetrennt und aufbewahrt
1 mittelgroße Zwiebel, in 5 mm dicke Scheiben geschnitten
1 mittelgroße Knoblauchzehe, ungeschält
2 große Eiertomaten, die Samen entfernt und das Fruchtfleisch grob gehackt
1 EL grob gehackte glatte Petersilie
Meersalz und frisch gemahlener schwarzer Pfeffer
500 g vorwiegend fest kochende Kartoffeln, geschält und in 1 cm dicke Scheiben geschnitten
1 kleine, scharfe rote Chilischote, grob gehackt
50 g frisch geriebener Pecorino romano
3 EL (45 ml) natives Olivenöl extra
Stengel glatte Petersilie zum Garnieren (nach Belieben)

Das Brot in warmem Wasser 5 Minuten einweichen. Abgießen, ausdrücken und mit Eiern, Knoblauch, Pecorino, Petersilie und Backpulver vermischen. Mit Salz und Pfeffer nach Geschmack würzen.

Die Tintenfische mit dieser Mischung zur Hälfte füllen – beim Garen quillt die Füllung auf; mit einem Zahnstocher verschließen.

Zwiebel, Knoblauch, Tomaten und Petersilie in eine runde, hitzebeständige Terrakotta-Form von mindestens 22 cm Durchmesser und etwa 3 l Fassungsvermögen (oder in einen emaillierten Gusseisentopf) geben. Mit Salz und Pfeffer nach Geschmack würzen und 3 EL Wasser hinzufügen. Die Kartoffeln dachziegelartig darüber legen, mit der Chilischote bestreuen und mit Salz und Pfeffer würzen. Die Tintenfische mit den Fangarmen auf die Kartoffeln legen, mit Pecorino bestreuen und mit Olivenöl beträufeln. Die *tiella* zugedeckt bei niedriger Temperatur 1 Stunde garen – sie sollte stets leise brodeln. Nach Belieben mit Petersilienstengeln garnieren und sogleich servieren.

HINWEIS: Das Gericht lässt sich auch in einer ofenfesten Form der angegebenen Größe zubereiten, die, fest verschlossen, für 1 Stunde in den auf 190 °C vorgeheizten Backofen geschoben wird.

Crema di latte

Zitronencreme

Zu Beeren und anderen Sommerfrüchten mundet diese Zitronencreme ebenso wie in der kalten Jahreszeit zu gedünsteten Birnen oder Orangenscheiben.

ERGIBT 1 L

5 große Eigelb
150 g Zucker
100 g Mehl
1 l Milch
Schale von 1 unbehandelten Zitrone, die Schale in einem zusammenhängenden Streifen fein abgeschält
1 Messerspitze Zimtpulver

Das Eigelb über einem großen, schweren Topf durch ein Sieb streichen. Mit einem Schneebesen den Zucker und anschließend das Mehl gründlich einrühren. Langsam die Milch dazugießen und kräftig rühren, bis man eine glatte Mischung erhält. Die Zitronenschale hineingeben und die Creme bei niedriger Temperatur unter ständigem Rühren etwa 20 Minuten eindicken lassen. Die Zitronenschale entfernen.

Die Zitronencreme in eine Schüssel füllen. Mit einem Teigschaber glatt streichen und mit gebuttertem Pergamentpapier bedecken, damit sich keine Haut bildet. Nach dem Abkühlen mit Klarsichtfolie abgedeckt kalt stellen.

15 Minuten vor Verwendung die Creme aus dem Kühlschrank nehmen, in eine Servierschüssel füllen und mit Zimt bestreuen.

GEGENÜBER: Geschmorter gefüllter Tintenfisch – Calamari in tiella.

SANTA CATERINA

Mit der *riviera amalfitana* hat die süditalienische Region Kampanien ein atemberaubendes Stück Landschaft zu bieten. Ihre malerischen Fischerorte und abgeschiedenen Buchten üben auf Künstler, Schriftsteller und romantische Seelen seit Jahrhunderten eine starke Anziehungskraft aus. In kühnen Windungen folgt die Straße dem Küstenverlauf und führt nach Amalfi, dessen dicht gedrängte, weiße und erdfarbene Häuser sich vom Rand der aus dem azurblauen Meer aufsteigenden Klippen malerisch die Berghänge emporziehen.

Auf einer dieser Klippen liegt, mit Blick über den Golf von Salerno, Santa Caterina, das namhafteste Hotel des berühmten Ferienortes. Im Jahr 1880 von Giuseppe Gambardella erbaut, wurde es von dessen Sohn Crescenzo Anfang des 20. Jahrhunderts umgestaltet und in ein Gästehaus mit sechs Zimmern umgewandelt. Bis heute ist es im Besitz der Familie und steht inzwischen unter der Leitung von Giuseppes Enkelinnen Giuseppina und Carmela Gambardella. Sie haben es zu einem Luxushotel mit 70 Gästezimmern, Suiten und Bungalows ausgebaut.

Fruchtbare terrassierte Gärten bringen eine Fülle sonnengereifter Erzeugnisse hervor, aus denen die Köche des Restaurants verlockende Spezialitäten der kampanischen Küste zubereiten. Hoch auf den Felsen wachsen Olivenbäume inmitten von Kirschen, Feigen und Mandarinen; hier reifen Tomaten, dort erstrecken sich Pflanzungen von Auberginen, Zucchini, grünen Bohnen, Kartoffeln und Salat, an anderer Stelle sprießen kultivierte oder wilde Kräuter. Ergiebig sind auch die hiesigen Fischgründe, und von den Bergen und Ebenen des Umlands kommen vorzügliche Milchprodukte.

Der angesehene Küchenchef Domenico Cuomo stammt aus dem nur fünf Kilometer entfernten Furore und ist daher mit den kulinarischen Traditionen der Gegend bestens vertraut. Allmorgendlich herrscht in der weitläufigen und perfekt ausgestatteten Küche geschäftiges Treiben. Während der Chef und seine Mitarbeiter in ihrer frisch gestärkten und tadellos gebügelten Kluft erste Vorbereitungen für den Tag treffen, kommen diverse Lieferungen an: Fische und Meeresfrüchte etwa, fangfrisch und zumeist aus einheimischen Gewässern, oder auch Körbe voller Gemüse und Obst, eben erst in den hoteleigenen Gärten geerntet.

Täglich macht Chef Cuomo frische Pasta. Zwar kommt im *mezzogiorno*, wie der südliche Landesteil genannt wird, bekanntlich vor allem getrocknete Pasta aus *semolina* (Hartweizengrieß) zur Verwendung, doch kennt jede Region des Südens auch Rezepte für hausgemachte Nudeln. Mit den von Hand gerollten *fusilli* (Spiralnudeln) stellt der

OBEN: Auf der Speiseterrasse grillt Küchenchef Cuomo fangfrischen Fisch und Meeresfrüchte.
GEGENÜBER: Zitronenbäume des Hotels Santa Caterina, die auf Felsterrassen wachsen, müssen von Holzgerüsten gestützt werden. Dazwischen gedeihen andere Früchte sowie Gemüse und Kräuter.

Küchenchef sein Können ebenso unter Beweis wie mit den *scialatielli*, kräftigen, mit frischem Basilikum und Parmesan aromatisierten Bandnudeln, die er mit einer Sauce aus Auberginen, Tomaten, noch mehr frischem Basilikum, Mozzarellawürfeln und Parmesan anrichtet.

In einer Ecke der Küche hat Patissier Michele Napoli sein Reich. Hier hantiert er jeden Morgen mit Schneebesen, Rührgerät und Spritzbeutel, bis die große Auswahl an *dolci* fertig ist, die das Hotel für die Gäste bereit hält. Viele der Süßspeisen verdanken, wie so manche herzhafte Zubereitung, ihre besonders köstliche Note einer saftigen und geschmacksintensiven Zitronensorte mit dem Namen *sfusato amalfitano*. Die dicken Früchte reifen in beachtlicher Zahl in den Gärten des Hotels und zeichnen sich durch eine auffallend kräftige, grobe Schale aus. Nicht nur bei *Profiteroles al limone*, kleinen Windbeuteln mit Zitronencreme, spielen sie eine tragende Rolle, sondern auch bei einer deliziösen Zitronen-*crostata* und einem heißen Zitronen-Soufflé. Zum Frühstück gibt es Zitronenmarmelade, frisch hergestellte *tagliolini* werden zum Abendessen mit Zitronen-Sahne-Sauce serviert, und zum Abschluss des Essens wird ein Gläschen *limoncello*, ein aromatischer, eisgekühlter Likör, angeboten.

Ein herrlicher Blick über den Strand von Amalfi ist im Restaurant Eolo im Preis inbegriffen.

Während der Sommermonate können die Gäste das Mittag- und Abendessen unter freiem Himel einnehmen. In einem gläsernen Aufzug, von dem sich ein kurzer Blick auf die terrassierten Gärten und die glitzernde Weite des Wassers eröffnet, schweben sie am Fels hinunter auf Meeresniveau, wo neben dem Pool auf einer Terrasse gedeckt ist. Hinter einem großen Grill steht Domenico Cuomo und bereitet über der Glut Köstliches aus Gemüse, Fisch und Meeresfrüchten zu. In einem Holzofen gleich daneben wird Pizza in den verschiedensten Versionen gebacken. Andere Mitarbeiter werkeln derweil emsig in der in den Fels gehauenen Küchennische.

Unweit des Hotels Santa Caterina liegt nahe dem Ortseingang das kleine Restaurant Eolo an einem Felsvorsprung. Es ist benannt nach Äolus, dem Gott des Windes, denn hier weht stets eine angenehm frische Brise. Betrieben wird Eolo von Caterina Gargano, der Tochter von Giuseppina Gambardella.

Caterina hat sich zum Ziel gesetzt, in Vergessenheit geratene kulinarische Genüsse Amalfis wieder zu beleben, allerdings in zeitgemäßer, leichterer Interpretation. Dabei schöpft sie aus dem, was die Gärten des Hotels Santa Caterina bieten ebenso wie aus den Meeresfrüchten vor ihrer Restauranttür, aber auch aus dem Fundus jener Zutaten, denen einst in der Küche dieser Region eine bedeutendere Rolle zukam, wie Getreide und Hülsenfrüchte. Alle drei Wochen stellt sie neue Menüs zusammen, die den Rhythmus der Jahreszeiten respektieren und in ihrer schlichten Art die Qualität der einzelnen Zutaten noch unterstreichen.

LINKS: *Aprikosen und Kürbisblüten aus den Gärten des Hotels Santa Caterina schmücken, hübsch arrangiert, den Speiseraum des Restaurants Eolo.*
RECHTS: *Amalfi war einst eine der vier einflussreichen Seerepubliken Italiens.*
UNTEN: *Nach einem Tag auf dem Meer werden die Netze versorgt.*

Sauté di frutti di mare

Muscheltopf

Die Gegend von Amalfi ist bekannt für ihre schmackhaften Fische und Meeresfrüchte. Küchenchef Cuomo kombiniert verschiedene Muschelarten in diesem Eintopf und richtet ihn mit Röstbrotscheiben an, mit denen sich die köstliche Sauce bis zum letzten Tropfen auftunken lässt. Je nach Marktangebot verwendet er cannolicchi *(Schwertmuscheln),* tartufi di mare *(Raue Venusmuscheln), denen eine aphrodisische Wirkung nachgesagt wird,* datteri di mare *(Meerdatteln),* fasolari *(Glatte oder Braune Venusmuscheln),* vongole veraci *(Kreuzmuster-Teppichmuscheln) und die schwarzschaligen* cozze *(Miesmuscheln).*

Für 6 Personen

3 Dutzend Miesmuscheln und große Venusmuscheln, entbartet und abgebürstet
3 Dutzend kleine Venusmuscheln und Herzmuscheln, abgebürstet
2 EL Mehl
12 Scheiben leicht getrocknetes kerniges Weißbrot
4 EL (60 ml) natives Olivenöl extra
3 mittelgroße Knoblauchzehen, in feine Scheiben geschnitten
3 mittelgroße Eiertomaten, Samen entfernt und Fruchtfleisch grob gehackt
2 EL grob gehackte glatte Petersilie
375 ml trockener Weißwein

Den Backofen auf 200 °C vorheizen.

Alle Muscheln in einer großen Schüssel mit reichlich kaltem Wasser bedecken. Das Mehl einrühren und die Muscheln 15 Minuten stehen lassen. Herausnehmen und für 10 Minuten in frisches Wasser legen. Bis zur Zubereitung in den Kühlschrank stellen.

Die Brotscheiben nebeneinander auf ein Backblech legen und 10 Minuten im Ofen rösten. Wenden und von der zweiten Seite noch 6–8 Minuten bräunen. Auf einem Drahtgitter völlig abkühlen lassen.

Das Olivenöl in einem großen Schmortopf bei mittlerer Temperatur erhitzen und den Knoblauch anbraten. Dann die Tomaten mit 1 EL Petersilie hinzufügen und bei mittlerer bis hoher Temperatur unter häufigem Rühren 1 Minute garen. Den Weißwein angießen und auf die Hälfte einkochen lassen. Alle Muscheln in den Topf geben und zugedeckt bei mittlerer Temperatur erhitzen, bis nach 10–15 Minuten die Schalen geöffnet sind. Muscheln und Sauce auf eine große Servierplatte geben, mit der restlichen Petersilie bestreuen und mit den gerösteten Brotscheiben umlegen. Sogleich servieren.

GEGENÜBER: Sauté di frutti di mare, *ein Muscheltopf.*

Conchiglie gratinate

Gemischte Meeresfrüchte aus dem Ofen

Im Restaurant Eolo ist dieses Gericht ein primo piatto*; es ergibt aber auch einen Hauptgang. Verwenden Sie eine Mischung aus weichfleischigem Fisch wie Kabeljau oder Heilbutt und festfleischigem wie Schwertfisch oder Thunfisch.*

Für 6 Personen

6 EL (90 ml) natives Olivenöl extra
7 Scheiben leicht getrocknetes kerniges Weißbrot
4 mittelgroße Knoblauchzehen, fein gehackt
6 große Garnelen, ausgelöst und Darm entfernt
Meersalz und frisch gemahlener schwarzer Pfeffer
3 mittelgroße Eiertomaten, die Samen entfernt und das Fruchtfleisch in 1 cm große Würfel geschnitten
1 EL fein gehackte glatte Petersilie
450 g gemischter weißfleischiger Fisch, enthäutet, entgrätet und in 1,5 x 5 cm große Stücke geschnitten
1 Dutzend kleine Miesmuscheln, die obere Schalenhälfte entfernt, der Saft aufgefangen
2 Dutzend kleine Venusmuscheln, die obere Schalenhälfte entfernt, der Saft aufgefangen

Den Backofen auf 200 °C vorheizen. 6 einzelne kleine Gratinpfannen oder eine große Form, in die Fisch und Meeresfrüchte in einer Lage hineinpassen, mit etwas Olivenöl ausstreichen.

Das Brot entrinden und in 1 cm große Würfel schneiden. In einer großen Pfanne mit Antihaftbeschichtung 3 EL (45 ml) Olivenöl bei mittlerer Temperatur erhitzen. Die Hälfte des Knoblauchs und der Brotwürfel hinzufügen und unter häufigem Rühren leicht bräunen. Die Croûtons in eine große Schüssel füllen. Nochmals 3 EL (45 ml) Öl erhitzen; das restliche Brot mit dem übrigen Knoblauch bräunen.

Die Garnelen aufklappen, mit der Außenseite nach unten auf eine Arbeitsfläche legen und leicht flach klopfen. Mit Salz und Pfeffer nach Geschmack würzen. In die Mitte jeder Garnele 1 TL Tomatenwürfel geben und mit etwas Petersilie bestreuen. Die Garnelen, am Kopfende beginnend, zusammenrollen.

Fischstücke, Garnelen und Muscheln in einer Lage in die Form beziehungsweise die einzelnen Pfannen geben. Mit Salz und Pfeffer würzen und mit der Hälfte der Croûtons umlegen. Den Rest der Tomatenwürfel und Petersilie zu den übrigen Croûtons geben, mit 2 EL Muschelsaft beträufeln und durchmischen. Über die Meeresfrüchte verteilen und diese 20 Minuten im vorgeheizten Ofen garen.

Insalata di fagiolini romani

Salat von Breiten Bohnen mit Minze

Frisch geerntete, zarte Breite Bohnen schmecken köstlich als Salat. Man serviert ihn kalt, was in Italien zimmerwarm bedeutet.

FÜR 6 PERSONEN

Für das Dressing
6 EL (90 ml) natives Olivenöl extra
2 EL (30 ml) Rotweinessig
1 mittelgroße Knoblauchzehe, in Scheiben geschnitten
Meersalz
2 EL grob gehackte Minzeblätter

700 g Breite Bohnen, geputzt
1 kleine Tomate, in Achtel geschnitten, zum Garnieren (nach Belieben)
Minzezweige zum Garnieren (nach Belieben)

Olivenöl, Essig, Knoblauch und Salz nach Geschmack in einer kleinen Schüssel gut verrühren. Das Dressing 1 Stunde ruhen lassen.

In einem großen Topf mit 6 l Fassungsvermögen reichlich Wasser zum Kochen bringen und Salz nach Geschmack hinzufügen. Die Bohnen hineingeben und in 5–10 Minuten bissfest garen. Abseihen, mit kaltem Wasser abschrecken, gut abtropfen lassen und in eine Servierschüssel füllen. Die Minze in das Dressing rühren. Die Bohnen damit übergießen und gut durchmischen. Den Salat nach Belieben mit Tomatenachteln und Minzezweigen garnieren und sogleich servieren.

Laganelle con calamari e ceci

Kichererbsennudeln mit Tintenfisch und Kichererbsen

Überall in Süditalien schätzt man diese hausgemachten Bandnudeln, die etwa so breit wie fettuccine, *aber etwas dicker sind. Im Restaurant Eolo werden sie mit einer Mischung aus Weizen- und Kichererbsenmehl hergestellt.*

FÜR 6 PERSONEN

Für die Kichererbsennudeln
175 g Kichererbsenmehl
480 g Mehl
5 große Eier

Für die Sauce
3 mittelgroße Knoblauchzehen, in Scheiben geschnitten
1–2 kleine, scharfe rote Chilischoten
4 EL (60 ml) natives Olivenöl extra
1 kg kleine, ganze Tintenfische (gesäubert 700 g), die Fangarme unzerteilt und die Körper in 1 cm dicke Ringe geschnitten
4 EL (60 ml) trockener Weißwein
450 g Kirschtomaten, halbiert
300 g gekochte Kichererbsen (Seite 187)
8 Stengel glatte Petersilie, nur die Blätter grob gehackt
Meersalz und frisch gemahlener schwarzer Pfeffer

Die beiden Mehlsorten dreimal zusammen durchsieben, um sie gründlich zu vermischen. Aus dieser Mischung und den Eiern nach der Anleitung auf Seite 188 einen Teig herstellen. Die Nudelmaschine vorbereiten. Zwei Tabletts oder Backbleche mit Küchentüchern auslegen und mit Mehl bestäuben.

Den Teig in 6 gleiche Portionen teilen und mit Hilfe der Nudelmaschine kneten, wie auf Seite 188 beschrieben. Nach der dortigen Anleitung weiter verfahren: Die Teigportionen einzeln ausrollen, bis die vorletzte Einstellung der Maschine erreicht ist. Die Teigblätter mit einem gewellten Teigrädchen in etwa 18 cm lange Stücke schneiden. Diese nebeneinander auf die eingemehlten Tücher legen und etwas trocknen lassen, dabei gelegentlich wenden. Der Teig soll sich zuletzt nicht mehr klebrig, aber auch noch nicht starr anfühlen.

Die Schneidewalze für *tagliatelle* oder *fettuccine* in die Nudelmaschine einsetzen. Dann die Teigblätter einzeln durch die Maschine drehen – falls sie sich nicht gut einführen lassen, die Vorderkante mit den Fingerspitzen flach drücken. Die *laganelle* auf die eingemehlten Tücher legen, mit Mehl bestäuben und behutsam lockern.

In einem sehr großen Topf mit mindestens 8 l Fassungsvermögen reichlich Wasser zum Kochen bringen und Salz nach Geschmack hinzufügen. Die *laganelle* hineingeben und einen Deckel auflegen, bis das Wasser erneut aufwallt. Den Deckel wieder abnehmen und die Nudeln in 3–5 Minuten *al dente* garen.

Unterdessen in einem Schmortopf, der für die *laganelle* ausreichend Platz bietet, den Knoblauch und die Chilischoten im Olivenöl bei mittlerer Temperatur braten, bis der Knoblauch Farbe angenommen hat. Die Tintenfische bei mittlerer bis hoher Temperatur etwa 1 Minute braten, bis das Fleisch fest wird. Den Wein dazugießen und 3 Minuten einkochen lassen. Tomaten, Kichererbsen und die Hälfte der Petersilie hinzufügen. 125 ml Wasser aus dem Nudeltopf angießen; alles 1 Minute köcheln lassen. Mit Salz und Pfeffer nach Geschmack würzen. Die Gesamtgarzeit darf 5 Minuten nicht überschreiten, sonst werden die Tintenfische zäh wie Gummi.

Die fertig gegarten *laganelle* abseihen und dabei etwas Kochwasser auffangen. Die Nudeln zur Sauce geben und bei niedriger Temperatur durchmischen. Falls das Ganze zu trocken ist, etwas Kochwasser hinzufügen. Mit der restlichen Petersilie bestreuen und sofort servieren.

Scialatielli con melanzane, pomodori e mozzarella

Basilikumnudeln mit Auberginen, Tomaten und Mozzarella

Im Hotel Santa Caterina wird der Teig für hausgemachte Bandnudeln oft mit frischem Basilikum und Parmesan angereichert. Entweder serviert Küchenchef Cuomo diese scialatielli *mit einer Sauce aus Meeresfrüchten oder aber mit einer Sommerkomposition aus Tomaten, Auberginen, frischem Basilikum sowie frischem Mozzarella und Parmesan. Dazu passt auch gut getrocknete Pasta.*

FÜR 6 PERSONEN

Für die Basilikumnudeln

500 g Mehl
1 großes Ei
1 EL fein gehacktes frisches Basilikum
375 ml Milch
Prise Meersalz
60 g frisch geriebener Parmesan

Für die Sauce

1 mittelgroße Aubergine, in gut 1 cm dicke Scheiben geschnitten
Meersalz
5 EL (75 ml) plus 4 EL (60 ml) natives Olivenöl extra
50 g Mehl
3 mittelgroße Knoblauchzehen, in feine Scheiben geschnitten
2 große Tomaten, die Samen entfernt und das Fruchtfleisch in gut 1 cm große Stücke geschnitten
6 mittelgroße Basilikumblätter, in feine Streifen geschnitten
250 g frischer Mozzarella, in 1 cm große Würfel geschnitten
125 g frisch geriebener Parmesan

Aus Mehl, Ei, Basilikum, Milch, Salz und Parmesan nach der Anleitung auf Seite 188 einen Teig herstellen; eventuell wird nicht alles Mehl benötigt. Die Nudelmaschine vorbereiten. Zwei Tabletts oder Backbleche mit Küchentüchern auslegen und mit Mehl bestäuben.

Den Teig in 4 gleiche Portionen teilen und mit Hilfe der Nudelmaschine kneten, wie auf Seite 188 beschrieben. Nach der dortigen Anleitung weiter verfahren: Die Teigportionen einzeln ausrollen, bis die vorletzte Einstellung der Maschine erreicht ist. Die Teigblätter mit einem gewellten Teigrädchen quer halbieren. Nebeneinander auf die eingemehlten Tücher legen und etwas trocknen lassen, dabei gelegentlich wenden. Der Teig soll sich zuletzt nicht mehr klebrig, aber auch noch nicht starr anfühlen.

Die Schneidewalze für *tagliatelle* oder *fettuccine* in die Nudelmaschine einsetzen. Die Teigblätter durch die Maschine drehen – falls sie sich nicht gut einführen lassen, die Vorderkante mit den Fingerspitzen flach drücken. Die *scialatielli* auf die eingemehlten Tücher legen, mit Mehl bestäuben und behutsam lockern.

Die Auberginenscheiben in einen Durchschlag schichten und jede Lage mit Salz bestreuen. Mit einem großen Teller und einigen darauf gestellten Konservendosen beschweren und 30 Minuten entwässern. Das Salz abspülen, die Auberginenscheiben mit Küchenpapier trocken tupfen und in gut 1 cm große Würfel schneiden. In einer großen Pfanne 5 EL (75 ml) Öl bei mittlerer bis hoher Temperatur erhitzen. Die Hälfte der Auberginenwürfel im Mehl wenden und von allen Seiten goldbraun braten, dabei gelegentlich durchmischen. Mit einem Schaumlöffel aus der Pfanne nehmen und auf Küchenpapier abtropfen lasen. Die restlichen Auberginenwürfel genauso verarbeiten.

In einem großen Topf mit mindestens 8 l Fassungsvermögen reichlich Wasser zum Kochen bringen; Salz nach Geschmack hinzufügen.

In einem schweren Schmortopf, der für die *scialatielli* ausreichend Platz bietet, 4 EL (60 ml) Öl bei mittlerer Temperatur erhitzen und den Knoblauch anbraten. Tomaten, Auberginen und 125 ml Wasser aus dem Nudeltopf dazugeben und das Ganze bei mittlerer Temperatur kochen lassen, bis die Tomaten weich werden und die Sauce etwas eindickt. Die Basilikumblätter hinzufügen und mit Salz abschmecken.

Die *scialatielli* ins kochende Wasser geben und einen Deckel auflegen, bis das Wasser erneut aufwallt. Den Deckel wieder abnehmen und die Nudeln in 1–2 Minuten *al dente* garen. Abseihen – dabei etwas Kochwasser auffangen – und zur Sauce geben. Mit Mozzarella und Parmesan bestreuen und bei niedriger Temperatur durchmischen, bis der Käse schmilzt. Falls die Mischung zu trocken ist, etwas Kochwasser hinzufügen. Sogleich servieren.

IM UHRZEIGERSINN VON OBEN: Pesce serra ai fiori di zucca, *Kürbisblüten mit Fischfüllung und Zucchini. Küchenchef Cuomo rollt eigenhändig die Spiralnudeln. Die* Fusilli divina costiera *des Hotels Santa Caterina werden mit wilder Rucola zubereitet, die in den Gärten der Anlage wächst. Gegrillter Fisch wird hier im Ganzen mit einer frischen Minzsauce serviert. Im Restaurant Eolo bekommt man dieses wunderbar erfrischende Sorbet aus Kantalupmelone.*

Fusilli divini costiera

Hausgemachte Spiralnudeln mit Venusmuscheln, Tomaten und Rucola

Während eines seiner Aufenthalte in Europa wohnte Longfellow, im 19. Jahrhundert der populärste amerikanische Dichter, auch in Amalfi. Als la divina costiera *– die göttliche Küste – pries er dieses Fleckchen Italiens, dem Küchenchef Cuomo wiederum auf seine Art huldigt: Er gart die für die Gegend so charakteristischen* vongole veraci *(Kreuzmuster-Teppichmuscheln, eine Venusmuschelart) in einer Sauce aus Tomaten, Kapern, Knoblauch, Petersilie und Rucola und mischt das Ganze schließlich mit hausgemachten* fusilli.

Das Rollen der dafür benötigten feinen Pastastränge und das Formen der Spiralen verlangt viel Zeit und Geduld. Wenn es Ihnen daran mangelt, können Sie auch zu fertigen Spiralnudeln greifen.

FÜR 6 PERSONEN

Für die Spiralnudeln
420 g Mehl
250 ml Wasser
Meersalz

Für die Sauce
1 kg kleine Venusmuscheln, abgebürstet
1 EL Mehl
2 EL Kapern in Salz
125 ml natives Olivenöl extra
2 mittelgroße Knoblauchzehen, in Scheiben geschnitten
350 g Eiertomaten, die Samen entfernt und das Fruchtfleisch in 2 cm große Stücke geschnitten
2 EL gehackte glatte Petersilie
250 g Rucola, geputzt, gründlich gewaschen und trockengetupft
Meersalz

Aus Mehl, Wasser und Salz nach der Anleitung auf Seite 188 den Pastateig zubereiten und mit den Händen etwa 15 Minuten kneten, bis er glatt und sehr fest ist. Eventuell wird nicht das gesamte Mehl benötigt – der Rest wird beim Herstellen der *fusilli* verwendet. Den Teig mit Mehl bestäuben, in ein sauberes Küchentuch einschlagen und 30 Minuten ruhen lassen.

Zwei Tabletts oder Backbleche mit Küchentüchern auslegen und leicht mit Mehl bestreuen.

Von dem Teig ein etwa traubengroßes Stück abschneiden und den Rest wieder einwickeln. Das Teigstück auf einer Arbeitsfläche zu einer 5 mm dicken Rolle formen und in 5 cm lange Stücke schneiden. Diese mit Mehl bestäuben und einzeln wie folgt formen: Das eine Ende um einen Spieß oder eine Stricknadel von 3 mm Stärke wickeln und festhalten. Den Stab auf die Arbeitsfläche legen und vom Körper weg rollen, wobei sich der Teig wie eine Spirale darumwickelt. Um die Dicke der Nudel zu verringern, beide Hände leicht auf die Spirale legen und den Stab sanft hin und her rollen, dabei vorsichtig die Spirale nach außen ziehen. Die Länge der fertigen *fusilli* beträgt etwa 5 cm und kann leicht variieren. Sie sollten allerdings gleich dick geraten, damit sie gleichmäßig garen. Den restlichen Teig genauso verarbeiten. Die fertigen *fusilli* auf die vorbereiteten Tabletts geben, mit Mehl bestäuben und etwas trocknen lassen. (Sie können auch am Vortag hergestellt werden. Bis zur Verwendung mit einem sauberen Tuch abdecken.)

Für die Sauce die Muscheln in einer großen Schüssel mit reichlich kaltem Wasser bedecken. Das Mehl einrühren und die Muscheln 15 Minuten stehen lassen. Herausnehmen, für 10 Minuten in frisches Wasser legen und abseihen.

Die Kapern zum Entsalzen in Wasser geben, das dreimal erneuert wird. Abseihen und mit Küchenpapier trockentupfen. Besonders große Kapern grob hacken.

In einem sehr großen Topf mit mindestens 8 l Fassungsvermögen reichlich Wasser zum Kochen bringen und Salz nach Geschmack hinzufügen. Die *fusilli* hineingeben und einen Deckel auflegen, bis das Wasser erneut aufwallt. Den Deckel wieder abnehmen und die Spiralnudeln in 3–5 Minuten *al dente* garen.

Unterdessen in einem Schmortopf, in dem alle *fusilli* und Muscheln Platz haben, das Olivenöl bei mittlerer Temperatur erhitzen und den Knoblauch braten, bis er Farbe annimmt. Tomaten, Petersilie und Kapern dazugeben. Die Temperatur hochschalten und die Muscheln mit 250 ml Wasser aus dem Nudeltopf hinzufügen. Alles kochen lassen, bis sich die Muschelschalen geöffnet haben. Von der Rucola eine Hand voll zur Garnierung beiseite legen. Den Rest in den Topf geben und rühren, bis die Blätter zusammenfallen. Die Sauce mit Salz abschmecken und vom Herd nehmen.

Die fertig gegarten *fusilli* abseihen und dabei etwas Kochwasser auffangen. Die Nudeln zur Sauce geben und bei niedriger Temperatur durchmischen. Falls das Ganze zu trocken ist, etwas Kochwasser hinzufügen. In einer großen Schüssel anrichten, mit der restlichen Rucola bestreuen und sofort servieren.

Pesce alla griglia con salsa di menta

Gegrillter Fisch mit Minzsauce

Küchenchef Cuomo aromatisiert sowohl die Sauce als auch den Fisch – spigola *(Wolfsbarsch) oder* pezzogna *(dem Red Snapper ähnlich) – mit Minze.*

FÜR 4 PERSONEN

Für die Minzsauce
185 ml natives Olivenöl extra
1 kleine Knoblauchzehe, fein gehackt
2 EL (30 ml) Weißweinessig
3 EL (45 ml) Zitronensaft
Meersalz
30 g gehackte Minze

1 ganzer Wolfsbarsch oder Red Snapper (1,2 – 1,4 kg), geschuppt und ausgenommen
Meersalz
1 mittelgroße Knoblauchzehe, gehackt
1 TL gehackte glatte Petersilie
1 TL gehackte Minze
3 TL natives Olivenöl extra
2 TL Mehl

Für die Sauce Olivenöl, Knoblauch, Essig, Zitronensaft und Salz nach Geschmack in einer Schüssel mit einem Schneebesen verquirlen. Die Minze einrühren und die Sauce mindestens 1 Stunde ruhen lassen.

Den Backofengrill einschalten oder im Gartengrill mindestens 15 Minuten vor der Zubereitung ein Feuer entfachen. Für den Backofen eine Grillpfanne oder einen Grillrost, der in einen Bräter gesetzt wird, einölen. Rost des Gartengrills 10–13 cm über die Glut setzen.

Den Fisch kalt abspülen, mit Küchenpapier trockentupfen und innen mit Salz nach Geschmack würzen. Knoblauch, Petersilie und Minze vermischen. Den Fisch innen damit einreiben und mit 1 TL Öl beträufeln. Für den Backofen den Fisch in die Grillpfanne oder auf den Grillrost legen und auf der Oberseite mit Salz würzen. Mit einem Sieb 1 TL Mehl darüber stäuben, dann 1 TL Öl darüber träufeln. Pfanne oder Rost 10–13 cm unterhalb der Hitzequelle in den Ofen schieben und den Fisch 8–10 Minuten grillen, bis er von oben gar ist; beim Einstechen mit einem kleinen Messer an der dicksten Stelle muss das Fleisch weich und weiß sein. Mit einem breiten Metallspatel wenden und die nun oben liegende Seite mit Salz würzen, mit Mehl bestäuben und mit Öl beträufeln. In 8–10 Minuten fertig garen.

Bei der Zubereitung auf dem Gartengrill den Fisch auf einer Seite mit Salz würzen, mit Mehl bestäuben und mit Olivenöl beträufeln und mit dieser Seite nach unten 8–10 Minuten garen. Die Oberseite ebenso vorbereiten, den Fisch mit dem Metallspatel vorsichtig wenden. Von der zweiten Seite in 8–10 Minuten fertig grillen. Auf einer großen Servierplatte anrichten und die Minzsauce dazu reichen.

Pesce serra ai fiori di zucca

Kürbisblüten mit Fischfüllung und Zucchini

Eigentlich wird dem pesce serra*, einem lokalen Fisch, nicht die gebührende Achtung zuteil. Sein delikater Geschmack inspirierte Caterina zu diesem Rezept.*

FÜR 6 PERSONEN

8 mittelgroße Zucchini (etwa 700 g), geputzt
Meersalz und frisch gemahlener schwarzer Pfeffer
125 ml natives Olivenöl extra
2 mittelgroße Knoblauchzehen, fein gehackt
165 ml trockener Weißwein
700 g festfleischiger Fisch wie Thunfisch oder Schwertfisch, 2,5 cm dick geschnitten und enthäutet, in 24 Stücke von 1,5 x 6 cm Größe zerteilt
24 Kürbisblüten, Stiele entfernt
1 großes Ei, leicht verquirlt

4 Zucchini längs in 2 mm dicke Scheiben schneiden – benötigt werden 24 Scheiben. In einem großen Topf mit mindestens 6 l Fassungsvermögen reichlich Wasser zum Kochen bringen; Salz nach Geschmack hinzufügen. Die Zucchinischeiben hineingeben und 2 Minuten garen, bis sie eben biegsam sind. Die restlichen 4 Zucchini raspeln. Das Öl in einem großen Schmortopf bei mittlerer bis hoher Temperatur erhitzen. Die geraspelten Zucchini mit dem Knoblauch 2 Minuten unter Rühren braten. Den Wein angießen und 2 Minuten verkochen lassen. Zucchini mit Salz und Pfeffer nach Geschmack würzen.

Die Kürbisblüten längs aufschneiden, von den Stempeln befreien, kalt abspülen und mit Küchenpapier trockentupfen. Die 24 Fischstücke mit Salz und Pfeffer nach Geschmack würzen. Dann die Kürbisblüten innen mit Ei bestreichen und jeweils ein Stück Fisch in eine Blüte wickeln. Jede Blüte quer mit einer Zucchinischeibe umwickeln und die Päckchen auf die geraspelten Zucchini in der Pfanne legen. Zugedeckt 7–10 Minuten köcheln lassen, bis der Fisch gar ist.

Profiteroles al limone

Kleine Windbeutel mit Zitronencreme

Zitronen aus den Gärten des Hotels Santa Caterina verleihen den profiteroles *von Patissier Michele Napoli eine frische Note.*

FÜR 12 PERSONEN

Für die Zitronencreme
375 ml Milch
½ Vanilleschote
3 große Eigelb
125 g Zucker
50 g Mehl
Abgeriebene Schale von 1 unbehandelten Zitrone

Für den Brandteig
250 ml kaltes Wasser
125 g Butter, in Stücke geschnitten
1 TL Zucker
Meersalz
125 g Mehl
4 große Eier

250 ml Crème double
Schale von 1 unbehandelten Zitrone, in Julienne geschnitten

In einem mittelgroßen, schweren Topf die Milch mit der Vanilleschote bei niedriger bis mittlerer Temperatur erhitzen. Unterdessen Eigelb und Zucker in einer großen Schüssel mit einem Schneebesen verquirlen. Mehl gründlich einrühren. Langsam ein Drittel der heißen Milch zu der Mischung gießen und ständig mit dem Schneebesen rühren. Die restliche Milch auf einmal gründlich einrühren. Die Creme in den Topf geben und bei niedriger bis mittlerer Temperatur unter Rühren eindicken lassen. Den Herd abschalten, die abgeriebene Zitronenschale zur Creme geben und 1 Minute rühren; Vanilleschote entfernen. Die Creme in eine Schüssel füllen, mit einem Teigschaber glatt streichen und mit gebuttertem Pergamentpapier bedecken, damit sich keine Haut bildet. Auf Zimmertemperatur abkühlen lassen, mit Klarsichtfolie abdecken und kalt stellen. (Kann am Vortag zubereitet werden.)

Den Backofen auf 220 °C vorheizen und 2 Roste in die mittleren Schienen einschieben. Zwei Backbleche buttern.

GEGENÜBER: Profiteroles al limone.

Für den Brandteig in einem mittelgroßen, schweren Topf Wasser, Butter, Zucker und eine Prise Salz bei mittlerer Temperatur erhitzen. Sobald die Butter geschmolzen ist und die Mischung aufkocht, den Topf vom Herd nehmen. Das Mehl auf einmal hineingeben und mit einem Holzlöffel gründlich einrühren. Den Topf wieder aufsetzen und 1–2 Minuten kräftig rühren, bis sich der Teig als zusammenhängende Masse vom Topfrand löst. Den Topf wieder vom Herd nehmen und auf ein feuchtes Tuch stellen. Die Eier nacheinander unterziehen; das nächste erst zugeben, wenn das vorherige richtig eingearbeitet ist.

Den Teig in einen Spritzbeutel mit glatter Tülle von 1–1,5 cm Durchmesser füllen und auf die beiden Bleche in Abständen von 5 cm 24 Häufchen von 4 cm Durchmesser spritzen. Die Spitzen mit einem in Wasser getauchten Zeigefinger vorsichtig flach drücken. Die Bleche auf den Rosten versetzt in den Ofen schieben – sie sollen sich nicht übereinander befinden. Die Windbeutel 20–25 Minuten backen, bis sie aufgegangen und goldbraun sind, dabei die Bleche nach 15 Minuten vertauschen, damit die Windbeutel gleichmäßig backen. Im abgeschalteten Backofen bei leicht geöffneter Tür völlig abkühlen lassen.

Die Crème double steif schlagen. 1 EL davon unter die Zitronencreme ziehen, dann den Rest unterheben. Etwa ein Viertel der Creme in einen Spritzbeutel mit glatter Spitze von 5 mm Durchmesser füllen. Die Windbeutel seitlich leicht einschneiden und mit der Creme füllen. Die *profiteroles* auf einen großen Teller türmen und die restliche Creme darüber verteilen. Mit der in Julienne-Streifen geschnittenen Zitronenschale bestreuen und sofort servieren.

Sorbetto di melone

Melonensorbet

FÜR 6 PERSONEN

2 Kantalupmelonen, ersatzweise andere Zuckermelonen
75–150 g extrafeiner Zucker

Die Melonen längs halbieren, mit einem Löffel die Kerne entfernen und die Hälften in Spalten teilen. Das Fruchtfleisch auslösen, in etwa 2 cm große Stücke schneiden und im Mixer fein pürieren. Dann 75 g Zucker einrühren; nach Geschmack weiteren Zucker dazugeben. Das Püree für mindestens 2 Stunden kalt stellen.

Das Melonenpüree in die Eismaschine füllen und nach Anweisung des Herstellers gefrieren lassen. Das Sorbet bis zum Servieren in die Gefriertruhe geben. In eisgekühlten Weingläsern oder Dessertschalen anrichten.

Albicocche ripiene

Gefüllte Aprikosen

Im Frühsommer reifen in den Gärten des Hotels Santa Caterina die schönsten Aprikosen. Caterina poschiert sie im Restaurant Eolo in Amaretto-Sirup und füllt sie dann mit zerstoßenen, sirupgetränkten Amaretti. Verwenden Sie vollreife, aber feste Früchte, die schön aromatisch sind.

FÜR 6 PERSONEN

10 große, feste Aprikosen (1 kg)
2 EL Butter
3 EL Zucker
175 ml Amaretto
12 Amaretti (italienische Mandelmakronen), zerstoßen
Pinienkerne zur Dekoration (nach Belieben)

Die Aprikosen mit einem Gemüseschäler schälen, längs halbieren und entsteinen. Zwei Hälften in größere Stücke schneiden und beiseite legen. Die übrigen Hälften mit einem Kugelausstecher noch etwas weiter aushöhlen.

Die Butter in einer großen Pfanne mit Antihaftbeschichtung zerlassen. Den Zucker hinzufügen und bei mittlerer Temperatur rühren, bis er geschmolzen und karamellfarben ist. Für den nächsten Arbeitsschritt unbedingt Ofenhandschuhe anziehen, um die Hände vor heißen Spritzern zu schützen. Den Amaretto in die Pfanne gießen und 2 Minuten unter ständigem Rühren köcheln lassen.

Die Hälfte der Aprikosen in die Pfanne geben und im köchelnden Sirup unter häufigem Wenden 5–10 Minuten pochieren, bis sie beinahe weich sind – zur Probe mit einem feinen Gemüsemesser einstechen. Mit einem Schaumlöffel herausnehmen und mit der Höhlung nach unten auf einer Platte abtropfen lassen. Die anderen Aprikosen genauso garen.

Die Amaretti zum Sirup in die Pfanne geben. Die Mischung bei niedriger Temperatur köcheln lassen und dabei die Krümel mit einem Holzlöffel weiter zerdrücken, bis man ein grobes Püree erhält. In den Mixer geben, die zurückgelegten Aprikosenstücke hinzufügen und alles zu einer glatten Sauce verarbeiten.

Die Sauce wieder in die Pfanne gießen und unter ständigem Rühren köcheln lassen, bis sie dickflüssig und dunkelbraun wie Melasse wird. In der Pfanne 5 Minuten abkühlen lassen und danach mit einem Löffel in die Höhlung der Aprikosen geben. Die Aprikosen auf eine Platte setzen, nach Belieben jeweils mit einigen Pinienkernen bestreuen und warm oder auf Zimmertemperatur abgekühlt servieren.

Caprese

Schokoladen-Mandel-Kuchen

Für seine Version dieses traditionellen neapolitanischen Kuchens verwendet Michele Napoli, Patissier des Hotels Santa Caterina, nur feinste Mandeln.

FÜR 8 PERSONEN

125 g Halbbitterschokolade, gehackt
125 g Butter, zimmerwarm
125 g Zucker
4 große Eier, getrennt
180 g gemahlene Mandeln
50 g plus 2 EL Mehl

Zur Dekoration (nach Belieben)
250 ml Crème double
2 EL extrafeiner Zucker
1 TL Vanille-Essenz
Puderzucker zum Bestäuben

Den Backofen auf 180 °C vorheizen. Eine Springform von 20 cm Durchmesser buttern. Den Boden mit gebuttertem Pergamentpapier auslegen und die Form leicht mit Mehl ausstreuen.

Die Schokolade in einer Metallschüssel auf einen Topf mit simmerndem Wasser setzen und schmelzen lassen, dann auf Zimmertemperatur abkühlen lassen.

In einer großen Schüssel Butter und Zucker mit dem Handrührgerät auf höchster Stufe schaumig rühren. Die Eigelbe einzeln einrühren. Die Mandeln unter die Schokolade ziehen und die Mischung in die Eimasse rühren. Dann das Mehl bei niedriger Geschwindigkeit gründlich unterrühren. Die Quirle säubern und abtrocknen. In einer zweiten großen Schüssel das Eiweiß bei mittlerer Geschwindigkeit zu steifem, aber noch nicht trockenem Schnee schlagen. Mit einem Teigspatel ein Viertel des Eischnees in den Teig rühren. Den Rest vorsichtig unterheben und nicht zu ausgiebig mischen. Den Teig in die Form füllen und auf der mittleren Schiene 40 Minuten backen; er ist durchgebacken, wenn ein in die Mitte eingestochener Zahnstocher sauber herauskommt. Die Form 10 Minuten auf einem Drahtgitter abkühlen lassen, danach abnehmen und den Kuchen völlig erkalten lassen.

Falls sie verwendet wird, die Crème double mit dem Zucker und der Vanille-Essenz mit dem Handrührgerät auf höchster Stufe steif schlagen. Den Kuchen nach Belieben mit Puderzucker bestäuben, auf einer Kuchenplatte anrichten und mit geschlagener Creme servieren.

Brodo di carne o pollo

Fleisch- oder Hühnerbrühe

Diese Brühe lässt sich mit nahezu jeder beliebigen Fleisch- und Geflügelsorte, auch in Kombinationen, herstellen – zum Beispiel mit Huhn oder Truthahn, Kalb- oder Rindfleisch. Sie sollte ein volles, aber feines Aroma besitzen, damit sie in Saucen, Suppen oder Risottos die anderen Zutaten nicht übertönt.

Ergibt 4 Liter

2,5 kg Fleisch und Knochen
1 Stange Lauch, geputzt und gründlich gewaschen
1 große Stange Bleichsellerie, quer halbiert
2 Stengel glatte Petersilie
1 große Zwiebel, Wurzelansatz entfernt
2 große Möhren, gebürstet
1 große Tomate (nach Belieben)
1 TL Meersalz
8 schwarze Pfefferkörner

Fleisch und Knochen mit 5 l kaltem Wasser in einen großen Suppentopf geben. Alles bei mittlerer Temperatur langsam zum Kochen bringen. Ohne Deckel 20 Minuten simmern lassen; immer wieder abschäumen.

Die Lauchstange einmal zusammenlegen, mit dem Sellerie und der Petersilie zusammenbinden und in den Topf geben. Zwiebel, Möhren, Tomate (falls verwendet), Salz und Pfefferkörner hinzufügen. Ohne Deckel 3 Stunden simmern lassen.

Fleisch, Knochen und Gemüse aus dem Topf nehmen. Die Brühe durch ein sehr feines Sieb gießen und ohne Deckel abkühlen lassen. In den Kühlschrank stellen und anschließend das erstarrte Fett von der Oberfläche abnehmen. Im Kühlschrank hält sich die Brühe bis zu 3 Tage, eingefroren 2 Monate.

Brodo di verdure

Gemüsebrühe

Ergibt 3 Liter

2 große Zwiebeln, halbiert
3 große Möhren, gebürstet und grob gehackt
2 große Stangen Bleichsellerie, grob gehackt
2 große Stangen Lauch, geputzt, gründlich gewaschen und grob gehackt
1 große Tomate
2 mittelgroße, vorwiegend fest kochende Kartoffeln, gebürstet und halbiert
1 kleine Speiserübe, gebürstet und grob gehackt
6 Frühlingszwiebeln, geputzt und grob gehackt
1 große Knoblauchzehe, ungeschält
3 Stengel glatte Petersilie
450 g Mangold, geputzt, gründlich gewaschen und grob gehackt
1 Zucchino, gewaschen, geputzt und grob gehackt
1 TL Meersalz
8 schwarze Pfefferkörner

Sämtliche Zutaten mit 5 l kaltem Wasser in einen großen Suppentopf geben. Bei mittlerer Temperatur langsam zum Kochen bringen. Ohne Deckel 2 Stunden simmern lassen.

Die Brühe etwas abkühlen lassen, durch ein feines Sieb abgießen und völlig erkalten lassen. Im Kühlschrank hält sie sich 4–5 Tage, eingefroren 2 Monate.

Ceci lessati

Gekochte Kichererbsen

Ergibt gut 1 Liter

450 g getrocknete Kichererbsen
2 Knoblauchzehen, ungeschält
1 Stange Bleichsellerie, quer halbiert
2 EL (30 ml) natives Olivenöl extra
Meersalz

Am Abend vor der Zubereitung die Kichererbsen in ein großes Sieb geben, durchmischen und etwaige Steinchen entfernen. Kichererbsen abspülen; in einer großen Schüssel 5 cm hoch mit kaltem Wasser bedecken. Über Nacht einweichen.

Am folgenden Tag die Kichererbsen abseihen. In einen großen, schweren Topf geben und 5 cm hoch mit kaltem Wasser bedecken. Knoblauch, Sellerie, Olivenöl und eine Prise Salz hinzufügen. Aufkochen, Temperatur reduzieren und die Kichererbsen im etwas geöffneten Topf 1–2 Stunden köcheln lassen, bis sie weich sind – ihre Garzeit variiert je nach Alter und Qualität beträchtlich. Mit Salz würzen und nach 5 Minuten vom Herd nehmen.

Fagioli stufati

Gekochte Cannellini

Nicht von ungefähr sind die Toskaner als *mangiafagioli*, auf Deutsch Bohnenfresser, verschrien: Hülsenfrüchte spielen in ihrer Küche eine tragende Rolle. Diese herzhaften weißen Bohnen werden gern als *contorno* (Beilage) zu gegrilltem, gebratenem oder geschmortem Fleisch, Geflügel und Wild serviert. Dazu kommt eine Karaffe mit bestem Olivenöl auf den Tisch, mit dem jeder Gast seine Portion ganz nach Geschmack aromatisiert. Cannellini eignen sich auch als Suppenzutat und als Grundlage für einen Salat. Bekannt sind schließlich die *Fagioli all'uccelletto* (Seite 88), für die Cannellini zusammen mit Tomaten und Salbei gekocht werden.

Ergibt gut 1 Liter

450 g getrocknete Cannellini
2 Knoblauchzehen, ungeschält
6 frische oder getrocknete ganze Salbeiblätter oder ½ TL zerstoßene getrocknete Salbeiblätter
4 EL (60 ml) natives Olivenöl extra
1 dünne Scheibe *pancetta* oder *prosciutto*
Meersalz
10 ganze schwarze Pfefferkörner

Am Abend vor der Zubereitung die Bohnen in ein großes Sieb geben, durchmischen und etwaige Steinchen entfernen. Die Bohnen abspülen; in einer großen Schüssel 5 cm hoch mit kaltem Wasser bedecken. Über Nacht einweichen.

Am folgenden Tag die Bohnen abseihen. In einen großen, schweren Topf geben und 5 cm hoch mit kaltem Wasser bedecken. Knoblauch, Salbei, Olivenöl, *pancetta* oder *prosciutto,* eine Prise Salz und die Pfefferkörner hinzufügen. Aufkochen, Temperatur reduzieren und die Bohnen im etwas geöffneten Topf 1–2 Stunden köcheln lassen, bis sie weich sind – ihre Garzeit variiert je nach Alter und Qualität beträchtlich. Mit Salz würzen und nach 5 Minuten vom Herd nehmen.

HAUSGEMACHTE PASTA

Selbst gemachte frische Pasta schmeckt besonders gut. Schwierig ist die Herstellung von Nudeln nicht, allerdings erfordert sie etwas Geduld und Übung. Legen Sie sich am besten zunächst alle erforderlichen Zutaten und Küchengeräte bereit. Ein großes Backbrett erweist sich zum Mischen, Kneten, Ausrollen und Schneiden des Teiges als nützlich, aber diese Arbeiten lassen sich ebenso auf einer glatten, sauberen Arbeitsfläche erledigen. Eine Nudelmaschine spart bei gewissen Zubereitungen Mühe und Zeit. Der Fachhandel bietet verschiedene Ausführungen an, wobei eine handbetriebene Maschine durchaus ihren Zweck erfüllt. Unerlässlich sind eine Gabel, ein feinmaschiges Sieb für das Mehl und ein Teigschaber; für manche Rezepte brauchen Sie ein Teigrädchen. Zum Trocknen der Pasta sind saubere Küchentücher sowie Tabletts oder Backbleche erforderlich.

Und noch ein Rat: Gehen Sie nicht zu verschwenderisch mit dem Mehl um. In einen etwas zu feuchten, klebrigen Teig lässt sich weiteres Mehl einarbeiten; so ist der Fehler schnell behoben. Ein Zuviel an Mehl lässt sich jedoch nicht mehr ausgleichen, und zäher Teig ergibt keine gute Pasta.

Pastateig herstellen

Das Mehl auf ein großes Backbrett oder eine Arbeitsfläche häufen. In die Mitte eine Mulde drücken. Die übrigen Zutaten hineingeben und mit einer Gabel gründlich verrühren, aber noch kein Mehl vom Rand einarbeiten. Nach und nach das Mehl vom inneren Rand einrühren (siehe Foto), bis man eine sehr dicke Mischung erhält, die an der Gabel klebt und sich nicht mehr rühren lässt. Nun mit den Händen weiteres Mehl einarbeiten – dabei nach Bedarf den Teigschaber zu Hilfe nehmen, um die Teigmischung immer wieder zusammenzuschieben. Sobald ein sehr weicher Teig entstanden ist, diesen weiter sanft kneten und noch so viel Mehl einarbeiten, bis eine geschmeidige Kugel entsteht. Den Teig mit Mehl bestäuben und beiseite legen. Mit dem Teigschaber das Mehl und die Teigreste vom Backbrett aufnehmen und in ein feines Sieb geben. Das durchgesiebte Mehl auffangen und beiseite stellen, die im Sieb verbliebenen Stückchen wegwerfen. Auch während des weiteren Knetens an der Unterlage klebende Teigreste abschaben und durchsieben. Sonst könnten getrocknete Stückchen in den Teig geraten und später den ausgerollten Teig reißen lassen.

Die Arbeitsfläche mit dem durchgesiebten Mehl dünn bestreuen. Den Teig darauf geben und kneten, dabei nach und nach etwas mehr Mehl einarbeiten, bis er fest wird, aber noch etwas klebrig ist. Falls das weitere Kneten und Ausrollen von Hand geschieht, weiter nach der jeweiligen Rezeptanleitung arbeiten. Andernfalls den Teig einmehlen, in Klarsichtfolie wickeln und die Nudelmaschine vorbereiten, wie im folgenden Abschnitt beschrieben.

Vorbereiten der Nudelmaschine

Die Maschine an einer stabilen Tischplatte oder einer Arbeitsfläche sicher befestigen. Die Kurbel in die seitliche Führung schieben und zunächst den größten Walzenabstand einstellen, um den Teig noch weiter zu kneten.

Pastateig mit der Nudelmaschine kneten

Den Teig in kleinere Portionen teilen, wie im jeweiligen Rezept angegeben. Alle Portionen bis auf eine mit Mehl bestäuben und einstweilen in Klarsichtfolie wickeln. Die nicht eingewickelte Teigportion flach drücken, mit Mehl bestäuben und durch die Walzen der Nudelmaschine drehen. Die Teigplatte von einer Seite einmehlen. Prinzipiell das Mehl sparsam verwenden, denn zu viel macht den Teig trocken und zäh. Die Teigplatte mit der bemehlten Seite nach unten auf die Arbeitsfläche legen und durch Umlegen der Enden auf ein Drittel ihrer Größe zusammenfalten. Die Teiglagen mit den Fingerspitzen oder Knöcheln in gleichmäßigen Abständen zusammendrücken (siehe Foto) und mit der offenen Seite voran wieder durch die Walzen drehen. Einmehlen, Falten und Auswalzen insgesamt acht- bis zehnmal wiederholen, bis der Teig nicht mehr klebt und sehr geschmeidig ist.

Pastateig mit der Nudelmaschine ausrollen

Den Walzenabstand um eine Stufe verringern. Die Teigplatte von beiden Seiten mit Mehl bestäuben, aber nicht falten; durch die Maschine drehen, wobei sie dünner und länger wird (siehe Foto). Den Walzenabstand wieder verkleinern und das Teigblatt durchdrehen. Auf diese Weise fortfahren, bis das Teigblatt die gewünschte Stärke erreicht hat. Die Nudeln schneiden und trocknen, wie im jeweiligen Rezept angegeben. Auch die übrigen Teigportionen auf diese Art kneten und ausrollen.

Adressen

Al Buon Padre
Azienda Agricola Giovanni Viberti
Frazione Vergne – Via delle Viole, 2
12060 Barolo (CN), Italien
Tel./Fax 0173/5 61 92

La Luna e i Falò
Località Aie, 37
14053 Canelli (AT), Italien
Tel. 0141/83 16 43

La Viranda
Località Corte, 64
14050 San Marzano Oliveto (AT), Italien
Tel. 0141/85 65 71
Fax 0141/7 57 35

Borgo Spante
Località Ospedaletto
05010 San Venanzo (TR), Italien
Tel. 075/8 70 91 34
Fax 075/8 70 92 01

Janet Hansen
c/o La Cucina Focolare
P. O. Box 54
Boulder, CO 80306, USA
Tel. 800-988-2851

Fattoria di Montagliari
Via di Montagliari, 29
50020 Panzano in Chianti (FI), Italien
Tel. 055/85 20 14
Tel./Fax 0173/5 61 92

Ristorante Baffo
Via Stelvio
23030 Chiuro (SO), Italien
Tel. 0342/48 23 37

Hotel Relais La Suvera
53030 Pievescola di Casole d'Elsa (SI), Italien
Tel. 0577/96 03 00
Fax 0577/96 02 20

La Cascina Pomera
Frazione San Lorenzo
15049 Vignale Monferrato (AL), Italien
Tel. 0142/93 33 78

Castello Il Corno
Via Malafrasca, 64
50026 San Casciano in Val di Pesa (FI), Italien
Tel. 055/8 24 80 09
Fax 055/8 24 80 35

Dré Casté
Azienda Agricola
Il Mongetto
Via Piave, 2
15049 Vignale Monferrato (AL), Italien
Tel. 0142/93 34 42
Tel./Fax 0142/93 34 69

Tenuta Seliano
Azienda Agrituristica Seliano
84063 Paestum (SA), Italien
Tel. 0828/72 36 34
Fax 0828/72 43 43

Serra Gambetta
Azienda Agrituristica Serra Gambetta di Domenico Lanera
Via per Conversano, 204
70013 Castellana-Grotte (BA), Italien
Tel. 080/4 96 21 81

Hotel Santa Caterina
S. S. Amalfitana, 9
84011 Amalfi (SA), Italien
Tel. 089/87 10 12
Fax 089/77 00 93

Eolo Ristorante
Via P. Comite, 3
84011 Amalfi (SA), Italien
Tel. 089/87 12 41

Danksagung

Viele Personen haben wesentlich zur Entstehung dieses Buches beigetragen. Ein aufrichtiger Dank der Autorin und des Fotografen geht an Gisella Isidori, Larry Frascella, Michael Feldman, René Lavergneau, Nora Negron und Janis Donnaud. Für ihre Beratung bedanken wir uns auch bei Charlie Balducci, Gino Roselli, René González, Sergio Stefani, Deborah Mintcheff, Margaret Happel, Giuseppe Grappolini, Angela Zambelli, Alán Hurtado, Linda Rivero, Doug Turshen, Betty Alfenito, Anne Disrude, Anna Teresa Callen und Marya Dalrymple. Sehr verbunden sind wir Alessandra Mortola, Amy Lord, Jee Levin, Laura Smyth und Teresa Graham sowie den Mitarbeitern von Time-Life Custom Publishing. Ein besonderes Dankeschön geht an Gianluca Viberti dafür, dass er uns sein Wissen so bereitwillig zur Verfügung gestellt hat.

Register